D0412888

Dan Wilson

GRUNDLAGEN DER GERMANISTIK

Herausgegeben von Hugo Moser

Mitbegründet von Wolfgang Stammler

2

Die deutsche Novelle

zwischen Klassik und Romantik

von

Josef Kunz

2., überarbeitete Auflage

ERICH SCHMIDT VERLAG

ISBN 3 503 00702 4, 2. Auflage
(ISBN 3 503 00372 X, Erstausgabe)

2., überarbeitete Auflage 1971

© Erich Schmidt Verlag, Berlin 1966
Druck: Deutsche Zentraldruckerei AG, Berlin 61
Printed in Germany · Nachdruck verboten

MAURICE COLLEVILLE

in Verehrung und Dankbarkeit

Inhalt

Einleitung

Die hier vorgelegte Geschichte der deutschen Novelle zwischen Klassik und Romantik, der dann je eine Darstellung der Novellistik des 19. Jahrhunderts und der Moderne folgt, stellt eine stark veränderte und wesentlich erweiterte Neufassung der entsprechenden Kapitel einer Arbeit dar, die ich vor zehn Jahren in der „Deutschen Philologie im Aufriß" unter dem Titel: „Geschichte der deutschen Novelle vom 18. Jahrhundert bis auf die Gegenwart" veröffentlicht habe[1]. Ich habe die Aufforderung des Verlages, eine solche Neufassung zu schreiben, dankbar angenommen. Die germanistische, aber auch die romanistische Forschung ist in dem letzten Jahrzehnt so intensiv auf die Gattungsform der Novelle eingegangen, daß mir seit geraumer Zeit eine Neubearbeitung meiner Novellengeschichte notwendig schien. Nicht zuletzt waren es Arbeiten zur Gattungspoetik des Romans und der Novelle, die mir in diesem Zeitraum wichtig wurden. Zwei von den zahlreichen Beiträgen seien vor allem genannt: das in der Nachfolge von Günther Müller entstandene Buch Eberhard Lämmerts, „Bauformen des Erzählens"[2], und die für die Typologie der epischen Formen besonders wichtige Untersuchung Franz Stanzels „Die typischen Erzählsituationen im Roman"[3].

Nur kleine Partien — vor allem zusammenfassender Art — habe ich aus der Darstellung im „Aufriß" übernehmen können. Der weitaus größere Teil des hier vorgelegten Bandes wurde völlig neu geschrieben. Für wertvolle Hinweise und Anregungen und für bereitwillige Unterstützung möchte ich an dieser Stelle Herrn Dr. Ewald Rösch und Herrn Dr. Rainer Schönhaar danken.

Da in diesem und den folgenden Bänden der Versuch unternommen wird, Poetik und Literaturgeschichte, normative und empirische Betrachtungsweise in einen Zusammenhang zu bringen, scheint es angebracht, einige m e t h o d i s c h e Ü b e r l e g u n g e n voranzustellen.

Der Literaturwissenschaft ist von ihrem Gegenstand her ein doppelter Aspekt eigen: Sie muß dem einmaligen und unverwechselbaren Charakter der einzelnen Dichtung gerecht werden, und sie muß andererseits Bezüge des Werkes zu überindividuellen Zusammenhängen beachten, seien diese nun geschichtlicher, typologischer, soziologischer, ontologischer oder anderer Art. Ohne Berücksichtigung der jeweiligen Konstellation solcher übergreifender Zusammenhänge könnte wohl nur in seltenen Fällen die Individualität des Einzelwerkes zureichend beleuchtet werden.

Das Problem dieser Aspektpolarität verschärft sich, wenn man es unternimmt, die G e s c h i c h t e einer literarischen G a t t u n g zu schreiben, in unserem Fall: die Geschichte der Novelle. Denn es ist einerseits die Aufgabe eines solchen Unternehmens, die Vielfalt der im Laufe der Geschichte vorgelegten Dichtungen dieser Gattung darzustellen, d. h. der Eigenart jeder Epoche, jedes Autors, ja des einzelnen Werkes nahezukommen. — Und es muß andererseits Ziel einer Gattungsgeschichte sein, jene Momente an den einzelnen Werken aufzuzeigen, die uns berechtigen, diese Dichtungen überhaupt in den Zusammenhang der betreffenden Gattung einzuordnen. Darum wäre z. B. eine Serie isolierter Novelleninterpretationen, welche die Frage der Gattungszugehörigkeit ausklammern, keine Geschichte der Novelle, sondern bestenfalls eine Vorarbeit zu dieser Aufgabe. Es sind also bei der Analyse der einzelnen Dichtung zugleich die für die Gattung konstitutiven Elemente herauszuarbeiten. Freilich ist nicht zu erwarten, daß diese einfach in einem Katalog äußerer Merkmale — wie etwa „Wendepunkt“, „Falke“, „Dingsymbol“, etc. — bestehen werden, die als vermeintliche „Konstanten“ in jedem Werk dieser Gattung vollständig vorzufinden wären.

Vielmehr sind die geistigen Voraussetzungen jenes G e s t a l t u n g s a n t r i e b s, ist die Grundspannung jenes Formwillens zu erhellen, der innerhalb unserer Literatur in einer bestimmten geschichtlichen Situation des 18. Jahrhunderts aufbrach und dann immer wieder Werke erzählender Prosa hervorbrachte, deren Thematik mit ihrer formalen Gestaltung in charakteristischer Weise zusammenstimmt und die durch dieses Gepräge — bei allen sonstigen Verschiedenheiten — ihre Zugehörigkeit zu einer gemeinsamen Gattung erweisen.

Ja es ist zu prüfen, wie weit die geschichtliche Entwicklung der Novellenform, die Wandlung, die sie in den einzelnen Epochen und bei den einzelnen Autoren faktisch erfahren hat, gerade zu begreifen ist als eine genaue Konsequenz der veränderten geistesgeschichtlichen, gesellschaftlichen oder biographischen Bedingungen, unter denen sich dieser novellistische Gestaltungsantrieb, diese novellistische Grundspannung in den verschiedenen Epochen und Individuen jeweils äußern mußte.

Es läßt sich aber nicht leugnen, daß der Versuch, eine Geschichte der Gattung „Novelle“ zu schreiben, von vornherein — über den mit jeder Interpretation verbundenen hermeneutischen Zirkel hinaus — unter dem besonderen methodischen Zirkel einer Vielfalt des historischen Materials einerseits und der Typologie der Gattungspoetik andererseits steht. Wie wäre das historische Material zu umgrenzen ohne ein vorgängiges Wissen um die Eigenart der Gattung „Novelle"? — Wie wäre diese Eigenart der Gattung zu erschließen, wenn nicht aus der Untersuchung der historisch vorliegenden Dichtungen?

Auch hier besteht die Aufgabe nicht darin, dem Zirkel zu entgehen, sondern in der rechten Weise in ihn hineinzukommen. Es gehört zu den methodischen Überzeugungen dieses Buches, daß die rechte Weise nur in einem streng induktiven Verfahren bestehen kann. Was die Gattung „Novelle" konstituiert, ist primär nicht aus der einen oder anderen Gattungstheorie abzuleiten und nicht einem eklektischen Konglomerat aus den Äußerungen mehrerer Theoretiker zu entnehmen. Was diese Gattung ausmacht, wird man nur gewahr werden, wenn man in detaillierten Untersuchungen die einzelnen Dichtungen — und besonders solche von unbezweifelbarem Rang und poetischer Überzeugungskraft — selber befragt und die Grundspannung zu umschreiben sucht, aus der sie leben und sich in ihrer thematischen und erzählerischen Struktur entfalten.

Es versteht sich, daß diese Einzeluntersuchungen der eigentlichen Darstellung der geschichtlichen Zusammenhänge vorausgehen müssen. Wenn aber diese an einer Fülle von Werken induktiv aufgefundene Grundspannung dann nachträglich in der Darstellung mit einer durchgängigen Terminologie zu benennen ist und wenn sich dabei herausstellt, daß gewisse theoretische Äußerungen, wie etwa Goethes Hinweis auf die Spannung zwischen dem „Gesetzlichen" und dem „Ungebändigten", den vorgefundenen Sachverhalt genau bezeichnen, so kann die terminologische Verwendung solcher Ausdrücke nicht als ein Abgleiten in unerlaubte Deduktionen mißdeutet werden. Sie hat auch nichts zu tun mit einem Rückzug hinter den großen Namen Goethe oder mit der abwegigen Erwartung, es müsse in Goethes Werk, dem Beginn der deutschen Novellistik, eine unwandelbare Norm dieser Gattung vorliegen und jede deutsche Novelle sei darum im Prokrustesbett dieser angeblichen Norm zu messen.

Dagegen wird man einräumen müssen, daß der Entwurf einer Gattungsgeschichte schwerlich ohne eine w e r t e n d e Betrachtung auskommen kann, d. h. ohne die Frage, ob und wieweit in der jeweiligen Dichtung das Phänomen der Gattung wirklich Gestalt gewonnen hat. Die Feststellung, daß dies in dem einen oder anderen Fall nicht überzeugend geschehen sei, ist weder ein sittliches noch ein weltanschauliches Verdikt. Objektive Gründe persönlicher und geschichtlicher Art können einem solchen

Gelingen entgegenstehen. Dieses deutbare Scheitern ist oft von großer geistesgeschichtlicher Relevanz und offenbarend für die Grenzen novellistischer Gestaltungsmöglichkeit innerhalb einer bestimmten Situation. Es hat mit dem begreiflichen Versagen von Autoren drittrangiger Potenz nichts zu tun.

Die angedeuteten Aspektpolaritäten und die methodischen Schwierigkeiten, die daraus erwachsen, spiegeln sich, weil sie im Gegenstand selbst begründet sind, w i s s e n s c h a f t s g e s c h i c h t l i c h im seitherigen Verlauf und im heutigen Stand der Novellenforschung[4].

Es ist bezeichnend, daß man schon seit dem ersten Auftreten dieses literarischen Genres in unserer Erzählkunst versucht, sich theoretisch über die Gesetzlichkeit der neuen Erzählgebilde Klarheit zu verschaffen[5]. In diesem Sinn müssen zahlreiche Äußerungen — von Goethe, Tieck und den beiden Schlegel bis hin zu Storm, Heyse und Paul Ernst — verstanden werden, wobei vor allem die Bemerkungen der Novellisten selbst, so sehr sie auch voneinander abwichen, besonders folgenreich waren.

Seit dem zweiten Jahrzehnt unseres Jahrhunderts kam es nämlich unter Berufung auf diese ersten Orientierungsversuche zu einer lebhaften wissenschaftlichen Diskussion, die im wesentlichen auf normative Abgrenzungen bedacht war.

Die Zuversicht, auf diese Weise eine stets gültige, einheitliche Form der Novelle festlegen zu können, ist nach dem Krieg vornehmlich von seiten der Romanistik durch gewichtige Einwände erschüttert worden. Unter dem Eindruck des ernüchternden Diktums: „Es gibt nur Novellen", nicht aber „‚die Novelle' überhaupt"[6], zog man sich in der Folgezeit auf isolierte Interpretationen einzelner Werkbeispiele zurück, die entweder als in sich geschlossene Beiträge gesondert veröffentlicht oder lose zusammengefaßt in Buchform vorgelegt wurden. Eine andere Reaktion bestand in der Verlagerung des Interesses auf ein vorwiegend deskriptives, möglichst lückenloses Erfassen einer bunten Materialfülle von sehr unterschiedlichem Rang.

Daß diese neuen Ansätze sich einer chronologischen Darbietungsform bedienen, läßt eine der Sache selbst innewohnende Tendenz erkennen, die es nahelegt, die Bewältigung des Problems auf dem Wege einer geschichtlichen Betrachtung anzustreben. Von dieser Hinwendung zum Geschichtlichen zeugen auch Versuche, das Novellenschaffen einer jeweils begrenzten Epoche zusammenhängend darzustellen. Ein Rückgriff auf eine primär normative Deutungsart konnte sich diesem Zug ebensowenig verschließen wie jüngere kritische Beiträge, die die Novellentheorien und ihre Kernbegriffe aus historischen Zusammenhängen heraus verstehen.

Ich habe im Rahmen der „Deutschen Philologie im Aufriß" auf beschränktem Raum und ohne die inzwischen erschlossenen Methoden der formalen Analyse versucht, die geschichtliche Betrachtung für das Verständnis des Phänomens ‚Novelle' fruchtbar zu machen.

Gerade weil die Forschungssituation ein relativ uneinheitliches Bild bietet, fällt auf, daß alle Darstellungen der Geschichte der Novelle in einem Punkte übereinstimmen: Sie lassen die Entwicklung einer deutschen Sonderform innerhalb der westeuropäischen Novellentradition mit Goethe beginnen. Unbeschadet dieses Consensus wird man einräumen müssen, daß in vorausgegangenen Zeiträumen Erzählgebilde zu finden sind, die man mit einigem Vorbehalt in die Nähe der Novelle rücken könnte. Dennoch ist an der Tatsache festzuhalten, daß der geistesgeschichtliche Umbruch, der etwa in Italien die Renaissance-Novelle hervorgetrieben hat, sich in Deutschland im Grunde erst im Gefolge der Französischen Revolution ereignete. So wird verständlich, daß gerade zu dieser Zeit innerhalb unserer Literatur — über rein bildungsmäßige Rezeptionen hinaus — erstmals ein fruchtbares Anknüpfen an die romanische Novellistik möglich war und daß aus dieser schöpferischen Begegnung eine selbständige deutsche Novellentradition hervorgehen konnte. Ihre Eigenständigkeit und Lebenskraft erweist sie durch die Fähigkeit, sich zu wandeln und in immer neuen Formen zu entfalten.

Dies gilt es im einzelnen zu verfolgen, im hier vorgelegten Band bis zur Novellistik Kleists, in den folgenden durch das 19. Jahrhundert bis zur Moderne.

Literaturangaben und Anmerkungen

Die Reihenfolge der Literaturangaben zu diesem Abschnitt folgt dem Gedankengang der Einleitung.

Eberhard LÄMMERT, Bauformen des Erzählens, Stuttgart 1955, 2. Aufl. 1964. Franz STANZEL, Die typischen Erzählsituationen im Roman, dargestellt an Tom Jones, Moby-Dick, The Ambassadors, Ulysses u. a., Wiener Beiträge zur englischen Philologie 63, Wien/Stuttgart 1955.   Franz K. STANZEL, Typische Formen des Romans. Kleine Vandenhoeck-Reihe 187, Göttingen 1964.

Josef KUNZ (Hg.), Novelle. Wege der Forschung 55, Darmstadt 1968.   Karl Konrad POLHEIM (Hg.), Theorie und Kritik der deutschen Novelle von Wieland bis Musil. Deutsche Texte 13, Tübingen 1970.

Oskar WALZEL, Die Kunstform der Novelle. Zs. f. d. dt. Unterricht 29, 1915, S. 161—184.   Arnold HIRSCH, Der Gattungsbegriff „Novelle". Germanische Studien 64, Berlin 1928.   Bernhard BRUCH, Novelle und Tragödie: Zwei Kunstformen und Weltanschauungen. Ein Problem aus der Geistesgeschichte des

19. und 20. Jahrhunderts. Zs. f. Ästhetik und allgemeine Kunstwissenschaft 22, 1928, S. 292—330. Adolf von GROLMAN, Die strenge „Novellen"form und die Problematik ihrer Zertrümmerung. Zs. f. Deutschkunde 1929 (Zs. f. d. dt. Unterricht 43), S. 609—627. Robert PETSCH, Die Kunstform der Novelle. Pädagogische Warte 36, 1929, S. 577—584. Walther VARK, Die Form in der Novelle, Diss. Jena 1930. Ilse WORTIG, Der „Wendepunkt" in der neuen deutschen Novelle und seine Gestaltung, Diss. Frankfurt/Main 1931. Robert PETSCH, Wesen und Formen der Erzählkunst. DVjs-Buchreihe Bd. 20, Halle/Saale 1934, 2. Aufl. 1942. Johannes KLEIN, Wesen und Erscheinungsformen der deutschen Novelle. GRM 24, 1936, S. 81—100. Hermann PONGS, Das Bild in der Dichtung II, Voruntersuchungen zum Symbol, Marburg 1939, 3. Aufl. 1967, S. 97—296. ● Werner KRAUSS, Novela — Novelle — Roman. Zs. f. romanische Philologie 60, 1940, S. 16—28, wieder abgedr. in W. K., Gesammelte Aufsätze zur Literatur- und Sprachwissenschaft, Frankfurt/Main 1949. S. 50 bis 67. Walter PABST, Die Theorie der Novelle in Deutschland (1920—1940). Romanistisches Jahrbuch 2, 1949, S. 81—124. Walter PABST, Novellentheorie und Novellendichtung. Zur Geschichte ihrer Antinomie in den romanischen Literaturen. Universität Hamburg. Abhandlungen aus dem Gebiet der Auslandskunde Bd. 58, Reihe B. Völkerkunde, Kulturgeschichte und Sprachen Bd. 32, Hamburg 1953. ● Benno von WIESE, Die deutsche Novelle von Goethe bis Kafka. Interpretationen I, Düsseldorf 1956, 2. Aufl. 1960. Marianne THALMANN, Ludwig Tieck „Der Heilige von Dresden". Aus der Frühzeit der deutschen Novelle. Quellen und Forschungen zur Sprach- und Kulturgeschichte der germanischen Völker 127, N.F. 3, Berlin 1960. Henry H. REMAK, Theorie und Praxis der Novelle: Gottfried Keller, in: Stoffe, Formen, Strukturen. Studien zur deutschen Literatur. Festschrift Hans Heinrich Borcherdt, München 1962, 2. 424 bis 439. Benno von WIESE, Die deutsche Novelle von Goethe bis Kafka. Interpretationen II, Düsseldorf 1962. ● Johannes KLEIN, Geschichte der deutschen Novelle von Goethe bis zur Gegenwart, Wiesbaden 1954, 4. Aufl. 1960. Hellmuth HIMMEL, Geschichte der deutschen Novelle, Sammlung Dalp Bd. 94, Bern und München 1963. ● Bernhard von ARX, Novellistisches Dasein. Spielraum einer Gattung in der Goethezeit. Züricher Beiträge zur deutschen Literatur- und Geistesgeschichte 5, 1953. Walter SILZ, Realism and Reality. Studies in the German Novelle of Poetic Realism. University of North Carolina. Studies in the Germanic Languages and Literatures 11, Chapel Hill 1954. Fritz MARTINI, Die deutsche Novelle im bürgerlichen Realismus. Überlegungen zur geschichtlichen Bestimmung des Formtypus. Wirkendes Worts 10, 1960, S. 257—278. Fritz MARTINI, Deutsche Literatur im bürgerlichen Realismus 1848 bis 1898. Epochen der deutschen Literatur. Geschichtliche Darstellungen Bd. V/2, Stuttgart 1962, S. 611 ff. Henry H. REMAK, Wendepunkt und Pointe in der deutschen Novelle von Keller bis Bergengruen, in: Wert und Wort. Festschrift Else M. Fleissner. Aurora, New York 1965, S. 45—56. ● Fritz LOCKEMANN, Die Bedeutung des Rahmens in der deutschen Novellendichtung. Wirkendes Wort 6, 1955/56, S. 208—217. Fritz LOCKEMANN, Gestalt und Wandlungen der

deutschen Novelle. Geschichte einer literarischen Gattung im 19. und 20. Jahrhundert, München 1957. ● Heinz Otto BURGER, Theorie und Wissenschaft von der deutschen Novelle. Der Deutschunterricht 3, 1951, Heft 2, S. 82—98.   Nino ERNÉ, Kunst der Novelle, Wiesbaden 1956, 2. Aufl. 1961.   Helmut ENDRULAT, Ludwig Tiecks Altersnovellistik und das Problem der ästhetischen Subjektivität, Diss. Münster 1957.   Manfred SCHUNICHT, Die Novellentheorie und Novellendichtung Paul Heyses, Diss. Münster 1957.   Lutz MACKENSEN, Die Novelle. Studium Generale 11, 1958, S. 751—759.   Rafael KOSKIMIES, Die Theorie der Novelle. Orbis Litterarum 14, 1959, S. 65—88.   Walter SILZ, Geschichte, Theorie und Kunst der deutschen Novelle. Der Deutschunterricht 11, 1959, Heft 5, S. 82—100.   Manfred SCHUNICHT, Der „Falke" am „Wendepunkt". Zu den Novellentheorien Tiecks und Heyses. GRM 41 (N. F. 10), 1960, S. 44—65. Joachim MÜLLER, Novelle und Erzählung. Etudes Germaniques 16, 1961, S. 97 bis 107.   Hans Hermann MALMEDE, Wege zur Novelle. Theorie und Interpretation der Gattung Novelle in der deutschen Literaturwissenschaft. Sprache und Literatur 37, Stuttgart 1967.   Rainer SCHÖNHAAR, Novelle und Kriminalschema. Ein Strukturmodell deutscher Erzählkunst um 1800, Bad Homburg v. d. H. 1969. ● Josef KUNZ, Geschichte der deutschen Novelle vom 18. Jahrhundert bis auf die Gegenwart. Deutsche Philologie im Aufriß, Bd. 2, Berlin 1954, 2. Aufl. 1960, Sp. 1795—1896.   E. K. BENNET-H. M. WAIDSON, A History of the German Novelle, Cambridge 1934, 2. Aufl. 1961. ● Rudolf FÜRST, Die Vorläufer der modernen Novelle im 18. Jahrhundert, Halle/Saale 1897. Hans Heinrich BORCHERDT, Geschichte des Romans und der Novelle in Deutschland I: Vom frühen Mittelalter bis zu Wieland, Leipzig 1926.   Hermann WEISSER, Die deutsche Novelle im Mittelalter, Freiburg i. Br. 1926.   Hugo BEYER, Die moralische Erzählung in Deutschland bis zu Heinrich von Kleist. Frankfurter Quellen und Forschungen zur germanischen und romanischen Philologie 30, Frankfurt/Main 1941.   Elfriede STUTZ, Frühe deutsche Novellenkunst, Diss. Heidelberg 1950.

Weitere Angaben zum Stand der Novellenforschung, die über die Berichte von Pabst und Burger hinausgehen, finden sich bei Richard THIEBERGER, La théorie de la nouvelle en Allemagne, Critique. Revue générale des publications francaises et étrangères Bd. 12, Nr. 122, Juli 1957, S. 579—592, ergänzt in: Les langues modernes 52, 1958, S. 471, und in: Etudes Germaniques 17, 1962, S. 505 f., bei Benno von WIESE, Novelle. Sammlung Metzler, Realienbücher für Germanisten, Abtlg E: Poetik, Stuttgart 1963, 4. Aufl. 1969, sowie bei Karl Konrad POLHEIM, Novellentheorie und Novellenforschung (1945 bis 1963), DVjs 38, Sonderheft, Oktober 1964, S. 208*—316*. Vgl. außerdem die Bibliographie in: Josef KUNZ (Hg.), Novelle. Wege der Forschung 55, Darmstadt 1968, S. 495—505.

[1] Josef Kunz, Geschichte der deutschen Novelle vom 18. Jahrhundert bis auf die Gegenwart, in: Deutsche Philologie im Aufriß, Bd. II, Berlin 1954, Sp. 1739—1840. Zitiert wird nach der Neuauflage Berlin 1960, Sp. 1795—1896.

[2] Eberhard Lämmert, Bauformen des Erzählens. Erste Auflage Stuttgart 1955.

[3] Franz Stanzel, Die typischen Erzählsituationen im Roman. Dargestellt an Tom Jones, Moby-Dick, The Ambassadors, Ulysses u. a., Wiener Beiträge zur englischen Philologie, Bd. 63, Wien/Stuttgart 1955.

[4] Karl Konrad Polheim, Novellentheorie und Novellenforschung (1945—1963), in: DVjs 38 (1964), Sonderheft, S. 208*—316*.

[5] Vgl. dazu Einleitung und Textzusammenstellung in: Josef Kunz (Hg.), Novelle. Wege der Forschung, Bd. 55, Darmstadt 1968, sowie Karl Konrad Polheim (Hg.), Theorie und Kritik der deutschen Novelle von Wieland bis Musil. Deutsche Texte, Bd. 13, Tübingen 1970.

[6] Walter Pabst, Novellentheorie und Novellendichtung. Zur Geschichte ihrer Antinomie in den romanischen Literaturen, Hamburg 1953, S. 245.

I. Die Novellendichtung Goethes

Unterhaltungen deutscher Ausgewanderten

In einer relativ späten Phase seiner Entwicklung ist die Gattungsform der Novelle für Goethe bedeutsam und interessant geworden. Mitten während der Arbeit an den „Lehrjahren" beginnt offenbar die Lektüre und die Begegnung mit romanischen Novellendichtungen, eine Beschäftigung, die sich dann über längere Zeit bis in die Konzeption der „Wanderjahre" hinzieht. In Gesprächen zwischen Goethe und Schiller ist die Rede davon. Schiller, begierig nach geeigneten Beiträgen für die „Horen", knüpft an diese Unterredungen an, um den Freund zu bewegen, ihm Bearbeitungen von solchen Erzählungen für die Zeitschrift zur Verfügung zu stellen. — „Da Sie mich auffordern, Ihnen zu sagen, was ich für die ersten Stücke noch von Ihrer Hand wünsche, so erinnere ich Sie an ihre Idee, die Geschichte des ehrlichen Prokurators aus dem Boccaz zu bearbeiten." — So in einem Brief an Goethe vom 28. Oktober 1794[1]. Damit taucht auch zum erstenmal der Name einer Novelle aus den späteren „Unterhaltungen" auf; allerdings entstammt der Stoff nicht dem „Decamerone", wie Schiller ursprünglich meinte, sondern dem französischen Zyklus der „Cent Nouvelles Nouvelles" aus dem Jahre 1482; und zwar der letzten Novelle dieser Sammlung: „Le sage Nicaise".

Wie sich dann aus diesen Vorarbeiten Goethes ein eigener zyklischer Entwurf formte, ist im einzelnen nicht mehr rekonstruierbar. In dem Brief an Schiller vom 27. 11. 1794 schreibt Goethe von weiteren kleinen Erzählungen[2]. Von Schiller wird zum erstenmal in dem Brief vom 6. 12. 94 der Titel der Sammlung „Unterhaltung" genannt. Nach Goethes Äußerung, wiederum in einem Brief an Schiller, ist die Arbeit im August 1795 abgeschlossen[3]. In demselben Jahr erschien der Zyklus dann auch in den „Horen". Dieses etwa sind die biographischen Dokumente, die uns erlauben, die Entstehung zu überblicken.

Will man den Novellenzyklus der „Unterhaltungen" in die geistig-biographische Entwicklung Goethes einordnen, dann ist vor allem darauf zu verweisen, daß das Werk in die Reihe jener Dichtungen gehört, die im Zusammenhang mit der französischen Revolution entstanden sind. Welche furchtbare Erschütterung dieses Ereignis für Goethe im Gefolge hatte, darüber sind wir hinreichend von ihm selbst unterrichtet. Es schließt die Epoche der italienischen Klassik ab, auch wenn sich Goethe zunächst sträubte, diese Tatsache in ihrer einschneidenden Bedeutung anzuerkennen, was ihm begreiflicherweise schwerfallen mußte. Denn kaum daß er sich der umfassenden Gesetzlichkeit und Geformtheit in Natur und Geschichte vergewissert hatte, mußte er sich wieder mit dem Gedanken vertraut machen, daß nicht nur die Vernunft die Welt regiere, sondern auch Mächte anderer Art, die, wie sie auch im einzelnen zu deuten waren, in keiner Weise den Willen hatten, sich in die Einheit und Allbezogenheit eines umfassenden organischen Zusammenhangs einfügen zu lassen.

Vor allem diese Erfahrung der Ungesichertheit ist es, die die Rahmenhandlung des Novellenzyklus bestimmt. Voraussetzung des Geschehens bildet die Gefährdung einer bisher gültigen Ordnung. Eine adlige Familie ist im Gefolge der Revolutionskriege aus ihren Besitzungen vertrieben worden und hat so die bisherige Lebensgrundlage verloren.

Es bedarf keines ausdrücklichen Hinweises darauf, daß Goethe mit dieser Gestaltung das Kernmotiv der Rahmenhandlung des „Decamerone" aufnimmt, um es aus der Voraussetzung der eigenen Gegenwart zu erneuern. Hier wie dort stehen im Mittelpunkt Menschen, die ihr Leben in Besonnenheit und Überlegenheit zu führen gewohnt sind. In beiden Fällen wird die bisher so fraglos gesicherte und abgehobene Lebensordnung von der Auflösung bedroht. Während in den „Unterhaltungen" die Revolution das auslösende Moment darstellt, ist es im „Decamerone" die Pest, die die Bande einer stadtbürgerlichen Gemeinschaft zu zerreißen droht.

So mächtig die Gefahr ist, so entschieden ist in beiden Fällen die Bereitschaft, ihr entgegenzutreten. Weder bei Goethe noch bei Boccaccio ist man willens, sich wehrlos in die Wirrnis hineinzugeben: „Donne mie care, voi potete, così come io, molte volte avere udito che a niuna persona fa ingiuria chi onestamente usa la sua ragione. Natural ragione è, di ciascuno che ci nasce, la sua vita, quanto può, aiutare e conservare e difendere:..." meint Pampinea, als die Freundinnen sich in der Kirche Santa Maria Novella eines Morgens wiedersehen[4]. Und in ähnlicher Weise versteht man sich in den „Unterhaltungen" zu schützen, sowohl vor dem Chaos draußen wie vor der Wirrnis im Kreise der Gesellschaft selbst.

Zwar wird durch die Unbeherrschtheit von Vetter Karl — dem Parteigänger der Revolution — der Streit mitten in die Gesellschaft der Flüchtigen hineingetragen; aber die Baronin, die verantwortliche Gebieterin des Kreises, stellt alsbald den Frieden wieder her, indem sie mit Energie an die „Bildung" und „Selbstbeherrschung" aller Glieder appelliert; also an die Bereitschaft, statt der partikulären Leidenschaft den Geist der Geselligkeit und der Gemeinschaft walten zu lassen. — „Aber, Kinder, in Gesellschaft laßt uns nicht vergessen, wie viel wir sonst schon, ehe alle diese Sachen zur Sprache kamen, um gesellig zu sein, von unsern Eigenheiten aufopfern mußten, und daß jeder, solange die Welt stehen wird, um gesellig zu sein, wenigstens äußerlich sich wird beherrschen müssen."[5]

Dieser Erneuerung der „geselligen Bildung"[6] sollen auf den Vorschlag der Baronin hin die „Unterhaltungen" dienen, die sich im folgenden auf das Erzählen von Novellen zentrieren. Es sind fünf Novellen, die im Laufe dieser Tage erzählt werden: die Geschichte von der Sängerin Antonelli; eine Gespenstergeschichte, von Goethe wohl im Umkreis der Weimarer Gesellschaft erlebt; die beiden Novellen, die der Dichter den „Mémoires contenant l'histoire de ma vie" des François de Bassompierre[7] entnommen hat; schließlich als „Parallelgeschichten"[7a] die schon genannte Prokuratorgeschichte aus den „Cent Nouvelles Nouvelles" und die auf der eigenen Erfindung des Dichters beruhende Ferdinand-Novelle.

So etwa ist die Konzeption und der innere Zusammenhang des Zyklus zu deuten. Damit ist aber die Darstellung an dem Punkte angelangt, da die von dem Dichter geschaffenen und bearbeiteten Novellen hinsichtlich ihrer G a t t u n g s f o r m zum Problem werden. Was hat Goethe in diesen Jahren zur Gattung der Novelle hingezogen? Warum fühlt er sich gerade jetzt zu der Lektüre romanischer Novellendichtungen gedrängt? In seiner Goethestudie „Spiel der Mächte" hat Paul Hankamer versucht, eine Antwort auf Fragen dieser Art zu geben. Sie ist so so überzeugend, daß sie an dieser Stelle zitiert sei: „Als Kunstform entstand die Novelle in einer geistbeherrschten und selbstbewußten Gesellschaft, als sie erkannte, daß wie alle menschliche Lebensform so auch ihre schöne und abgehobene Ordnung dem entstaltenden Einwirken der Mächte offenstehe; solange die oft beinahe tragische Erkenntnis den Willen zur Gesellschaftlichkeit nicht zerbrach und solange die Gesellschaft sich dieser Einsicht nicht verschloß, war die Novelle möglich als eine Form, in welcher jene Einbrüche vom überlegenen Geiste gefaßt generell ins wenn auch Typische, so doch Ausnahmsweise gedeutet wurden. So entstand die Renaissance-Novelle und unter ähnlichen Bedingungen, aus ähnlicher Einsicht und ähnlicher Haltung entsteht alle novellistische Kunst. Auch Goethes Novellistik entstand so ..."[8]. Jene „abgehobene Ordnung", von der hier die Rede ist, war, wie schon angedeutet, die des klassischen Weltbildes. Die Krise dieser Ordnung aber wurde ausgelöst durch die Konfrontation des Dichters mit der Französischen Revolution. Mit diesem Erlebnis jedenfalls wurde

für ihn die Gattungsform der Novelle bedeutsam. Auch wenn die Motivwahl der Novellen in den „Unterhaltungen" nicht ausdrücklich davon
Zeugnis gibt, zumindest indirekt bietet sich doch ein Zusammenhang
an, indem diese Novellen durchgängig, wenn auch nicht im Bereich der
Geschichte, so doch im Umkreis des Privaten, mit Krisen und Grenzsitua-
tionen des Lebens zu tun haben. Jedenfalls führt die Handlung immer
dorthin, wo Elementargewalten die Herrschaft der Vernunft in Frage
stellen.

Indem der Dichter die Novelle so verstand, befand er sich durchaus in
Einklang mit der europäischen Tradition. Denn für diese ist es wesentlich,
daß sie das Geschehen der Novelle durchgängig als „Ereignis" erfaßt; d. h.
„nicht als gradlinige Durchführung einer Absicht, sondern gerade als
plötzliche, unerwartete Fügung, die die Absichten durchkreuzt."[9]

Es ist daher kein Zufall, welche Motive in den Novellen der „Unterhaltungen" bevorzugt werden. Nicht anders als später in den „Wanderjahren" ist es vor allem die Thematik der Liebesleidenschaft und — in den
„Unterhaltungen" — zugleich damit die des Todes; also die Thematik der
beiden Daseinsmächte, die von Anfang an den neuzeitlichen Versuch einer
geschlossen-rationalen Gestaltung des Lebens beunruhigend in Frage gestellt haben[10].

Aufschlußreich in diesem Sinn ist die auf engstem Raume dargebotene
Schleiernovelle, die zweite, die er den Memoiren Bassompierres ent-
lehnte[11]. Der eigentlich novellistische Konflikt spielt zwischen den beiden Frauen: zwischen der Ehefrau des Ahnen und der Geliebten. Wie er
zu verstehen ist, ist den Andeutungen des Erzählers zu entnehmen. In
den folgenden Rahmengesprächen wird die Geliebte von Luise als ein
Wesen melusinenhafter Art charakterisiert. Daß sie auch von dem Erzähler in die Nähe eines solchen uns aus Märchen und Sage vertrauten
Elementarwesens gestellt wird, dafür sprechen zahlreiche Hinweise: Einmal der Umstand, daß sie Abschied nehmen und sich von dem Geliebten
trennen muß, nachdem ihre Verbindung offenbar geworden; offenbar ein
Zeichen dafür, daß zwischen der Ordnung der Menschenwelt und dem
Elementaren im letzten keine bleibende Verbindung möglich ist. — Ein
noch stärkerer Hinweis aber sind die Geschenke, die sie dem Geliebten in
der Stunde des Abschieds verehrt: das Fruchtmaß, der Ring, der Becher;
nach Zahl und dinglicher Auswahl sind dies Symbole der Fruchtbarkeit
und der elementaren Fülle. Damit wird auf das vorausgewiesen, was später
in der Rahmenhandlung als Deutung angeboten wird. Von da aus läßt
sich das Geschehen in der Weise begreifen, wie es später von Emil

Strauß psychologisch breit entfaltet wird: In ein Dasein, das in die Ordnung der Ehe gefügt ist, bricht in einer Lebensphase, da der Mann die Fülle zu vermissen beginnt, noch einmal der Eros in seiner elementaren Möglichkeit ein. Die Frau aber, die um die Krise des Mannes weiß, breitet in gütiger Nachsicht über dieses Geschehen den Schleier des Verzeihens und des Vergessens.

Auch in der anderen den Memoiren Bassompierres entnommenen Novelle von der schönen Krämerin — von Hofmannsthal später noch einmal neu gestaltet — bestimmt eine Situation der Krise Gehalt und Struktur des Geschehens bis in die Sprachgebärde. In dieser Novelle ist es mit der Liebe der Eintritt des Todes, in dem sich die Thematik des Unerwarteten und Plötzlichen verdichtet. Aufschlußreich sind die Korrekturen, die Goethe an der französischen Quelle vornimmt. Dort wird der Tod kaum vorbereitet. Es ist nun interessant zu beobachten, wie die beiden späteren Bearbeiter der Novelle, Goethe und noch stärker Hofmannsthal, in sorgfältigen Vorausdeutungen auf dieses Ereignis hinarbeiten, nämlich in der Weise, daß bei ihnen der Wendepunkt nicht mehr in dem Maße mechanisch und brutal erscheint, wie es bei Bassompierre der Fall ist. Bei Goethe geschieht dies vor allem dort, wo der Diener den Vorschlag, Matratzen und Decken in das Haus der Kupplerin zu bringen, mit dem Ausbruch der Pest motiviert; bei Hofmannsthal wird in noch intensiverer Weise auf das Todesmotiv vorbereitet; auch hier geschieht es an der Stelle, wo schon Goethe die Vorausdeutung auf den Tod einfügt, aber noch einprägsamer da, wo in dem fahlen Licht des Morgens am Ende der Liebesnacht draußen der Pestkarren vorbeigefahren wird. Im übrigen hat Goethe das französische Original so wenig verändert, wie er sich Eingriffe in die Schleier-Novelle erlaubt hat[12]; es sei denn, daß er die bei Bassompierre pedantisch genauen Ortsangaben übergeht, um so das Geschehen der Novelle ins Allgemeine und Allgemeingültige auszuweiten. Kaum angetastet dagegen hat er das unverbindlich-frivole Klima des ausgehenden ancien régime, das in jeder Zeile der Bassompierre-Novelle zum Ausdruck kommt.

Formal realisieren alle diese Erzählwerke der „Unterhaltungen" noch einmal den Typus der klassisch-romanischen Novelle. Drei Formzüge sind dafür charakteristisch: Erstens die besondere Wahl der Erzählperspektive, zweitens die für diesen Typus eigenartige Gestaltung des Erzählvorgangs, drittens der Wechsel von Bericht und Sprachformen der Rede. Was die Erzählperspektive betrifft, so wird eindeutig die Außensicht bevorzugt. Auch darin folgt Goethe streng seiner französischen Vorlage. Bis zum Schluß bleibt z. B. offen, wen Bassompierre in dem ihm von der Geliebten genannten Haus angetroffen hat. In der französischen Vorlage heißt es: „ou je trouvay que cette lumière estoit la paille des lits, que l'on y brusloit, et deux corps nus estendus sur la table de la chambre"[13]; und Goethe übersetzt entsprechend: „Aber wie erstaunt war ich, als ich in dem Zimmer ein paar Leute fand, welche Bettstroh verbrannten, und bei der Flamme, die das ganze Zimmer erleuchtete, zwei nackte Körper auf dem Tische ausgestreckt sah."[14] Weder hier noch dort wird auch nur in einer Vermutung angedeutet, um wen es sich handelt. — So wie für die Erzählhaltung die Außensicht entscheidend ist, so wird in der Gestaltung des Erzählvorgangs ebenso streng an dem Vorrang des Berichts festgehalten. Dabei bildet die „Aoristreihe" durchgängig das syntaktische Schema. Dieser Vorrang des Berichtes wird dann aber durch kurze Dialog- bzw. Monologpartien durchbrochen, so wie es schon für den normalen Aufbau der Boccaccio-Novelle, aber auch für die französische Novelle des 16. und 17. Jahrhunderts charakteristisch war. Auch für diesen Wechsel von Bericht und Monolog ist die Krämerin-Novelle exemplarisch[16]. Neben der indirekten Rede hat an zwei wichtigen Stellen — wiederum in der französischen Vorlage wie bei Goethe — der Monolog eine entscheidende Bedeutung für das Ganze; für beide Dichter eine willkommene Ergänzung, um die Gestalt der Krämerin nicht nur von außen, sondern auch von innen her erfassen zu können.

Daß gerade dieser Wechsel von Bericht und szenischen Partien besonders charakteristisch für den Typus der klassischen Novelle ist, hat Erich Trunz in einer genauen Analyse der Prokurator-Novelle gezeigt: „Vom Beginn bis zum Schluß finden mehrere Wendungen des Geschehens statt. Jede Wendung ist bezeichnet durch einen längeren Monolog oder Dialog. Das Geschehen selbst wird dazwischen knapp und kühl berichtet, auch wo es wichtige Dinge wie die Heirat oder die Fahrt nach Alexandria sind. Der Aufbau ist also: Bericht: Leben des Kaufmanns — Selbstgespräch: Entschluß zur Ehe — Bericht Hochzeit und Ehe — Selbstgespräch: Entschluß zur Reise — Dialog: Regeln für die Zurückbleibende — Selbstgespräch: Sehnsucht der Einsamen — Bericht: der Prokurator wird geholt — Dialog: Der Prokurator und die Schöne — Bericht: die Entsagungskur — Rede: die Erfahrungen der Frau."[17]

Dem erzählerischen Typus nach verwirklicht die klassische Novelle in der Vorlage und der Gestaltung Goethes weitgehend jene epische Form, die Stanzel in seiner typologischen Unterscheidung die neutrale genannt hat[18], allerdings mit der Einschränkung, daß dieser neutrale Typus, wie gezeigt, von Anfang an mit personalen Elementen durchsetzt ist, ein

Formgefüge, das der Gestaltung des Vorgangs im spezifisch novellistischen Sinn in vielfacher Hinsicht entspricht. Denn wenn es wirklich
im Umkreis der Novelle auf die Betonung des Unerwarteten ankommt,
dann ist damit, gemäß der Gesetzlichkeit des neutralen Typus, eine Haltung des Erzählers nahegelegt, die allenfalls durch Vorausdeutungen
„zukunftsungewisser Art"[19] das Ende anklingen läßt, im übrigen aber
darauf verzichtet, das Faktische in seiner Faktizität durchzureflektieren
und ihm durch Kommentare des Erzählers den Stachel des Unbekannten
und Jähen zu nehmen.

Daß die Ferdinand-Novelle — die letzte in der Reihe der „Unterhaltungen" — zwar prinzipiell noch an dieser klassischen Novellenform fest-
hält, darüber hinaus aber in Gehalt und Struktur neue Formelemente in
diese einschmilzt, darauf hat die Forschung wiederholt verwiesen. Erich
Trunz schreibt dazu: „Die Ferdinand-Novelle ... bringt eine psychische
Wandlung in allen ihren Phasen. Das Diebstahls-Motiv und das Liebes-
Motiv werden anfangs ganz ineinander verknüpft, dann getrennt und zum
Schluß wieder verbunden. Da die gesellschaftliche Umwelt einen wesentlichen Einfluß auf das Geschehen hat, ist ihrer Schilderung verhältnismäßig viel Raum gegeben. Als die erste Wendung sich vorbereitet, wird
noch das alte Mittel des Selbstgesprächs benutzt ... Später aber werden
Ferdinands Gedanken in der Form des Gedanken-Referats gebracht ... An
der spannendsten Stelle der Novelle, als die Mutter das erlösende Wort
spricht, ist dieses direkte Rede ...; davor, als noch alles im Fluß ist, werden nur die Hauptpunkte in Form von indirekter Rede mitgeteilt ... So
sind in dieser Novelle alte und neue Formbestandteile verschmolzen und
jeder organisch verwendet."[20]

Man wird kaum der besonderen Gestaltung der „Unterhaltungen" gerecht
werden, wenn man nicht mit den Novellen ihr Verhältnis zur Rahmenhandlung berücksichtigt. Die Eigenart dieser Verschränkung wird besonders deutlich, wenn man noch einmal das „Decamerone" zum Vergleich
heranzieht[21]. Von dem Gemeinsamen war schon die Rede: daß man sich
in beiden Novellendichtungen drohenden Katastrophen gegenübersieht
und daß man in beiden Fällen nicht willens ist, sich wehrlos von ihnen
überwältigen und zerstören zu lassen. Soweit reicht das Gemeinsame.
Darüber hinaus aber läßt sich ein einschneidender Unterschied nicht
übersehen. Im „Decamerone" bleiben Rahmenhandlung und Novellenhandlung streng getrennt; bei Goethe dagegen finden sich — das ist das
Neue im Werk des späteren Dichters — mannigfaltige Verschränkungen
zwischen beiden Handlungssträngen, Verschränkungen solcher Art, daß

sie auf ein dem „Decamerone" gegenüber tief gewandeltes Lebensgefühl schließen lassen. — „Goethe verrät sich von vornherein als Kind einer anderen, der Frührenaissance Boccaccios geradezu entgegengesetzten Zeit. Denn wenn Boccaccios neues Wirklichkeitsgefühl leidenschaftlich sich durchsetzt gegen Wundergeschichten, Märchen, Legenden des Mittelalters und aus diesem Gegensatz erst eigentlich die neue Gattungsform der um den Menschen gebauten Novelle schuf, so geht der Zug der Zeit, in der Goethe steht, in leidenschaftlicher Abkehr von der Aufklärung auf das Wunderbare."[22] Wenn auch dieser Hinweis von Pongs im einzelnen zu korrigieren wäre, so ist wohl kein Zweifel, daß das Wunderbare und Schicksalhafte für Goethe in ganz besonderem Maße zum Problem geworden ist, stärker als bei Boccaccio. Bei diesem klingt der Anspruch der Mächte ab, bei Goethe gerät der Mensch wieder an die Grenze der Autonomie.

Von da aus ist zu verstehen, daß bei Goethe die Gestalten der Rahmenhandlung dem in den Novellen Berichteten in ganz anderer Weise Aufmerksamkeit schenken, als es in der Rahmenhandlung des „Decamerone" möglich war. Nur von dieser Voraussetzung her ist etwa das Gespräch zu begreifen, das sich nach dem Bericht der Antonelli-Novelle im Kreis der Ausgewanderten entspinnt. Mag die Antonelli-Geschichte selbst gelegentlich burleske Züge enthalten, man nimmt trotzdem das Geschehen so gewichtig, daß nach der Wahrheit des Erzählten gefragt wird. Daß die Lebenden in den Bereich der Toten hineinverflochten sind, das jedenfalls wird völlig unironisch und ernsthaft in Betracht gezogen. Auch die Parallelgeschichte, die Fritz in der weiteren Folge des Gesprächs vorträgt, setzt eine solche Annahme voraus, denn sie wird ja vor allem deshalb erzählt, weil zwar von einem ähnlichen Ereignis berichtet wird, das sich aber im Gegensatz zur Antonelli-Geschichte im Umkreis des Kontrollierbaren zugetragen hat. „Bei einem wackern Edelmann, meinem Freunde, der ein altes Schloß mit einer starken Familie bewohnte, war eine Waise erzogen worden . . ."[23]. So beginnt Fritz seinen Bericht.

Indessen, bei dem Vortrag einer solchen Parallelgeschichte bleibt es nicht. Noch einmal verringert sich nämlich die Distanz zwischen der möglichen Gefährdung und denen, die ihr ausgesetzt sind. Kaum daß der Erzähler seine Geschichte beendet hat, tragen sich mitten im Kreis der an der Rahmenbehandlung Beteiligten analoge Vorgänge zu, Vorgänge von einer nun bedrängend unmittelbaren Nähe, so daß sich niemand der Wirkung entziehen kann. Während bei dem Brande des Nachbargutes ein Schreibtisch zerstört wird, geschieht es, daß in dem Zimmer der Sprechenden zur gleichen Stunde die Decke des Schreibtisches, der aus demselben Holz und von demselben Meister verfertigt wurde wie der des Nachbargutes, auseinanderbricht. Auch dies ist wiederum eine Mahnung an die Beteiligten, über dem Eigensein des Lebendigen nicht die Verflochtenheit zu vergessen, die im Bereiche des Menschen nicht anders als in dem der Dinge bedeutsam ist.

In denselben Zusammenhang gehört auch die Verschränkung von Novellen- und Rahmenhandlung im Umkreis der Schleiernovelle. Das Gespräch knüpft an die Segensdinge an, die die melusinenhafte Geliebte dem Ahnherrn Bassompierres hinterlassen hat. Nachdem Luise versucht hat, das Geschehen ins Märchenhafte und damit ins Unverbindliche abzudrängen, weist der Bruder als der Erbe des Geschlechtes darauf hin, daß eine ähnliche Tradition und Segenspfänder gleicher Art in der eigenen Familie bewahrt werden.

„„Und doch hat sich eine solche Tradition", versetzte Friedrich, „und ein ähnlicher Talisman in unserm Hause erhalten".

„Wie wäre denn das?" fragte Karl.

„Es ist ein Geheimnis", versetzte jener; „nur der älteste Sohn darf es allenfalls bei Lebzeiten des Vaters erfahren und nach seinem Tode das Kleinod besitzen."

„Du hast es also in Verwahrung?" fragte Luise.

„Ich habe wohl schon zuviel gesagt", versetzte Friedrich, indem er das Licht anzündete, um sich hinwegzubegeben."[24]

Wiederum geht auf diese Weise, anders als bei Boccaccio, die Novellenhandlung in die Rahmenhandlung über.

Aus all dem ergibt sich, daß sich in Goethes Werk die Aufmerksamkeit in zunehmendem Maße den Grenzbereichen der rationalen Ordnung zuwendet, Grenzbereichen, in denen Einflüsse magischer Art die Mündigkeit des individuellen Lebens in Frage stellen und wo des weiteren die Selbstgesetzlichkeit der Lebenssphäre durch die Wiederkehr der Toten gefährdet wird; wo endlich ein Geschlecht Gedeihen und glückhafte Entwicklung nicht so sehr dem sittlichen Maß und der verantwortungsvollen Zucht verdankt, als vielmehr Mächten, die sich der Verantwortung entziehen. Dies ist eine Erweiterung des Blickfeldes, die dann erst in den „Wahlverwandtschaften" in ihrer vollen Konsequenz erkennbar wird.

Bei dieser Gelegenheit ist es auch notwendig, die veränderten soziologischen Voraussetzungen Boccaccios und Goethes zu beachten. Die Sprechenden des „Decamerone" sind stadtbürgerlicher Herkunft, die an den „Unterhaltungen" Beteiligten sind im Gegensatz dazu Glieder eines feudalen Geschlechtes, Menschen also, die nach Tradition und Herkunft in höherem Maße in den Bereich der Mächte eingelassen sind. Auch das ist kein Zufall. Denn bei Goethe werden — nicht nur in den „Unterhaltungen", sondern auch in anderen Dichtungen — wiederum jene Stände bedeutsam, deren Einfluß und Macht bei Boccaccio im Abklingen ist. Eines darf man allerdings bei allem Verständnis für die veränderte Situation nicht vergessen: Die Wandlung erstreckt sich zwar auf das Verhältnis von Rahmenhandlung und Novellenhandlung; sie greift aber nicht auf die Form der Novelle selbst über. In den „Unterhaltungen" wenigstens wird die vorromantische Form der Novelle in ihrer strengen Sachlichkeit und Objektivität von Goethe beibehalten und — vielleicht mit Ausnahme der Ferdinand-Novelle — in ihrer Substanz kaum angetastet.

Es ist kein Zufall, daß in derselben Zeit, da mit Goethes „Unterhaltungen" die Novelle als künstlerisches Gebilde in der deutschen Literatur bedeutsam wird, auch die Versuche einsetzen, sich der besonderen Gesetzlichkeit dieser Gattung bewußt zu werden; auch dies ist ein unverkennbares Zeichen der beginnenden Aktualität dieser Form des Erzählens. Sieht man von der theoretischen Diskussion in der Rahmenhandlung der „Unterhaltungen" selbst ab, so ist es offenbar Friedrich Schlegel gewesen, der als erster in dem 383. und dem 429. der Athenäum-Fragmente 1798[25] Rechenschaft über die Formgesetze der Novelle abzulegen versuchte, um dann in dem großen Boccaccio-Aufsatz 1801 diese Überlegungen weiterzuführen und zu vertiefen[26].

Um eine Diskussion solcher Art möglich zu machen, mußte allerdings zunächst einmal der Wortgebrauch einigermaßen feststehen. Arnold Hirsch[27] konnte zeigen, wie die Bedeutungsentwicklung des Wortes ‚Novelle' verlief. Da eine deutsche Gattungsform dieser Art zumindest vor 1792 nicht existierte, konnte sich der Gebrauch des Wortes erst mit dem Bekanntwerden der romanischen Novelle festigen. So fehlt etwa in Sulzers „Allgemeiner Theorie der Schönen Künste" zunächst ein besonderer Abschnitt über die Novelle, in der „neuen vermehrten zweiten Auflage 1792"[28] ward dann das Fehlende ergänzt, und zwar im Zusammenhang mit dem Bekanntwerden der italienischen Novellistik. Wie wenig der Gattungsname vorher gebräuchlich war, zeigt der bekannte Irrtum Lessings, der die „Novelas ejemplares" des Cervantes 1751 mit „neue Beispiele" übersetzt hatte[29]. 1764 gebraucht zwar Wieland[30] den Gattungsnamen im „Don Silvio von Rosalva", hält es aber für nötig, in einer zweiten Auflage von 1772 in einer Anmerkung eine nähere Begriffsbestimmung hinzuzufügen.

Die Novellen der „Wanderjahre"

Etwa zu der gleichen Zeit, da die Anregungen Goethes bei der nachfolgenden Generation auf fruchtbaren Boden fielen, wurde für ihn selbst die Gattungsform der Novelle noch einmal höchst bedeutsam, und zwar im Zusammenhang mit der Arbeit an „Wilhelm Meisters Wanderjahre".

Novellen spielen im Aufbau seines Romans eine große Rolle. Daß im übrigen auch seine beiden anderen Erzählwerke dieser Lebensjahre, die „Wahlverwandtschaften" und die „Novelle", mit der Arbeit an den „Wanderjahren" entstanden sind, ist bekannt. So gesehen, hat die Gattungsform der Novelle im Rahmen des Alterswerkes Goethes noch einmal eine zentrale Bedeutung gewonnen.

In den „Wanderjahren" sind Elemente des Romans und Elemente der Novelle in eine eigentümliche Verbindung gebracht. Waren es auch die in den Roman eingestreuten Novellen, die der Dichter als die ersten Partien des Werkes niedergeschrieben hat, so wird man doch den Roman nur mit Einschränkung als Novellenzyklus charakterisieren dürfen. Mit welcher Konsequenz das Werk als Roman konzipiert ist, hat der Kommentar von Erich Trunz im 6. Band der Hamburger Goethe-Ausgabe ins Bewußtsein gerufen. Erst in dieser Arbeit ist deutlich geworden, in welchem Maß Abschnitte wie die Pädagogische Provinz, das Geschehen um Makarie, schließlich die utopische Konzeption einer neuen Gemeinschaftsordnung primäre Bedeutung haben. Auch werden durch die von Trunz aufgezeigte Spiegelungstechnik Partien, die auf den ersten Blick unzusammenhängend und isoliert erscheinen, doch wiederum in das Ganze gefügt; eine Technik, die es erlaubt, auch die Novellen streng in das Ganze des Romans einzubauen und einzufügen. Aus all dem geht hervor, daß in dem Werk die Intention auf die großen Zusammenhänge hin bedeutsamer erscheint als die Neigung, das zu gestalten, was, wie es in den „Unterhaltungen" hieß, „ohne Zusammenhang Verwunderung erregt."[31]

Unter diesen Umständen gehören die „Wanderjahre" in die Geschichte des Romans; und es kann nicht die Aufgabe einer Darstellung der Geschichte der Novelle sein, eine Würdigung und Analyse des Romans im Ganzen zu geben. Wenn es tatsächlich so ist, daß auch die novellistischen Teile sehr sorgfältig in das Ganze des Werkes hinein verschränkt sind, ist es selbst problematisch, einzelne dieser Novellen herauszulösen und sie in sich zu interpretieren. Trozdem markieren Novellen wie „Der Mann von funfzig Jahren" oder die Novelle „Nicht zu weit" dem Gehalt und der novellistischen Form nach einen so entscheidenden Einschnitt nicht nur im Novellenschaffen Goethes, sondern auch in der Geschichte der deutschen Novelle überhaupt, daß eine Darstellung dieser Geschichte sie nicht übergehen kann. Eine Analyse ist allerdings nach dem zuvor Gesagten nur im Zusammenhang mit dem Ganzen des Werkes möglich. Um dies nicht zu vernachlässigen, sei wenigstens das Notwendigste dazu gesagt; denn nur so ist es möglich, mit den Novellen auch die Verschränkung von Rahmen und Innenhandlung auf ähnliche Weise sichtbar zu machen, wie es bei der Analyse der „Unterhaltungen" geschehen ist.

Wenn man den Anfang damit macht, diese Verschränkung aufzuzeigen, so empfiehlt es sich, vor allem auf die Bedeutung der Pädagogischen Provinz und der Makarien-Partien zu verweisen. Von diesen beiden ist es die Pädagogische Provinz, die gedanklich am deutlichsten offenbar macht, in welcher Weise Zusammenhang und Norm des Werkes zu verstehen sind. In den drei Ehrfurchten, von denen Wilhelm Meister von den drei leitenden Männern der Provinz hört, wird diese Norm offenbar; in der Ehrfurcht vor dem, was über dem Menschen ist, in der vor dem, was unter ihm ist, und in der Ehrfurcht vor dem Nächsten. Man kann diese Lehre der Ehrfurchten in der Weise vereinfachen, daß man zunächst darauf hinweist, wie in ihnen jene Polarität zum Ausdruck kommt, die für den alten Goethe als Orientierung in Dichtung und Naturforschung maßgebend war. — „In Goethes Symbolsprache ist Gott Licht und Geist; Blick nach oben ist Blick ins Licht. Blick nach unten ist Blick zur Erde; Erde ist Materie, ist schwer, ist für Licht undurchdringlich; die Lebewesen leben auf der Erde, senken ihre Wurzeln in sie, saugen aus ihr die Lebenskraft und recken sich ins Licht..."[32]. Zwischen beiden Dimensionen des Seins existiert auch der Mensch, zwischen Leichtigkeit und Schwere, zwischen Freiheit und Endlichkeit. Seine Aufgabe ist es, zwischen beiden zu vermitteln; die Gebundenheit der menschlichen Existenz anzuerkennen, sie zugleich aber für die Dimension der Freiheit und der Erfüllung zu öffnen. Und umgekehrt soll er die Freiheit von der Versuchung der Beliebigkeit und der Willkür lösen und sie dort fruchtbar machen, wo der eigentliche Raum ihrer Bewährung ist: in der Sphäre des Endlich-Bedingten und des Konkreten. Diese Aufgabe aber schließt in sich, was mit der dritten Ehrfurcht gemeint ist. — „Hat der Mensch das Licht erkannt und die Erde, so hat er auch den rechten Blick für sich selbst, für das Geschöpf des Zwischenreichs: der dritte Gebärdengruß gilt darum seinesgleichen."[33]

Was in den Kapiteln der Pädagogischen Provinz in der Sprache der Gebärde, in der Deutung der leitenden Männer und in dem Entwurf einer neuen Gemeinschaftsordnung als Norm des menschlichen Daseins dargestellt worden ist, erscheint, abgewandelt in neuen Symbolen, im Umkreis Makariens wieder. Makarie ist dem Licht und der Gestirnswelt zugeordnet, und zwar in dem Sinn, daß auch hier das Licht als Symbol des Geistes und der Freiheit zu begreifen ist. Es ist in dieser Darstellung, die in erster Linie auf Bedeutung und Form der Novellen die Aufmerksamkeit zu richten hat, nicht nötig, im einzelnen zu zeigen, wie Makarie in der unio mystica mit dem Reich des Lichtes und der Höhe immer wieder von neuem Orientierung und Kraft sucht, um auf Erden helfend und weisend wirken zu können. Das 10. Kapitel des ersten Buches gestaltet diese metaphysischen Grundlagen von Makariens Existenz in einer Fülle beziehungsreicher Symbole; und das 14. Kapitel des dritten Buches ergänzt das zuvor Gesagte. Dieses 14. Kapitel ist im Zusammenhang mit Makarie auch deshalb wichtig, weil hier wenigstens andeutungshaft die Gestalt erscheint, die als polare Gegenfigur zu Makarie entworfen, aber von dem Dichter nicht mehr in derselben Breite und Gewichtigkeit wie Makarie entfaltet wurde: die terrestrische Person. Von Montan in den Kreis der Gestalten eingeführt, erscheint sie ebenso der Erde und dem Elemente zugeordnet wie Makarie dem Licht und dem Geist. Beide Gestalten erst umfassen das Ganze im polaren Sinn.

Wenn man das berücksichtigt, geben auch die Makarienteile des Romans die gleiche Deutung des Seins und der menschlichen Existenz, wie sie die Lehre von den Ehrfurchten in der Pädagogischen Provinz entwickelt hatte; das erstemal mehr in Symbolen aus dem Umkreis des Menschen, dann in Symbolen kosmischer Herkunft. Aber wie es sich auch mit diesem Unterschied verhält, in beiden Partien wird deutlich, daß die letzte Norm in dem Roman die Verschränkung von Geist und Materie, von Freiheit und Endlichkeit ist. So gesehen, gibt es auch in den Makarie-Kapiteln nicht nur die Analogie zu den beiden ersten Ehrfurchten, der Ehrfurcht vor der Höhe und der vor der Tiefe, sondern auch die Analogie dessen, was in der Pädagogischen Provinz als die Ehrfurcht vor dem, das uns gleich ist, bezeichnet wurde. So erschöpft sich auch im Umkreis Makariens das menschliche Dasein nicht, wie etwa in der Antike, mit dem Erkennen der Wahrheit. Vielmehr wird gerade an dieser Stelle die spezifisch christliche Substanz des Werkes greifbar; in dem Sinne etwa, wie es das johanneische „Tun der Wahrheit" meint.

Denn weder für Makarie noch für eine andere Gestalt erschöpft sich der Sinn des Daseins in den Stunden der mystischen Einung mit der Sphäre des Lichtes und des Wesens. Diese Einung ist nur die Voraussetzung der

Bewährung in der konkreten Situation des alltäglichen Lebens. Wie in der Pädagogischen Provinz sich alles in dieser Bewährung als echt ausweisen muß, so erfüllt sich auch der Daseinssinn Makariens in den mannigfaltigen Weisen, wie sie Menschen von der Wirrnis löst, um sie zu ihrer Bestimmung und Wahrheit zu leiten. Damit aber ist der Punkt berührt, wo sich Rahmenhandlung und Novellenhandlung unmittelbar ineinander fügen. Und es ist nun möglich, von den Novellen selbst zu sprechen.

Eine Fülle solcher Novellen oder wenigstens novellenartiger Erzählungen wird in den Rahmen eingefügt; Einfügungen, die zusammen mit anderen Eigenarten schon rein formal die „Wanderjahre" von den „Lehrjahren" abheben. Sie sind z. T. so in den Zusammenhang des Romans hineingewoben, daß es schwer ist, sie als in sich geschlossene Novellengebilde abzulösen. Am schwierigsten ist diese Aufgabe da, wo von der Liebe zwischen Felix und Hersilie berichtet wird. Aber auch der novellenartige Bericht, der — beginnend mit dem durch die eigene Überschrift „Das nußbraune Mädchen" vom Ganzen abgehobenen Kapitel I, 11 — wiederum das ganze Romangeschehen durchzieht, bleibt auf diese Weise so mit dem Ganzen verschränkt, daß es Mühe macht, die Handlung als eine in sich geschlossene Novelle zu begreifen, zumal auch diese Partie wie „Der Mann von funfzig Jahren" eng an das Makarien-Kapitel angelehnt ist.

Der „Mann von funfzig Jahren", die weitestgespannte Novelle des Werkes, bleibt allerdings im Gegensatz zu den oben genannten Einlagen auf längere Zeit selbständig, so daß man sie als einen eigenen Handlungsstrang betrachten kann, zumal sie alle Bedingungen eines solchen erfüllt: Beschränkung auf einen eigenen Personenbestand und Zentrierung auf einen eigenen Schauplatz[34]. Am Ende geht auch diese Novelle in die Rahmenhandlung über, und die Lösung des Novellenkonfliktes wird erst sehr viel später in jenem Kapitel III, 14 dargeboten, wo sich Hilarie und Flavio als Gattin und Gatte vorstellen.

Die übrigen Novellen sind noch relativ stärker in sich geschlossen als „Der Mann von funfzig Jahren". Eine eigene Bedeutung hat die legendenhafte Novelle „St. Joseph der Zweite" in den Eingangskapiteln des Werkes I, 1 und I, 2, eine Bedeutung, die man etwa in folgender Weise zusammenfassen kann: Während der Roman, von der geschichtlichen Situation her gedeutet, die Krise der Gesellschaft im Übergang von einer gebundenen Ordnung zu einem industriellen Zeitalter gestaltet, weist die Novelle „St. Joseph der Zweite" auf den gesellschaftlichen Zustand vor der Krise zurück. So steht sie, entsprechend dieser Rückwendung, in schärfstem Gegensatz zu den späteren Partien des Romans, in denen die Krise bis ins Äußerste vorgetrieben wird. „Die Josephs-Familie ist verwurzelt, ungebrochen, gläubig und sicher."[35] Daß Goethe für die Gestaltung des vorkritischen Zustandes der Gesellschaft die hier legendenhaft abgewandelte Gattung der Novelle gewählt hat, ist im übrigen Zeichen dafür, daß dieser Zustand nicht mehr in epischer Breite als allgemein gültig darzustellen war, sondern nur als eine vom Ganzen isolierte Daseinsweise.

Was die Thematik der Novellen betrifft, so entfalten sie sich, mit Ausnahme der schwankartigen Erzählung „Die gefährliche Wette", aus dem Motivkreis der Liebe. Zwei gestalten ihn so, daß sie die Liebesverwirrung in der Weise des Motivs der ‚Liebe über Kreuz' verstehen: die schon erwähnte, in die Nähe des Tragischen vorgetriebene Novelle „Der Mann von funfzig Jahren", dann die die Kapitel I, 8 u. 9 ausfüllende Novelle „Wer ist der Verräter?", ein Erzählwerk, das ganz auf die heitere Auflösung der Schwierigkeit gerichtet ist. Auch die Novelle „Nicht zu weit" im III. Buch gehört zum Umkreis des Liebesmotivs, treibt aber den Konflikt in eine letzte, ausweglose Krise vor; überraschend im Zusammenhang des sonst relativ optimistischen Klimas dieses Romans. Eine eigentümliche thematische Abwandlung findet das Motiv der Liebesleidenschaft in der aus dem Französischen übersetzten Novelle „Die pilgernde Törin". Zu den Novellen des dritten Buches gehören ferner das Novellenmärchen „Die schöne Melusine" und die schon erwähnte Einlage „Die gefährliche Wette"; die einzige, die in ihrem schwankhaften Charakter und auch in der Motivwahl eine Sonderstellung in den „Wanderjahren" einnimmt. Das sind die wichtigsten novellistischen Texte in dem Spätroman Goethes.

Niedergeschrieben wurden sie in verschiedenen Zeitabständen. Die früheste dieser Novellen ist „Die pilgernde Törin". Sie gehört noch in die Entstehungsjahre der „Unterhaltungen". 1807 begann dann Goethe mit der Niederschrift der Novellen für die „Wanderjahre". Entstanden sind sie in dieser chronologischen Folge: „St. Joseph der Zweite", „Die neue Melusine", „Die gefährliche Wette", „Das nußbraune Mädchen" und am Ende größere Partien zu „Der Mann von funfzig Jahren". Die genannten Novellen gehören bereits der 1821 im Druck erschienenen 1. Fassung des Romans an. Zu der endgültigen Fassung gehört dann die Novelle „Nicht zu weit", und auch „Der Mann von funfzig Jahren" wird erst für diese zu Ende geführt.

Was Gehalt und Form dieser Novellen angeht, so unterscheiden sie sich von denen der „Unterhaltungen" in mannigfaltiger Beziehung. Zu beachten ist zunächst einmal die schon berührte, viel stärkere Anlehnung der Novellen an die Rahmenhandlung, was zwar nicht in allen Fällen, aber doch in den für den Roman besonders charakteristischen Novellen auch Einfluß auf die Erzählhaltung und die Gestaltung des Handlungszusammenhanges hat. An dieser Stelle vor allem beginnt sich im Umkreis des Goetheschen Novellenschaffens die traditionelle Form der klassischen Novelle zu wandeln. Das Wesentliche über den Gehalt dieser Novellen auszumachen, bereitet keine Schwierigkeiten. Wenn die metaphysisch-ethische Norm des menschlichen Daseins, wie gezeigt, vor allem in den großen Partien der Pädagogischen Provinz und den Makarien-Kapiteln dargestellt wurde, so sprechen die Novellen von der Auflösung und Verletzung dieser Norm; in der Formulierung des Romans: von dem Mangel an Entsagung. „Die Architektonik des Werkes im Großen besteht also darin, daß die Rahmengeschichte der Bereich derer ist, die zu Entsagung und Vergeistigung gelangt sind, die Novellen der Bereich derer, die noch davor stehen oder erst dazu kommen."[36] So charakterisiert Trunz dieses Verhältnis.

Daß es nicht ohne Grund geschehen ist, wenn Goethe als Motive der Novellen — mit der einzigen Ausnahme der „gefährlichen Wette" — solche ausgewählt hat, die sich aus der Wirrnis der Liebesleidenschaft entfalten, wurden schon berührt: In der Leidenschaft der Liebe ist der Mensch am meisten in Gefahr, das Maß und die Herrschaft über das Leben zu verlieren; und zwar in zweifacher Richtung: indem er in ihr in die Versuchung der absoluten Erfüllung gerät, aber zugleich damit in Gefahr kommt, dem Triebbereich hörig, unter das Maß des Humanen abzusinken. So verliert sich Odoardo in seiner Liebe zur Prinzessin in der Novelle „Nicht zu weit" gleichsam nach oben, während seine Frau zur gleichen Stunde in die Würdelosigkeit einer durchschnittlichen Liebe abfällt[37]. In ähnlicher Weise opfert der Partner der „neuen Melusine" Besonnenheit und Freiheit rein triebhaften Verstrickungen.

Es macht keine Mühe, diese als Abweichung von dem zu begreifen, was zuvor in der Lehre von den Ehrfurchten als Maß des Menschen aufgerichtet wurde. Auf diese Weise verstößt Odoardo gegen die Bedingtheit des Menschen im Sinne der zweiten Ehrfurcht; im besonderen Fall der Novelle gegen die Tatsache, daß der Mensch im Aufbau der Gesellschaft an einen bestimmten Ort gestellt ist und es nicht in seinem Belieben steht, diese „Gebundenheit" zu mißachten. Die Gattin Odoardos — nicht anders

als der Gefährte der „neuen Melusine" — verstößt im Gegensatz dazu
gegen die Ehrfurcht vor dem, was im Menschen als Freiheit und Bestimmung des Geistes angelegt ist; ein Verstoß, dessen sich der Held des
Märchens ausdrücklich bewußt wird, als er, ins „Untermenschliche"
abgesunken, Sehnsucht nach der Höhe und Würde des Menschen empfindet. „Dabei hatte ich" — so bekennt er — „jedoch leider meinen vorigen
Zustand nicht vergessen. Ich empfand in mir einen Maßstab voriger
Größe, welches mich unruhig und unglücklich machte. Nun begriff ich
zum erstenmal, was die Philosophen unter ihren Idealen verstehen möchten, wodurch die Menschen so gequält sein sollen. Ich hatte ein Ideal von
mir selbst und erschien mir manchmal im Traum wie ein Riese...".[38]

So geschieht es in der Verstrickung der Leidenschaft immer wieder, daß
der Mensch sich anschickt, die Verschränkung von Geist und Bedingtheit — sei es nach unten oder nach oben hin — zu lösen. Dieselbe Leidenschaft schließt zugleich die Gefahr in sich, die Möglichkeit einer Gemeinschaft zu zerstören, die auf der Ehrfurcht vor dem andern gegründet
ist. So wird das Geschehen in der Märchennovelle „Die neue Melusine"
unter einem doppelten Aspekt gesehen. Es geht nicht nur darum, daß
der Held sich in seiner Maßlosigkeit selbst zerstört. Die Gefährdung des
Selbst ist zugleich eine Gefährdung der zwischenmenschlichen Beziehungen. Wie wenig der Held des Novellenmärchens bereit ist, sich in diese
einzufügen, wird an einem Charakterzug in gleichsam symbolischer
Weise offenbar: Da die Musik in dem Roman, vor allem in der Form
des Chorgesanges, nicht nur als erzieherische Hinführung zur Gemeinschaft, sondern auch als Probe auf die Gemeinschaftsfähigkeit eines
Menschen gilt, muß es aufschlußreich für die innere Verfassung des
Helden erscheinen, wenn er wiederholt seine ausgeprägte Antipathie
gegen die Musik betont. Nach der Symbolik des Romans ist dies ein
Zeichen dafür, in welchem Maße er sich in seinen partikulären An-
sprüchen absolut setzt und wie wenig er bereit ist, die Ehrfurcht vor
dem anderen Menschen zu üben. In diesem Zusammenhang ist vor allem
die Stelle aufschlußreich, da er in dem Augenblick, als er von dem König
als Schwiegersohn willkommen geheißen wird, betont: „Wie schrecklich
ward mir auf einmal zumute, als ich von Heirat reden hörte: denn ich
fürchtete mich bisher davor fast mehr als vor der Musik selbst, die mir
doch sonst das Verhaßteste auf Erden schien...".[39] Noch stärker ist die
zweite von St. Christoph erzählte Novelle, „Die gefährliche Wette", in
spezifischer Weise auf den Bereich der zwischenmenschlichen Beziehungen hingeordnet. Auch hier hat Trunz zeigen können, wie die Thematik

dieser Novelle gleichsam als Antithese auf die Thesis der Romanhandlung bezogen ist. Dort die Ehrfurcht vor dem anderen Menschen als eine Grundnorm des Daseins, hier dagegen wiederum die stärkste Leichtfertigkeit im Verhältnis zum anderen Menschen als das charakteristische Thema der Novelle.

Diese Beispiele mögen genügen, um den Zusammenhang von Rahmenhandlung und Novellenhandlung und zugleich damit den Gehalt der Novellen begreifbar zu machen. Was aber ergibt sich daraus für das Formgefüge der Novelle? Angesichts der verschiedenen Entstehungszeiten und der verschiedenartigen Konzeption der Novellen ist es kaum mehr möglich, diese Frage für die „Wanderjahre" einheitlich und summarisch zu beantworten. „Die pilgernde Törin", die noch ganz dem Formtypus der klassisch-romanischen Novelle angehört, und die von diesem Typus extrem abweichende Novelle „Nicht zu weit" auf eine Ebene zu stellen, kann nicht erlaubt sein. Um das Neue zu erfassen, muß man die Aufmerksamkeit vor allem auf die Novellen eingrenzen, die den klassischen Typus entscheidend modifizieren. Denn in einer Darstellung der geschichtlichen Entwicklung beanspruchen begreiflicherweise diese vor allem das Interesse. Dafür ist eine Novelle wie etwa „Der Mann von funfzig Jahren" besonders aufschlußreich, aber mit dieser auch die Lucidor-Novelle und in noch erhöhtem Maße die mehrfach erwähnte letzte Novelle „Nicht zu weit"; diese vor allem deshalb, weil sie die Auflösung der klassischen Novellenform in Richtung der Romantik erweitert und vortreibt.

Eines läßt sich in diesem Zusammenhang von vornherein sagen: Schon der Umstand, daß viele Novellen in diesem Roman streng und bewußt in Beziehung zur Romanhandlung gesetzt und in diese eingebaut sind, mußte es mit sich bringen, daß sich nicht nur der Gehalt, sondern auch die Struktur dieser Novellengebilde im Vergleich zu der bisherigen Novellenform wesentlich verändert und wandelt. Auch jetzt bleibt das „Ereignishafte" im Sinne der Novellendefinition von Wolfgang Kayser als spezifisch novellistische Thematik bestimmend. Aber dieses Ereignis hat nicht mehr nur den Charakter des schlechthin Rätselhaften und Unerwarteten, sondern mit diesem Einschlag des Ausnahmehaften zugleich auch den Bezug auf eine Ordnung und einen Zusammenhang. Denn was unvergleichbar und beziehungslos erscheint, wird ja zugleich immer wieder an den in der Rahmengeschichte aufgewiesenen Normen gemessen und von daher beurteilt und verurteilt. Von der Liebe der schönen Frau zu dem Ahnherrn des Bassompierre war in den „Unterhaltungen" als von einer von außen kommenden unerwarteten Fügung berichtet worden. Auch die Liebe Hilariens zu dem Major birgt das Moment des Jähen und Überraschenden in sich. Indessen, von dieser Liebe wird in der Novelle der „Wanderjahre" zugleich als von etwas berichtet, das am Ende psychologisch zu begreifen ist und von bestimmten Prämissen her nicht unverständlich erscheint. In dieser Weise ist die Problematik der Novelle nicht mehr so sehr auf das rätselhafte Faktum bezogen, sondern immer stärker auf das Rätsel des Charakters. Denn das Ereignishafte wird nun weniger von außen als vom Innern des Menschen her erfaßt. Wenn man von der relativ stark reflektierten Novellenform des Cervantes absieht — die überhaupt in der Geschichte der europäischen Novelle eine Sonderstellung einnimmt —, dann gibt es Ansätze dieser Art auch im „Decamerone"; indessen bei Boccaccio niemals in der hochbewußten Form der Novellen der „Wanderjahre". Jedenfalls ist diese Reflektiertheit das Neue im Umkreis der Novellen der „Wanderjahre"; vor allem in den Novellengebilden, die für den Zusammenhang des Romans konzipiert wurden.

Schon die Rahmenhandlung der „Unterhaltungen" hatte auf eine solche Wandlung hingedeutet. Eine entsprechende Möglichkeit novellistischer Gestaltung war bereits von dem alten Geistlichen erörtert worden; und zwar an der Stelle, wo er davon spricht, daß er auch von Geschichten wisse, die geeignet seien, „uns die menschliche Natur und ihre inneren Verborgenheiten auf einen Augenblick zu eröffnen"[40]. So gab es unter den Novellen der „Unterhaltungen" bereits solche, die schon die Wendung nach Innen und zur Charakternovelle hin vorwegnahmen. Paul Stöcklein konnte in einem Vergleich der Prokurator-Novelle mit dem französischen Original darauf hinweisen, daß Goethe schon in dieser Entsprechendes versucht hat[41]. Für die Konzeption der Ferdinand-Novelle hat Trunz Ähnliches angedeutet[42]. Aber die eigentlichen Konsequenzen vor allem für die Wandlung der Form und Struktur hatte Goethe erst in den Novellen der „Wanderjahre" gezogen. Auf diese Wandlung der Form ist nun die Aufmerksamkeit zu richten.

Die Konsequenzen sind mannigfaltiger Art. Wenn man noch einmal die Unterscheidung Stanzels für die Interpretation nutzbar macht, dann liegen sie zunächst in der Richtung einer stärkeren Betonung der personalen gegenüber den neutralen Formelementen. Indessen reicht dieser Hinweis nicht aus, um das Neue zu fassen. Mit der Einbeziehung von Formelementen personaler Art verbindet sich immer stärker die von Formzügen ausgesprochen auktorialer Prägung. Was die personalen Elemente betrifft, so bekommen zunächst Monolog und Dialog in dem Gefüge der Novellen deutlich das Übergewicht über den Bericht; jedenfalls sind sie stärker betont und herausgehoben als in der klassischen Novelle der Romanen. Am weitesten ist dies wiederum vorgetrieben in der Novelle „Nicht zu weit". Im Sinne einer auktorialen Prägung aber erfährt die Haltung und die Perspektive des Erzählers eine Wandlung. Die Außensicht weicht der Innensicht. Das „Gedankenreferat" ist von immer stärkerer Bedeutung, in dem „Mann von funfzig Jahren" gelegentlich bis zur Möglichkeit des style indirecte libre gesteigert. Kommentare und Reflexionen des Erzählers sind nicht ausgeschlossen. Was die Gestaltung des Handlungsvorgangs angeht, so ist es nun möglich, daß die straffe, einlinige Handlungsführung durch Episoden und Parallelhandlungen aufgelockert und die Novelle auf diese Weise dem Roman angenähert wird.

Daß man diese Wandlung mit besonderer Deutlichkeit durch eine Formanalyse des „M a n n   v o n   f u n f z i g   J a h r e n" belegen kann, wurde angedeutet. Unter diesen Umständen empfiehlt es sich also, die Aufmerksamkeit in erster Linie auf diese Novelle zu richten.

Geht man von der Konzeption der Handlung aus, dann ist alles trotz der ungewohnten Breite der Darstellung spezifisch novellistisch. Nicht Zustandsschilderungen machen die Substanz des Werkes aus, sondern Wendepunkte in dem Handlungsgeschehen, Wendepunkte, die alle menschlichen Absichten durchkreuzen und den in den Zustandsschilderungen vorübergehend ruhenden Gang des Geschehens immer wieder von Mal zu Mal in Handlung umsetzen. Mit einem solchen Wendepunkt setzt die Novelle schon ein. Kaum ist es dem Major gelungen, die Besitzung der Familie für sich zu sichern, kaum glaubt er, mit der Schwester auf diese Weise die finanzielle Voraussetzung für die seit langem geplante Verbindung ihrer beider Kinder, Flavio und Hilarie, geschaffen zu haben, da wird dieser Plan jäh durch die Mitteilung der Schwester in Frage gestellt, daß Hilaries Herz nicht Flavio, sondern einem anderen, wie sich kurz darauf herausstellt, dem Major selbst, gehört. Umschläge dieser Art finden sich dann immer wieder als eigentliche Gelenkstellen des Werkes. Einen solchen Umschlag bringt auch der Besuch des Vaters bei dem Sohn. Dabei kommt es zu dem Verzicht Flavios auf Hilarie, ein Ereignis, das wiederum den Gang der Handlung in eine Richtung treibt, die der ursprünglichen Planung zuwiderläuft. Ähnliches gilt von dem Besuch von Vater und Sohn bei der schönen Witwe, bei dem die unverkennbare Sympathie der Frau für den Major seine und des Sohnes Absichten durchkreuzt. Von daher ist wohl verständlich, daß der Major

am Ende nach all diesen überraschenden Erlebnissen bereit ist, der Macht
des „Zufalls" in einem Maße Spielraum zu geben, wie er zuvor kaum willens gewesen wäre, zumal auch der Erwerb des Familiengutes manches Un-
vorhergesehene im Gefolge hat. Der Major — so faßt der Erzähler diese
Situation zusammen — „... fand sich in dem Falle, zu bemerken, daß ein
richtiger, wohlgefaßter Hauptgedanke in der Ausführung mannigfaltigen
Hindernissen und dem Durchkreuzen so vieler Zufälligkeiten unterwor-
fen ist, in dem Grade, daß der erste Begriff beinahe verschwindet und für
Augenblicke ganz und gar unterzugehen scheint...".[43]

Auf der anderen Seite scheint es, als ob wenigstens im Leben der Baronin
und Hilariens im Gang des Geschehens alles ihren Wünschen gemäß ver-
liefe. In fast romanhafter Breite wird das ereignislos-ruhige Leben der
Frauen auf dem Schloß geschildert. Aber auch hier geschieht es, daß sich
der Umschlag anbahnt, und zwar in der Weise, daß die nächtliche Ankunft des in äußerste Erregung versetzten Flavio dem Zustand der Ruhe
ein jähes Ende setzt. Es folgen die Partien, die von der langsam erwachen-
den Liebe und der Annäherung Flavios und Hilaries erzählen. Auch dieser Teil ist so geartet, daß er Formelemente in sich einbegreift, die die
Novelle noch einmal dem Roman anzunähern scheinen — die Schilderung
der Überschwemmung etwa oder die vom Einbruch des Winters — bis
ein zwar befürchtetes, aber doch in dieser Stunde völlig unvorhergesehenes
Ereignis die Handlung zum zweiten Mal in Bewegung bringt: die nächtliche Ankunft des Vaters und seine Begegnung mit den Liebenden auf der
Eisbahn. Auch noch ein drittes Mal bestimmt etwas Unvorhersehbares den
Ablauf der Handlung. Die Annäherung der Witwe und des Majors ist
bereits geschehen; die Liebe zwischen den jungen Menschen hat sich voll
entfaltet; da geschieht es, daß Hilarie sich entschieden weigert, den
Wechsel vom Vater zum Sohne zu vollziehen. Wenn man das Werk auf
diese Wendepunkte hin versteht, dann ist es, mag es noch so viel Formelemente retardierender Art enthalten, in der Handlungsführung konsequent auf das spezifische Gesetz der Novelle hin angelegt. Allerdings ist
damit noch nicht gesagt, warum die Novelle der „Wanderjahre" im
Gegensatz zur klassischen Novellenform dem Zuständlichen so viel Spielraum schenkt, wie es hier der Fall ist.

In dem bereits erwähnten Abschnitt, in dem Wolfgang Kayser im „Sprachlichen Kunstwerk" über die Novelle spricht, heißt es im Anschluß an die
schon zitierte Definition der Novelle: „Die Figuren können hier gar nicht
eigenwertig sein: sie sind durchaus Teile der Geschehnisstruktur. Ebenso
bleibt kein Raum für große Beschreibungen und Episoden und Bilder von

der Welt. Die Novelle ist im Grunde nicht rein episch, sie verweilt nicht mit Liebe bei jedem Schritt, sondern nähert sich mit ihrer Konzentrierung auf das Ereignis und ihrer zeitlichen Gespanntheit dem Dramatischen. Damit ist auch die Rolle des Erzählers eingeengt. Er kann nicht weit abschweifen, er muß sachlich erzählen . . ."[44]. Gilt das Gesagte auch noch für den „Mann von funfzig Jahren"? Zum Teil muß diese Frage, wie dargelegt, bejaht werden. Auf der anderen Seite wird man die Struktur dieser Novelle kaum allein von dieser Definition her deuten können, denn es finden sich genügend Bauelemente darin, die einer solchen Deutung der Novellenform widersprechen.

Wenn man mit der Figur des Erzählers und der Erzählperspektive beginnt, gerät man schon an dieser Stelle an solche Abweichungen: Der Erzähler berichtet nicht nur das Faktum, sondern bezieht und mißt das Berichtete in seiner Tatsächlichkeit fast immer in irgendeiner Weise an Gedanklich-Allgemeinem. „Der Major . . . wäre an den Verschränkungen, die er vor sich fand, fast verzweifelt, wäre ihm nicht das Gefühl zu Hülfe gekommen, das einen tätigen Mann freudig aufrichtet, wenn er das Verworrene zu lösen, als entworren vor sich zu sehen hoffen darf."[45] Oder: „Wie aber den Frauen der Augenblick, wo ihre bisher unbestrittene Schönheit zweifelhaft werden will, höchst peinlich ist, so wird den Männern in gewissen Jahren, obgleich noch im völligen Vigor, das leiseste Gefühl einer unzulänglichen Kraft äußerst unangenehm, ja gewissermaßen ängstlich."[46]

So überrascht es nicht, daß man, je weiter die Handlung fortschreitet, um so mehr Wendungen gnomisch-sentenzhafter Art findet. Diese Entwicklung bringt es mit sich, daß am Ende der Übergang zu der hochreflektierten Partie vom Lago Maggiore nicht auffallend erscheint. Ein Beispiel für viele: „Und wirklich tat es dem Major sehr wohl, wieder sich selbst gegeben zu sein. Der verständige Mann braucht sich nur zu mäßigen, so ist er auch glücklich."[47] So scheut sich dieser Erzähler auch nicht, aus seiner Reserve völlig herauszutreten, ja gelegentlich in ausgesprochen auktorialer Art seine Methode der erzählerischen Darbietung zur Diskussion zu stellen. „Unsere Leser überzeugen sich wohl, daß von diesem Punkte an wir beim Vortrag unserer Geschichte nicht mehr darstellend, sondern erzählend und betrachtend verfahren müssen, wenn wir in die Gemütszustände, auf welche jetzt alles ankommt, eindringen und sie uns vergegenwärtigen wollen."[48]

Mit Reflexionen dieser und ähnlicher Art ist der Text durchsetzt. Daß auch die für die Erzählhaltung des „Mann von funfzig Jahren" so wich-

tige Stilform der Ironie eine der Möglichkeiten ist, um die Figur des Erzählers herauszuheben, bedarf keiner Begründung. Erich Auerbach hatte
zeigen können, wie die Ironie schon für die Erzählhaltung des „Decamerone" bestimmend war[49]. Nun greift Goethe diese Formmöglichkeit wieder auf, allerdings — das ist wesentlich für die Erzählhaltung der
Goetheschen Spätnovelle — in einem anderen, von Boccaccio sehr
verschiedenen geistigen Klima, wärmer, gütiger, pädagogisch verantwortlicher; jedenfalls so, daß die Norm des ironisch-kritischen Verhaltens
in viel stärkerem Maße explizit gemacht ist, als es im „Decamerone" verwirklicht erscheint. In ihrer Goetheschen Eigenart ist auch diese Form der
ironischen Erzählhaltung als ein Stilelement zu betrachten, das der ursprünglichen Gesetzlichkeit der Novelle nicht gerade günstig erscheint. Dabei ist hinzuzunehmen, daß diese ironischen Stilelemente nur Verdichtungen und stärkere Akzentuierungen jener reflektiert-kritischen Grundhaltung sind, die im übrigen jedes Wort der Novelle färbt und nuanciert.

Mit der Vorliebe für ein solches ironisches Verhältnis des Erzählers zu
seinen Figuren hängt die Wahl der Perspektiven zusammen. Hatte der
Erzähler der Bassompierre-Novelle von der „Schönen Krämerin" konsequent vor der für ihn wesenhaften Undurchdringlichkeit des Geschehens
halt gemacht, so herrscht in der Novelle der „Wanderjahre" ebenso konsequent die Innensicht vor, oft in einer so extremen Weise, daß jede Distanz
zwischen dem Erzähler und der handelnden Figur geopfert wird. „Der
Major, der das vorwaltende Gespräch eigentlich nur als Mittel ansah, seine
Zwecke zu befördern ...".[50] „Bei solch unerwartetem Anerbieten fühlte
sich der Major wirklich betroffen; die zierliche Pracht dieser Gabe hatte
so gar kein Verhältnis zu dem, was ihn gewöhnlich umgab ...".[51]

Es ist kein Zufall, daß gerade solche „Referate" über innere Vorgänge der
Figuren mit Vorliebe in jene gnomisch-allgemeinen Sätze übergehen
können, von denen schon die Rede war. Es ist dies ein Ausdruck dafür,
daß die Reflektiertheit dieses Erzählstils die Innensicht bedingt und umgekehrt, daß die Innensicht fast zwanghaft ins Sentenzhaft-Allgemeine
mündet. „Der Major, als er in sein Zimmer trat, fühlte sich wirklich in
einer Art von Taumel, von Unsicherheit seiner selbst, wie es denen geht,
die schnell aus einem Zustande in den entgegengesetzten übertreten."[52]

Auffallend in der Sprachform dieser Novelle ist die eigentümliche Neigung des Erzählers, den Namen der Figur als das Subjekt des Handelns
auszusparen und dafür ein generalisierendes „man" einzufügen; ein Stilzug, der offenbar auch auf die Tendenz hinweist, die Scheidewand zwischen dem Erzähler und den Gestalten der Handlung niederzulegen; eine

Tendenz, aus der heraus wohl auch die ebenso auffallende Neigung für Passivformen und reflexive Verbalformen zu verstehen ist. „Auf solche zwar seltene, aber denkbare Fälle war man eingerichtet ... Alles fügte sich schön und gut, das freundlich Gegebene ward freudig und dankbar aufgenommen, nur an e i n e m Orte wollte man den austeilenden Gemeindevorstehern nicht trauen ...".[53] Belege dieser Art ließen sich beliebig vermehren.

Daß die szenische Grundform in der Novelle der „Wanderjahre" ein stärkeres Gewicht bekommt, als es in der klassischen Novelle üblich war, wurde schon gesagt. Dieser Wandel spielt auch in dem „Mann von funfzig Jahren" eine beträchtliche Rolle. Es bedarf keiner eingehenden Darlegung, um zu zeigen, daß eine solche Betonung von Dialog und Szene mit der oben angedeuteten Wendung vom neutralen zum personalen Typus der epischen Gestaltung, mit der Wendung von der Ereignisnovelle zur Charakternovelle zusammenhängt. Die breit entfalteten Gespräche zwischen dem Major und dem ihm befreundeten, durch kosmetische Künste verjüngten Schauspieler, die Gespräche im Haus der Witwe, die szenisch gestalteten Partien der nächtlichen Ankunft Flavios im Haus der Baronin stehen vor allem im Dienst der Charaktergestaltung, da sie geeignet sind, Krisen, Irrtümer und charakterliche Fehlentwicklungen unmittelbar im Bekenntnis und zugleich in der Gebärde der Sprache zu enthüllen. Auf diese Weise wird erkennbar, daß die Gestalten der Spätnovellen Goethes keineswegs nur wie im Typus der klassischen Novelle dem Geschehen subordiniert sind, sondern im Fluß des Geschehens durchaus die personale Initiative zu behaupten und sich so ein eigenes Gewicht zu verschaffen vermögen.

Eine der auffallendsten Strukturwandlungen in dem „Mann von funfzig Jahren" ist die Neigung des Erzählers, das Geschehen episodenhaft aufzugliedern. Auch darin geht die Spätnovelle Goethes über das Grundschema der klassischen Novelle hinaus, dem W. Kayser jede Möglichkeit abgesprochen hatte, Raum für Episoden freizugeben und den Handlungsbereich durch Beschreibung zu unterbrechen. In unserer Novelle trägt schon die Thematik der doppelten Liebeshandlung eine Neigung in sich, die Darstellung in zwei relativ selbständige Handlungsstränge aufzugliedern. Hilarie und nicht anders die schöne Witwe bleiben zunächst völlig isoliert und leben im eigenen Raum, umgeben von Personen, die ausschließlich zu ihrem Kreis gehören. Dabei bleibt es aber nicht. Darüber hinaus fügt der Dichter dem Geschehen Episoden ein, die von der reinen Ökonomie der Handlungsfolge her entbehrlich wären, wie im ersten Teil

des Werkes die Episode, in deren Mittelpunkt der verjüngte Schauspieler
steht; im zweiten Teil die große Episode, die sich um die Überschwemmung
und den Eislauf zentriert. Ihre Bedeutung erkennt man erst, wenn man sie
weniger von der Handlung als von der Charaktergestaltung her begreift.
Prüft man sie unter diesem Aspekt, dann versteht man ihr Recht und ihre
Notwendigkeit. Die erste Episode ist notwendig, um die innere Labilität
und Gefährdung des Majors deutlich zu machen, die zweite, um das Sich-
annähern und Sich-binden des jungen Paares psychologisch überzeugend
zu entwickeln.

In dieser Weise wird der Typus der klassischen Novelle in dem „Mann von
funfzig Jahren" beträchtlich nach dem Roman hin erweitert. Aber —
das muß noch einmal eigens betont werden — nicht so, daß die Grundform
der Novelle aufgelöst würde. Bei aller Aufgliederung der Handlung in
Stränge und Episoden bleibt die Subordination der Einzelteile unter die
Haupthandlung bewahrt. Bei aller Neigung, das Geschehen reflektierend
zu erhellen und den Bezug zum Gesetzlich-Allgemeinen herauszuarbeiten, bleibt das Moment des Unberechenbar-Überraschenden. So gesehen,
wird bei aller Umwandlung die Grundform der Novelle zwar erweitert,
aber nicht aufgelöst. Die Grenze der Novelle wird erst in den Teilen
dieser Dichtung überschritten, wo Makarie in das Spiel gebracht wird.
Hier allerdings beginnt sich der spezifische Stil des Romans von dem der
Novelle zu scheiden. Der Brief an Makarie, in dem die Baronin eine
Charakterisierung der schönen Witwe gibt, und die Antwort Makariens
sind so geartet, daß in ihnen als selbstverständlich angenommen wird,
alles Rätselhafte lasse sich ins Gesetzliche, alles Besondere ins Allgemeine
auflösen.

Eine Darstellung, die sich um die Geschichte der Wandlung der Novelle
bemüht, wird im Zusammenhang der „Wanderjahre" der Novelle „Nicht
zu weit" besondere Aufmerksamkeit schenken müssen. Es ist die einzige
Novelle, in der sich der Konflikt, wie schon angedeutet, als ausweglos erweist. So bleibt auch das Geschehen in sich fragmentarisch und ohne sinn-
volle Lösung. „Alles drängt zur Entscheidung. Aber die Entscheidung bleibt
aus. Auf diesem äußersten Punkte steht die Handlung still. Es geschieht
eigentlich nichts ... Der plötzlich ermattete kurze Schlußsatz ist von hoff-
nungsloser Resignation ... Die Pointe liegt nicht darin, daß das Unerwartete geschieht, sondern darin, daß unerwarteterweise nichts geschieht. Dieser letzte Satz zieht der bis zum höchsten Impetus heraufgetriebenen
Handlung gleichsam den Boden unter den Füßen weg; sie greift ins Leere,
sie verpufft. Diese Folgenlosigkeit der furchtbaren Anspannung ist das

eigentlich Quälende der Novelle. Die Erzählung sinkt nach einer krampfhaften vergeblichen Anstrengung in erschöpfte Teilnahmslosigkeit zurück. Alles ist so schlimm, ja schlimmer als zu Anfang . . .".[54]

Von dieser Voraussetzung her ist aber nicht nur der Gehalt, sondern auch die vom Dichter gewählte Form des Erzählens zu verstehen. Wie andersartig ist doch im Vergleich zu dem „Mann von funfzig Jahren" schon die Rolle des Erzählers in dieser letzten Novelle. Sie beschränkt sich auf die rein passive Haltung des Hinhörens, bzw. auf eine Berichterstattung ohne irgendwelche Stellungnahme. So vermag auch der Erzähler das Berichtete nicht mehr zu ordnen, geschweige denn zu deuten und auf einen bestimmten Sinn zu beziehen. Immer überläßt er das Wort den Gestalten der Handlung: „das Weitere zu schildern, überlassen wir ihm selbst . . ."[55]; „deshalb wir denn für den Augenblick . . . uns zu der guten Alten gesellen, horchend, was sie . . . bewegt und verlegen, leise murmeln oder laut ausrufen möchte."[56] In dieser Weise macht sich der Erzähler zum rein passiven Berichterstatter, um zu vernehmen, was er von diesem oder jenem zu erlauschen vermag.

Für die erzählerische Darbietung ist es schon charakteristisch, daß der Leser mitten in die Situation hineingerissen wird, ohne daß es ihm für das Erste möglich ist, sich darin zurechtzufinden. „Es schlug zehn in der Nacht, und so war denn zur verabredeten Stunde alles bereit: im bekränzten Sälchen zu vieren eine geräumige, artige Tafel gedeckt, mit feinem Nachtisch und Zuckerzierlichkeiten zwischen blinkenden Leuchtern und Blumen bestellt."[57] Was die Novelle E. T. A. Hoffmanns schon längst realisiert hatte — die Entstehung des „Don Juan" liegt eineinhalb Jahrzehnt oder noch länger vor der Entstehung der Novelle „Nicht zu weit" —, wird nun von Goethe in analoger Weise gestaltet, ohne daß man nachzuweisen vermöchte, ob eine direkte Beeinflussung vorliegt. Jedenfalls gibt es Gemeinsames zwischen der novellistischen Gestaltung des romantischen Dichters und dieser Novelle Goethes: Da ist einmal die Abdankung des Erzählers und dann die Auflösung der epischen Form und der Übergang ins Dramatische. Die Gründe für die Wandlung sind hier und dort die gleichen: Die tragische Erschütterung und Hingerissenheit ist in beiden Novellen zu stark, als daß es den Erzählern noch möglich wäre, die Darstellung in der Hand zu behalten und den Bericht zu objektivieren. Darum werden sie hineingerissen in medias res, so daß sie keine Zeit finden, das Geschehen zeitlich und pragmatisch zu ordnen. So kommt es, daß der Bericht gegenüber Szene und Monolog fast völlig verschwindet und in eine mehr als bescheidene Nebenrolle gedrängt wird, und zwar bei Goethe ebenso wie bei E. T. A. Hoffmann. In dieser Sicht stellt „Nicht zu weit" geradezu einen Gegentypus zu der Novelle „Der Mann von funfzig Jahren" dar.

Wenn man abschließend noch einmal einen Blick auf die beiden interpretierten Novellen der „Wanderjahre" wirft, um sie in die Geschichte der Novelle einzuordnen, so ergibt sich aus der Analyse, daß in beiden Erzählwerken tiefgreifende Wandlungen der Novellenform zu beobachten sind. Diese vollziehen sich in fast gegensätzlicher Weise. In dem „Mann von funfzig Jahren" wird die Souveränität des Erzählers in einem Maße betont, daß die Novelle in die Nähe des auktorialen Romans gerät; in der Novelle „Nicht zu weit" dagegen geschieht es, daß der Erzähler abdankt, um die Initiative den handelnden Figuren zu überlassen.

Aber so gegensätzlich das Formgefühl jeweils erscheint, eines verbindet doch beide Novellen bei aller typologischen Verschiedenheit: Die Objektivität der klassischen Novelle weicht einer Gestaltung, in der sich über alle Unterhaltung und Zerstreuung hinaus ein tieferes Interesse an dem Geschehen verrät. Ein solches war auch in den „Unterhaltungen" nachweisbar. Nur war dort die Form der Novelle davon im wesentlichen unberührt geblieben. Jetzt wird diese von den angedeuteten Voraussetzungen her modifiziert, sei es nach der Richtung einer erhöhten Bewußtheit und Reflektiertheit, sei es in der gegensätzlichen Richtung einer gesteigerten Dramatik des Geschehens. Es wird zu zeigen sein, daß Wandlungen dieser Art nicht auf das Erzählwerk Goethes beschränkt bleiben, sondern auch in der Romantik und im 19. Jahrhundert starke Bedeutung bekommen.

Novelle

Unter den Motiven, die für Goethe während der Arbeit an den „Wanderjahren" interessant wurden, findet sich auch der ihm seit langem vertraute Motivkomplex der späteren „Novelle", und fast zur gleichen Zeit taucht das Motiv der „Wahlverwandtschaften" auf[58]. Eine ausführliche Deutung und Würdigung der „Wahlverwandtschaften" gehört mehr in die Geschichte des Romans. Dagegen muß man hier der „Novelle" volle Aufmerksamkeit zuwenden, da sie in der geschichtlichen Entwicklung der Gattung Novelle eine wichtige Stelle einnimmt.

Daß das kleine Prosawerk, entgegen Gundolfs unbegreiflicher Abwertung[59], als eine der vollkommensten Prosaschöpfungen Goethes zu betrachten ist, bedarf nach den Arbeiten von Staiger[60], Wäsche[61] und Trunz[62] keiner Begründung mehr. Schwieriger ist es, dem gerecht zu werden, was das Werk dem Historiker an neuen Möglichkeiten novellistischer Gestaltung darbietet. Schon Erzählwerke wie „Der Mann von funfzig Jahren" und die Novelle „Nicht zu weit" sprengten den Rahmen der ursprünglichen Novellenform. In der „Novelle" geschieht das in unvergleichlich erhöhtem Maße, so daß man sich die Frage stellen muß, ob darin nicht die Grenzen des in der novellistischen Gattung Möglichen überschritten sind.

Gegen eine solche Überlegung ist natürlich einzuwenden, daß Goethe mit aller Entschiedenheit auf die spezifisch novellistische Form hingewiesen hat, indem er den Gattungsnamen als Titel des Werkes wählte; darüber hinaus hat er in dem viel zitierten Eckermann-Gespräch vom 29. 1. 1827 den novellistischen Kern so scharf wie nur denkbar betont, so daß man bis heute diese Sätze nicht nur zum Verständnis dieses Werkes heranzieht, sondern gewohnt ist, sie als die angemessenste Definition einer Novelle überhaupt zu zitieren. „‚Wissen Sie was‘, sagte Goethe, ‚wir wollen es die Novelle nennen; denn was ist eine Novelle anders als eine sich ereignete unerhörte Begebenheit. Dies ist der eigentliche Begriff, und so vieles, was in Deutschland unter dem Titel Novelle geht, ist gar keine Novelle, sondern bloß Erzählung oder was Sie sonst wollen.'"[63]

Indessen, so aufschlußreich diese Stelle ist, um eine entscheidende Partie des Werkes zu erhellen, ebenso viele Schwierigkeiten gibt sie auch andererseits auf. Der Dichter hat mit dem „unerhörten Ereignis" die Endbegebenheit der „Novelle" im Auge: Die Zähmung des Löwen durch das Kind. „Zu zeigen, wie das Unbändige, Unüberwindliche oft besser durch Liebe und Frömmigkeit als durch Gewalt bezwungen werde, war die Aufgabe dieser Novelle, und dieses schöne Ziel, welches sich im Kinde und Löwen darstellt, reizte mich zur Ausführung."[64]

Unter diesen Umständen sollte man die zitierten Sätze des Gesprächs nicht dazu heranziehen, um das Werk im ganzen zu deuten. Denn im Grunde ist nicht die Zähmung des Tieres das „Ereignishafte" im Sinne der Kayserschen Definition. Vielmehr ist die Gefährdung durch das Tier als ein solches zu begreifen; und nicht nur die Gefährdung durch das Tier, sondern durch das „Ungebändigte" überhaupt; durch den Ausbruch des Feuers, durch die Entfaltung der Leidenschaft im Menschen und so fort. Die Bezähmung des Tieres ist die Überwindung der Gefahr. Angesichts solcher Schwierigkeiten empfiehlt es sich, bei einer Deutung der „Novelle" weniger von dem Eckermann-Gespräch auszugehen als von jener Bestimmung der Novelle, die der Begleiter des Lords gibt, bevor er die Novelle von den „Wunderlichen Nachbarskindern" erzählt.

Dieser spricht von der Novelle als von jener Form der Erzählung, deren Thematik die „sonderbaren Ereignisse" bevorzugt, „welche durch natürliche und künstliche Verhältnisse, durch den Konflikt des Gesetzlichen und des Ungebändigten, des Verstandes und der Vernunft, der Leidenschaft und des Vorurteils hervorgebracht werden ..."[65].

Es ist kein Zufall, daß sich diese Definition in den „Wahlverwandtschaften" findet[66]. Denn nicht nur die Novelle von den „Wunderlichen Nachbarskindern" — auf die jenes Diktum vorausdeutet —, sondern der ganze Roman ist auf diesen Gegensatz hin angelegt, und er ist in dem Roman in strenger Konsequenz und in allen Möglichkeiten und Dimensionen entfaltet. Andrerseits bleibt die Tatsache bestehen, daß der Roman ursprünglich als Novelle konzipiert wurde und der novellistische Ansatzpunkt deutlich genug auch die spätere Romanfassung bestimmt[67]. Daher ist es berechtigt, der Definition die Bedeutung zuzuordnen, die sie in der folgenden Darstellung der Geschichte der Novelle bekommen muß. Auf jeden Fall ist es sinnvoll, sie für die Deutung der „Novelle" heranzuziehen, so wie es schon Erich Trunz in seinem Kommentar in der Hamburger Goethe-Ausgabe getan hat[68].

Wenn man von da aus zu einer Analyse des Werkes kommt, dann ist, von der Handlung abgesehen, schon in der räumlichen Gestaltung des Werkes ein Gegensatz des „Natürlichen" und des „Künstlichen" erkennbar. Auf der einen Seite der Bezirk des Schlosses mit seinen „regelmäßigen Parterren, Lauben und schattigen Gängen"[69], eines Schlosses moderner Bauart also, offenbar in der rational symmetrischen Form des 17./18. Jahrhunderts gedacht, in unmittelbarer Nähe der Stadt, in der das wirtschaftliche und geschäftliche Leben des Landes sein Zentrum hat. Auf der anderen Seite die Stammburg des Fürstengeschlechtes, fern von der Stadt, in den Gebirgen und in den Wäldern gelegen, ein „mächtiger Trutz- und Schutzbau"[70] aus der feudalen Vergangenheit des Geschlechtes. So entfaltet sich schon in der räumlichen Konzeption der genannte Gegensatz. Hier eine Weise des Daseins, die schon um einen Grad zu sehr der Unmittelbarkeit des Lebendigen entzogen ist; schon um einen Grad zu geregelt, zu künstlich und naturfern erscheint, zu sehr im Gesetzlichen verfestigt — dort im Gegensatz dazu wucherndes Wachstum, das des menschlichen Werkes spottet und das Gefüge zu sprengen im Begriffe ist.

Fragt man sich schon an dieser Stelle, wo das Neue in der Gestaltung dieser „Novelle" zu suchen ist, dann ist vor allem darauf hinzuweisen, daß in ihr das „Ungebändigte" zwar gemäß der Tradition der Novelle bestimmend bleibt, aber nicht mehr als ein isoliertes Faktum, sondern als Element des Seins dargestellt ist und in allen Bereichen und Dimensionen dieses Seins aufgewiesen wird. Dieser Gesichtspunkt ist für die Deutung des Werkes vor allem wichtig. So ist das Ungebändigte gegenwärtig, wo im Zusammenhang mit der Stammburg von dem wuchernden Leben der Pflanzen und Bäume gesprochen wird, ein Leben, erfüllt von solcher Dynamik, daß, wie schon angedeutet, das Werk des Menschen sich nicht dagegen zu behaupten vermag. „Seht nur, wie trefflich unser Meister dies Charakteristische auf dem Papier ausgedrückt hat, wie kenntlich die verschiedenen Stamm- und Wurzelarten zwischen das Mauerwerk verflochten und die mächtigen Äste durch die Lücken durchgeschlungen sind! Es ist eine Wildnis wie keine, ein zufällig einziges Lokal, wo die alten Spuren längst verschwundener Menschenkraft mit der ewig lebenden und fortwirkenden Natur sich in dem ernstesten Streit erblicken lassen."[71] So lautet die Beschreibung der Stammburg durch den Oheim im Gespräch mit der Fürstin, als er vor ihr die Zeichnungen des Künstlers ausbreitet. — Dieses Ungebändigte ist aber auch im Bereich des Elementaren, das die geordnete Welt des Menschen bedroht, am Werk, so in der Erinnerung des Oheims an den früheren Brand der Stadt; so noch stärker im Ausbruch des Feuers in der unmittelbaren Gegenwart. Und es kommt den Menschen des weiteren nahe in der Begegnung mit den wilden Tieren, vor allem an der Stelle, wo diese im Gefolge des Brandes freiwerden und Unsicherheit in diese allseits gesicherte Welt hineintragen. Nicht zu vergessen ist, daß das Ungebändigte aber auch in der Leidenschaft des Jünglings mächtig wird, die von innen her die so schön gefügte Welt der höfischen Gesellschaft bedroht. Auf diese Weise sind alle Stufen des Lebens, alle Bereiche des Daseins in die Darstellung einbezogen.

Aber auch die Gegenseite wird in vielfältiger Weise entfaltet: eine in der Konvention schon allzu verfestigte Welt. Man denkt an die einseitige Sorge des Fürsten um die Organisation und den wirtschaftlichen Fortschritt des Landes. Man denkt an die allzu förmliche Haltung der Fürstin dem Ausbruch der Leidenschaft gegenüber, ganz zu schweigen von der Hilflosigkeit der Menschen in der Begegnung mit dem Tier.

Auf diese Weise wird von einer Welt erzählt, die sich, eingefügt in allzu starre Formen, der Unmittelbarkeit des Lebendigen entfremdet hat; des Lebendigen in seinem Reichtum, in seiner Dynamik und in seiner Mächtigkeit. Es wird erzählt von einer Welt, die nun nicht mehr fähig ist, diese Fülle in der Form aufzunehmen. Im Grunde versagen alle: der Fürst, der Oheim, die Fürstin und selbst Honorio. Eine wahrhaft schöpferische Überwindung des Konflikts zeichnet sich erst im letzten Teil der Novelle ab, wo die Besitzer der Tiere mit dem Kind in das Geschehen eintreten. Die Arbeiten von Beutler[72], Staiger[73] und Stöcklein[74] haben sich mit besonderer Sorgfalt dieses Teils der Novelle angenommen. In diesen Arbeiten wurde überzeugend aufgezeigt, daß die Zähmung des Tieres durch das Kind vor allem auf dem Hintergrund der eschatologischen Vorstellungen der jüdisch-christlichen Tradition zu verstehen ist. In diesem Sinn wird in der letzten Partie der „Novelle" eine Möglichkeit gnadenhafter Erfüllung angedeutet, wie sie in den prophetischen Büchern des A. T., in dem Buch Daniel und der endzeitlichen Verheißung des Jesaias gezeigt wird. Daß auch Anklänge an das N. T. — der Preis des Kindes durch den Erlöser und die Beschwichtigung des Sturms auf dem Meere — unüberhörbar sind, braucht nicht eigens erwähnt zu werden. Dazu kommt — nun nicht mehr aus der christlichen Überlieferung, sondern aus den Mysterienkulten der Antike — als letztes Symbol der Versöhnung das orphische Symbol der Musik. Es wird von Goethe hier wie auch im dritten Teil der „Trilogie der Leidenschaft" als jener Bereich der Kunst verehrt, der geeignet ist, auch die äußersten Spannungen und Antinomien zu umgreifen und zu einem schöpferischen Ausgleich zu bringen. In dieser letzten Partie der „Novelle" transzendiert das Geschehen das im Hier und Jetzt Mögliche und greift hinüber in jene Stufe des Seins, in der Form und Leben so zum Ausgleich kommen können, daß die Form weit genug ist, das Leben in seiner abgründigen Fülle einzubegreifen, und das Leben sich in seiner unverkürzten Fülle und Mächtigkeit entfalten kann, ohne sich dem Zwang und der Enge der Konvention bequemen zu müssen. Formal drückt sich diese Bewegung darin aus, daß am Ende die Novelle ebenso in die Form der Legende übergeht, wie in den Gesängen des Kindes das Epische zugunsten des Lyrischen zurücktritt; wiederum eine Erweiterung der Formmöglichkeiten der Novelle, die zur gleichen Zeit auch von romantischen Dichtern versucht wurde.

Schon in dem letzten Hinweis ist noch einmal das schwierige Problem der Formstruktur der „Novelle" berührt. Auszugehen ist auch im Zusammenhang der Form von dem novellistischen Konflikt, von dem in den „Wahlverwandtschaften" gesprochen wurde. Denn erst von der Tatsache her, daß dieser so bewußt ausgetragen wird wie es in dem Werk geschieht, stellt sich das Problem der Form. Ob im übrigen der hohe Grad der Reflektiertheit dieses Konflikts schon für die Thematik und die Form der klassischen Novelle anzunehmen ist, sei hier dahingestellt. In den Novellen der „Unterhaltungen" ist er jedenfalls höchstens als Möglichkeit gegeben[75]. Allerdings spielt er dann schon entscheidend in den „Mann von funfzig Jahren" hinein. Von daher ergibt sich die Notwendigkeit einer Aufgliederung der Handlung, die Episodenbildung und manches andere. Noch einschneidender wird dieser Konflikt nun aber für die „Novelle" bestimmend, und zwar so, daß auch eine Formanalyse davon ausgehen muß.

Wie differenziert diese Form geworden ist, läßt sich schon an einem flüchtigen Vergleich mit dem „Mann von funfzig Jahren" ablesen. Dort ließ sich noch zeigen, wie alle Erzählphasen, auch wenn sie eine relativ episodenhafte Selbständigkeit gewinnen, trotzdem der Haupthandlung untergeordnet bleiben. Das läßt sich von der „Novelle" nicht mehr sagen. Hier stellen Zustandsbeschreibungen und Episoden gegenüber der Haupthandlung — nach der ursprünglichen Konzeption der Geschichte von dem Kind und dem Löwen — ein Mehr an epischer Fülle dar, die gemessen an der rein novellistischen Ökonomie — und d. h. an der Ökonomie der Handlung — entbehrlich wäre.

Wo im Briefwechsel Goethes mit Schiller zum erstenmal die Möglichkeit erörtert wird, den Stoff der späteren „Novelle" in epischer Form — bekanntlich als Versgedicht mit dem Titel „Die Jagd" — zu gestalten, treten schon Schwierigkeiten auf, die dann viele Jahre später die gleiche Mühe der Bewältigung machen. Es handelt sich vor allem darum, das Gleichgewicht zwischen dem epischen Gesetz der Retardation und dem zu finden, was dieser Stoff an dramatischen Momenten der Überraschung in sich enthielt. „Die Art, wie Sie Ihre Handlung entwickeln wollen, scheint mir mehr der Komödie als dem Epos eigen zu sein. Wenigstens werden Sie viel zu tun haben, ihr das Überraschende, Verwunderung Erregende zu nehmen, weil dieses nicht so recht episch ist."[76] Sieht man von der Frage ab, ob der Stoff für eine Komödie brauchbar war, so wird in diesem Zitat doch deutlich, wie schon auf dieser frühen Stufe der Ausgleich des Epischen und des Dramatischen, — in der besonderen Fragestellung unserer Analyse: der Ausgleich zwischen Romangeschehen und Novellengestaltung — die Hauptschwierigkeit bildet.

Trotzdem geschah das Wunder, daß der Dichter das Ganze der Form der Novelle gefügig zu machen wußte. Das Mittel, das ihm eine solche Gestaltung erlaubte, war die strenge Konzentration auf die Thematik des Gegensatzes. Beschreibung und Bericht sind auf diesen Gegensatz hin geformt. Dazu kommt die Bauform der sorgfältig gefügten Vorausdeutung; auch sie ist geeignet, eine solche novellistische Konzentration zu ermöglichen.

Wenn man noch einmal einen Blick auf Goethes Novellistik von den „Unterhaltungen" über die „Wanderjahre" zur „Novelle" zurückwirft, dann zeichnet sich eine einigermaßen klare und konsequent geführte Linie ab. Immer weniger war es möglich, das Ungebändigte schicksalhafter Ereignisse in der strengen Form der romanischen Novelle aufzufangen und es so existentiell zu neutralisieren. Der Grund für diesen Wandel ist im letzten die Veränderung der neuzeitlichen Gesellschaft, so wie es schon in den oben zitierten Sätzen von Pongs angedeutet war. Die klassische Novelle rechnet mit einer Gesellschaft, die in ihrer Sicherheit im Grunde unerschüttert ist. Die nachklassische Novelle dagegen setzt den Zweifel und die Krise der Sicherheit voraus. In dieser Krise aber bietet sich die Novelle mit ihrer Konzentration auf das Ereignishafte immer stärker als jene dichterische Form an, die in besonderer Weise dazu geeignet ist, Situationen zu gestalten, in denen die geschlossene Rationalität der Weltgestaltung von oben und unten her erschüttert wird. Das vor allem sind die soziologischen Voraussetzungen, die jene Engagiertheit und Bewußtheit bewirken, die nicht nur für die Entwicklung Goethes, sondern auch für die der romantischen Novellistik bis ins 19. Jahrhundert hinein charakteristisch sind.

Die Wahlverwandtschaften

Die „Novelle" bleibt bei aller Differenzierung und Erweiterung, wie im Einzelnen dargelegt, in den Grenzen des Novellistischen. Mit dem zweiten Novellenmotiv, das sich dem Zusammenhang der „Wanderjahre" nicht fügen wollte, den „Wahlverwandtschaften", verhielt es sich anders. Die Arbeit an diesem Motiv wuchs über die Novelle in die große Form des Romans hinein. Wann und wie dieser Übergang zum Roman hin vollzogen wurde, hat Hankamer in seinem Buch „Spiel der Mächte" überzeugend herausgearbeitet; d. h. soweit es überhaupt möglich war, diesen Übergang zu verfolgen und darzulegen.

Wenn man den Gründen nachgeht, die das Motiv der „Wahlverwandtschaften" über den Umfang des in der Novelle Möglichen hinausgetrieben haben, dann muß man von diesem Motiv selbst ausgehen. Von ihm ist zum ersten Mal im Zusammenhang mit der Novelle „Der Mann von funfzig Jahren" — Tagebuchaufzeichnung vom 11. April 1808 — die Rede[77]. Beide Werke haben manches gemeinsam. Aber während „Der Mann von funfzig Jahren", so oft die Handlung auch den Bereich des Dämonisch-Tragischen streifen mag, sich letztlich doch in den Grenzen des Ethisch-Bewältigbaren entfaltet, war eine solche Begrenzung im Umkreis der „Wahlverwandtschaften" nicht mehr möglich. In vielfacher Weise wurde sie überschritten, indem die Macht des Dämonischen in den ihm eigenen schöpferischen und destruktiven Möglichkeiten als Weltelement aufgewiesen wird, nicht zuletzt als Element in der Natur und der Landschaft, beides in dem Roman im Gegensatz zur „Novelle" in einer Breite dargestellt, wie es in einem novellistischen Erzählgebilde wiederum nicht mehr statthaft wäre. Vor allem aber geschieht diese Überschreitung in der konsequenten Gestaltung des tragischen Schicksals Ottiliens, und zwar über alle Phasen einer solchen Schicksalsentfaltung: Bewegung in die Dimension des Absoluten; Versuch, das Absolute in ein endliches Dasein hineinzuzwingen; die Blindheit, in der dieser Versuch unternommen wird; Ende der Blindheit und Erkenntnis der Schuld; Sühne und Bereitschaft, zu tilgen, was in dem tragischen Handeln egozentrisch und böse war; Läuterung und Heiligung des Endlichen vom Absoluten her.

Ebensowenig novellistisch ist dann auch die andere Seite gestaltet: die in ähnlichem Sinn breit entfaltete Darstellung der gegensätzlichen Seinsordnung; mit anderen Worten, die Darstellung all dessen, was gegen die dämonisch-tragische Versuchung gesichert oder gefeit ist. Daß von daher der Charakter Charlottes und des Hauptmanns ihre Bedeutung in dem Roman gewinnen, bedarf keiner Begründung. So wie Ottilie und, in seinen begrenzteren Möglichkeiten, auch Eduard in das „Spielfeld der Mächte" geraten, so wissen sich Charlotte und der Hauptmann dank der Besonnenheit und Festigkeit ihres Charakters rechtzeitig aus der Versuchung des Dämonischen herauszuheben; und zwar in der Weise, daß sie ihr Leben und die Richtung ihres Lebens in der Hand behalten. Dabei wird diese Charakterisierung auch hier so vielfältig entfaltet — im Verhältnis dieser Gestalten zum täglichen Leben, im Verhältnis zum Tode —, daß darin wiederum die Gattungsgrenzen der Novelle überschritten werden mußten.

Über die strenge Ökonomie der novellistischen Form hinaus gingen auch die Partien des Werkes, in denen der Dichter die Sphäre des „Gesetzlichen" über die genannten Gestalten hinaus noch mehr ausweitet und abwandelt; des Gesetzlichen in der Form verantwortlich-geistiger Tätigkeit sowohl im künstlerischen wie im erzieherischen Sinn; des Gesetzlichen aber auch im mehr oder minder äußeren Sinn als die Welt der gesellschaftlichen Konvention. Auf diese Weise treten Gestalten wie der Architekt und der Gehilfe in das Geschehen ein; des weiteren Gestalten von so verschiedener Prägung wie der Geistliche, wie Mittler, der Graf und die Baronesse. Auch in all diesen Figuren ist ein Mehr da, das, vom Kern der ursprünglichen Novellenhandlung aus gesehen, überflüssig erscheint.

Eberhard Lämmert unterscheidet, ausgehend von der Fügung der Handlungsstränge, zwei gegensätzliche Typen romanhaft-epischer Gestaltung: einen mehr „additiven" Typus neben einem solchen „korrelativer" Art[78]. Der additive Typus bevorzugt das lockere Nebeneinander der Stränge, während der korrelative Typus ausdrücklich die Entsprechung herausarbeitet. Wenn man Fontanes „Stechlin" oder noch stärker seinen Erstlingsroman „Vor dem Sturm" dem ersten Typus zuordnen darf, so stellen die „Wahlverwandtschaften" ein besonders konsequent durchgearbeitetes Beispiel für den zweiten Typus dar.

Die Neigung, retardierende Strukturelemente mit der zentralen Handlung korrelativ in Beziehung zu setzen, geht so weit, daß es in den „Wahlverwandtschaften" überhaupt nicht dazu kommt, selbständige Handlungsstränge neben der zentralen Handlung zu entfalten. So hat das Geschehen um Luciane oder das um den Grafen und die Baronesse nur episodenhafte Bedeutung. Vor allem im zweiten Teil des Romans tritt Ottilie so beherrschend hervor, daß alles an ihr gemessen wird und sich ihr gegenüber in seinem Rang ausweisen muß. Daß diese zentrierende Gestaltung von der ursprünglich novellistischen Konzeption her zu verstehen ist, auch das hat Paul Hankamer in seiner Analyse des Romans betont. Und trotzdem wird man, wenn man in bezug auf die gattungsmäßige Zuordnung des Werkes eine Entscheidung zu fällen hat, aus den dargelegten Gründen die „Wahlverwandtschaften" entschiedener als Roman denn als Novelle charakterisieren. Insofern gehört das Werk also nur am Rande in eine Darstellung der Geschichte der Novelle.

Literaturangaben und Anmerkungen

Unterhaltungen deutscher Ausgewanderten

Richard ALEWYN, Nachwort zu: Hugo von Hofmannsthal, ‚Reitergeschichte', ‚Das Erlebnis des Marschalls von Bassompierre', S. Fischer Schulausgaben, 20. bis 29. Tausend, o. O. 1967, S. 36—63, bes. S. 50—63.   Hilde COHN, Das Erlebnis des Marschalls von Bassompierre. Hofmannsthals Nacherzählung verglichen mit Goethes Text. The Germanic Review 18, 1943, S. 63—74.   Moritz GOLDSTEIN, Die Technik der zyklischen Rahmenerzählung von Goethe bis Hoffmann, Diss. Berlin 1906.   Myra R. JESSEN, Spannungsgefüge und Stilisierung in den Goetheschen Novellen. PMLA 55, 1940, S. 445—471.   Ilse JÜRGENS, Die Stufen der sittlichen Entwicklung in Goethes ‚Unterhaltungen deutscher Ausgewanderten'. Wirkendes Wort 6, 1955/56, S. 336—340.   Werner KRAFT, Von Bassompierre zu Hofmannsthal. Revue de littérature comparée 15, 1935, S. 481—490, S. 694 bis 725, jetzt in: W. K., Wort und Gedanke. Kritische Betrachtungen zur Poesie, Bern u. München 1959, S. 132—172.   Victor LANGE, Zur Entstehungsgeschichte von Goethes ‚Wanderjahren‘. German Life and Letters 23, 1969/70, S. 47—54. Fritz LOCKEMANN, Die Bedeutung des Rahmens in der deutschen Novellendichtung. Wirkendes Wort 6, 1955/56, S. 208—217.   Fr. MEYER VON WALDECK, Die Memoiren des Marschalls v. Bassompierre und Goethes Unterhaltungen dt. Ausgewanderten. Herrigs Archiv f. das Studium der neueren Spr. u. Lit. 87, 1891, S. 252—255.   Joachim MÜLLER, Zur Entstehung der deutschen Novelle. Die Rahmenhandlung in Goethes ‚Unterhaltungen deutscher Ausgewanderten‘ und die Thematik der Französischen Revolution, in: Gestaltungsgeschichte und Gesellschaftsgeschichte (Hg. H. KREUZER), Stuttgart 1969, S. 152—175.   Johannes PFEIFFER, Wege zur Erzählkunst. Hamburg 1953, S. 53—56.   August RAABE, Der Begriff des Ungeheuren in den ‚Unterhaltungen deutscher Ausgewanderten‘. Goethe 4, 1939, S. 23—39.   Dieter STEPHAN, Das Problem des novellistischen Rahmenzyklus. Untersuchungen zu einer Darbietungsform von Goethe bis Kafka, Diss. Göttingen 1962.

Goethe, Novellen und Märchen. Mit einem Nachwort von Paul STÖCKLEIN, Hamburg 1949.

Goethes Werke, Hamburger Ausgabe, hrsg. von Erich TRUNZ, Bd. 6, 7. Aufl. 1968. Anmerkungen von Erich TRUNZ, S. 599—620.

Zu weiteren Arbeiten über Goethes ‚Unterhaltungen‘ siehe: Bibliographie der Hamburger Goethe-Ausgabe, Bd. 6, S. 618—619 u. S. 739.

[1] Zitiert nach: Hamburger Goethe-Ausgabe, Bd. VI, S. 596.

[2] a. a. O., S. 596.

[3] a. a. O., S. 596.

[4] J. Kunz, „Geschichte der deutschen Novelle", in: Deutsche Philologie im Aufriß, Bd. II, 2. Aufl. Berlin 1960, Spalte 1795—1896 (im folgenden zitiert als: Aufriß.) Kap. I, Anm. 9.

[5] Hamburger Goethe-Ausgabe, Bd. VI, S. 137.

[6] a. a. O., S. 137.

[7] „Les Mémoires de Bassompierre", Paris 1666, 2 Bände.

[7a] Hamburger Goethe-Ausg. Bd. VI, S. 187.

[8] Paul Hankamer, Spiel der Mächte, Ein Kapitel aus Goethes Leben und Goethes Welt, 3. Aufl. Stuttgart 1960, S. 225 f.

[9] Wolfgang Kayser, Das sprachliche Kunstwerk, Bonn 1948, S. 356.

[10] Vgl. dazu etwa Werner Sombart, Der Bourgeois, Zur Geistesgeschichte des modernen Wirtschaftsmenschen, 2. Aufl. München 1923, oder Bernhard Groethuysen, Die Entstehung der bürgerlichen Welt- und Lebensanschauung in Frankreich, 2 Bde. (Philosophie und Geisteswissenschaften, Bde 4 u. 5) Leipzig 1927—30.

[11] In dem Werk Bassompierres, a. a. O., findet sich der Novellenbericht im ersten Band S. 4 ff.

[12] Mit Ausnahme von Umstellungen, die dadurch bedingt sind, daß Goethe seine Novelle in sich abschließen mußte, während der Bericht bei Bassompierre in den biographisch-chronologischen Zusammenhang der Novelle verwoben ist. Da diese französische Vorlage schwer zugänglich ist, gebe ich sie an dieser Stelle wieder:

„Et de la Bourgravie d'Espinal est encore demeuré en nostre maison le cens, que la dite ville payoit à nos ancestres, lorsqu'elle estoit ville libre: lequel cens comprend d'une certeine cuillere, où mesure de tout le grain qui se vend en la dite ville. Le mesme Simon de Bestein avoit espousé la fille aisnée du Comte d'Orgevillier, un Seigneur de Croüy ayant espousé la deuxiesme, & la troisiesme fut mariée au Reingraff: le dit Comte n'ayant que ce trois filles, ausquelles il partagea son bien, & pour la part de mon trisayeul escheurent les terres de Rosieres, Pouligny, Accraigne, Remoncourt et Chicourt, avec la cuillere de la mesure, comme au Reingraff escheut la bague, & au Seigneur de Croüy le gobelet.

Il se dit de ces trois pieces, qu'elles furent données au Seigneur d'Orgevillier, Pere de ses filles, par une femme qui estoit amoureuse de luy, & qui le venoit trouver tous les lundys en une salle d'esté, nommée en Allemand *Sommerhaus*, où il venoit coucher tous les lundys, sans y manquer, faisant croire à sa femme qu'il alloit tirer à l'affut au bois.

Ce qui ayant donné, au bout de deux ans, ombrage à sa femme, elle tascha de descouvrir ce que c'estoit, & entra en esté un matin dans cette somerause (sic!), où elle vit son mary couché avec une femme de parfaicte beauté, & tous deux endormis, lesquels elle ne voulut éveiller; seulement estendit sur leurs pieds un couvrechef, qu'elle avoit sur la teste; lequel estant apperçeu de la femme à son reveil, elle fit un grand cri, & plusjeurs lamentations, disant qu'elle ne pouvoit jamais plus voir ceans son amant, ny estre à cent lieües proche de luy, & le quitta, luy faisant ces trois dons, pour ces trois filles, qu'elles et leurs descendants devoient soigneusement garder, & ce faisant qu'ils porteroient bonheur en leurs maisons & descendants."

„Les Mémoires de Bassompierre", Paris 1666, 2 Bde., Bd. 1, p. 4. ff.

[13] Die französische Vorlage dieser Novelle ist bequem zu erreichen in: „H. v. Hofmannsthal, Reitergeschichte". hrsg. v. R. Alewyn. Fischers Schulausgaben, Hamburg 1962. Die zitierte Stelle findet sich auf Seite 35.

[14] Hamburger Goethe-Ausgabe, Bd. VI, S. 164.

[16] Offenbar hat sich Bassompierre an das übliche Schema der französischen Novelle des 16. und 17. Jahrhunderts gehalten oder sogar einen vorgegebenen Novellenstoff in dieser Form in seine Memoiren hineingenommen.

[17] Hamburger Goethe-Ausgabe, Bd. VI, S. 606.

[18] Franz Stanzel, Die typischen Erzählsituationen im Roman. Wiener Beiträge, Bd. 63, Wien und Stuttgart 1955, S. 23.

[19] Eberhard Lämmert, Bauformen des Erzählens, Stuttgart 1955, S. 175 ff.

[20] Hamburger Goethe-Ausgabe, Bd. VI, S. 606.

[21] Vgl. meine „Geschichte der deutschen Novelle" im Aufriß, Spalte 1798 ff.
[22] Hermann Pongs, Das Bild in der Dichtung, Marburg 1939, Bd. II, S. 124 ff.
[23] Hamburger Goethe-Ausgabe, Bd. VI, S. 157.
[24] Hamburger Goethe-Ausgabe, Bd. VI, S. 166.
[25] Aufriß, Kap. I, Anm. 16.
[26] Aufriß, Kap. I, Anm. 13.
[27] Aufriß, Kap. I, Anm. 17
[28] Aufriß, Kap. I, Anm. 18.
[29] Aufriß, Kap. I, Anm. 19.
[30] Aufriß, Kap. I, Anm. 20.

Die Novellen der „Wanderjahre"

Hans-Jürgen BASTIAN, Die Makrostruktur von ‚Wilhelm Meisters Wanderjahren'. Weimarer Beiträge 14, 1968, S. 626—639. Ders., Zum Menschenbild des späten Goethe. Eine Interpretation seiner Erzählung ‚St. Joseph der Zweite' in ‚Wilhelm Meisters Wanderjahre'. Weimarer Beiträge 12, 1966, S. 471—488. Eric Albert BLACKALL, Wilhelm Meister's Pious Pilgrimage. German Life and Letters 18, 1964/65, S. 246—251. Gonthier-Louis FINK, Goethes ‚Neue Melusine' und die Elementargeister. Entstehungs- und Quellengeschichte. Goethe 21, 1959, S. 140—151. Deli FISCHER-HARTMANN, Goethes Altersroman. Studien über die innere Einheit von ‚Wilhelm Meisters Wanderjahren'. Halle 1941. Wilhelm FLITNER, Sinn und Tat in ‚Wilhelm Meisters Wanderjahren'. Die Erziehung 13, 1938, S. 244—266. Wilhelm FLITNER, Goethe im Spätwerk, Hamburg 1947. Studienausgabe: Sammlung Dieterich 175, Bremen 1957, S. 206 bis 276. Heidi GIDION, Zur Darstellungsweise von Goethes ‚Wilhelm Meisters Wanderjahre'. Palaestra 256, Göttingen 1969. Ernst Friedrich VON MONROY, Zur Form der Novelle in ‚Wilhelm Meisters Wanderjahren'. GRM 31, 1943, S. 1 bis 19. Volker NEUHAUS, Die Archivfiktion in ‚Wilhelm Meisters Wanderjahren'. Euphorion 62, 1968, S. 13—27. Sumiko OKUNO, Novellen in ‚Wilhelm Meisters Wanderjahren'. Gête Nekan (Goethe-Jahrbuch) 9, Tokyo 1967, S. 137 bis 152. Bernd PESCHKEN, Entsagung in ‚Wilhelm Meisters Wanderjahren'. Abhandlungen zur Kunst-, Musik- und Literaturwissenschaft 54, Bonn 1968. Emil STAIGER, Der Mann von fünfzig Jahren, in: E. S., Goethe. Bd. 3, Zürich 1959, S. 145—157. Bonaventura TECCHI, L'uomo di cinquant' anni. Studi germanici 6, 1968, S. 5—19. Marianne THALMANN, J. W. Goethe, ‚Der Mann von fünfzig Jahren', Wien 1948, 2. Aufl. 1950. Goethes Werke, Hamburger Ausgabe, Hrsg. von Erich TRUNZ, Bd. 8, 7. Aufl. 1967. Anmerkungen von Erich TRUNZ, S. 579—731. Benno von WIESE, Goethe. ‚Der Mann von fünfzig Jahren', in: B. v. W., Die Deutsche Novelle von Goethe bis Kafka, Bd. 2, Düsseldorf 1962, S. 26—52.

Zu weiteren Arbeiten über die Novellen in Goethes ‚Wanderjahren' siehe: Bibliographie der Hamburger Goethe-Ausgabe, Bd. 8, S. 732—735.

[31] Hamburger Goethe-Ausgabe, Bd. VI, S. 141.

[32] Hamburger Goethe-Ausgabe, Bd. VIII, S. 651 f.

[33] Hamburger Goethe-Ausgabe, Bd. VIII, S. 652.

[34] E. Lämmert, a. a. O., S. 43 f.

[35] Hamburger Goethe-Ausgabe, Bd. VIII, S. 608.

[36] Hamburger Goethe-Ausgabe, Bd. VIII, S. 600.

[37] Eine Deutung der Novelle in diesem Sinn verdanke ich der in Entstehung begriffenen Arbeit über die ‚Wanderjahre‘ von Ewald Rösch.

[38] Hamburger Goethe-Ausgabe, Bd. VIII, S. 375.

[39] Hamburger Goethe-Ausgabe, Bd. VIII, S. 373.

[40] Hamburger Goethe-Ausgabe, Bd. VI, S. 143.

[41] J. W. Goethe, Gedenkausgabe der Werke, Briefe und Gespräche, hrsg. von Ernst Beutler (im folgenden zitiert als Artemis-Ausgabe), Bd. 9, S. 732.

[42] Hamburger Goethe-Ausgabe, Bd. VI, S. 606.

[43] Hamburger Goethe-Ausgabe, Bd. VIII, S. 194.

[44] Wolfgang Kayser, a. a. O., S. 356 f.

[45] Hamburger Goethe-Ausgabe, Bd. VIII, S. 196.

[46] Hamburger Goethe-Ausgabe, Bd. VIII, S. 199.

[47] Hamburger Goethe-Ausgabe, Bd. VIII, S. 200.

[48] Hamburger Goethe-Ausgabe, Bd. VIII, S. 215.

[49] Erich Auerbach, Mimesis. Dargestellte Wirklichkeit in der abendländischen Literatur, Bern 1946, S. 197. Vgl. dazu auch meine „Geschichte der deutschen Novelle" im Aufriß, Spalte 1799 f.

[50] Hamburger Goethe-Ausgabe, Bd. VIII, S. 190.

[51] Hamburger Goethe-Ausgabe, Bd. VIII, S. 192.

[52] Hamburger Goethe-Ausgabe, Bd. VIII, S. 185 f.

[53] Hamburger Goethe-Ausgabe, Bd. VIII, S. 210.

[54] Ernst Friedrich von Monroy, Zur Form der Novelle in „Wilhelm Meisters Wanderjahren". GRM 31, 1943, S. 12.

[55] Hamburger Goethe-Ausgabe, Bd. VIII, S. 394.

[56] Hamburger Goethe-Ausgabe, Bd. VIII, S. 395.

[57] Hamburger Goethe-Ausgabe, Bd. VIII, S. 393.

Novelle

Paul Johann ARNOLD, Goethes ‚Novelle‘. Neue Jahrbücher f. d. Klass. Altertum, Geschichte u. dt. Lit. u. f. Pädagogik 33, 1914, S. 262—272. Ernst BEUTLER, Ursprung und Gehalt von Goethes ‚Novelle‘. DVjs 16, 1938, S. 324—352. Edmund EDEL, J. W. v. Goethes ‚Novelle‘. Wirkendes Wort 16, 1966, S. 256—266. Adolf VON GROLMAN, Goethes ‚Novelle‘. GRM 9, 1921, S. 181—187. Hellmuth HIMMEL, Metamorphose der Sprache. Das Bild der Poesie in Goethes ‚Novelle‘. Jahrbuch des Wiener Goethevereins, Bd. 65, 1961, S. 86—100. Kurt MAY, Goethes ‚Novelle‘. Euphorion 33, 1932,

S. 277—299. Wiederabdruck in: K. M., Form und Bedeutung, Stuttgart 1957, S. 116—136.   Hermann MEYER, Raumgestaltung und Raumsymbolik in der Erzählkunst. Studium Generale, 10, 1957, S. 620—630. Wiederabdruck in: Zarte Empirie, Stuttgart 1963, S. 33—56.   Mineo OSAWA, Über die Motivierung in Goethes ‚Novelle‘. Gête Nekan (Goethe-Jahrbuch) 9, Tokyo 1967, S. 155 bis 169.   Helmut PRASCHEK, Zur Entstehungsgeschichte der ‚Novelle‘ von Goethe. Eine Analyse dreier unveröffentlichter Handschriften. Forschungen und Fortschritte 35, 1961, S. 302—306.   Detlev W. SCHUMANN, Mensch und Natur in Goethes ‚Novelle‘, in: Dichtung und Deutung. Gedächtnisschrift für Hans M. Wolff (Hg. Karl S. GUTHKE, Bern/München 1961, S. 131—142.   Emil STAIGER, Goethes ‚Novelle‘. Trivium 1, 1942, S. 4—30. Wiederabdruck in: Meisterwerke deutscher Sprache aus dem neunzehnten Jahrhundert, Zürich, 4. Aufl. 1961, S. 135 bis 162; jetzt in: Deutsche Erzählungen von Wieland bis Kafka. Interpretationen 4 (Hg. Jost SCHILLEMEIT). Fischer Bücherei 721, Frankfurt am Main 1966, S. 53—74. Emil STAIGER, Goethes ‚Novelle‘, in: E. S., Goethe. Bd. 3, Zürich 1959, S. 179—198. Wolfgang STAROSTE, Die Darstellung der Realität in Goethes ‚Novelle‘. Neophilologus XLIV, 1960, S. 322—333.   Paul STÖCKLEIN, Wege zum späten Goethe, Hamburg 1949, S. 58—64. 2. Aufl. 1960, S. 84—92.   Goethe, Gedenkausgabe der Werke, Briefe und Gespräche, Zürich 1949, Bd. 9. Einführung von Paul STÖCKLEIN, S. 719—726.   Martin W. SWALES, The Threatened Society. Some Remarks on Goethe's ‚Novelle‘. Publications of the English Goethe Society 38, 1968, S. 43—68.   Erwin WÄSCHE, Honorio und der Löwe, Säckingen 1947. Luciano ZAGARI, Sovramondo melodrammatico e pericolo estetizzante nell' ultimo Goethe. A proposito della ‚Novelle‘, in: L. Z., Studi di letteratura tedesca dell' Ottocento, Rom 1965, S. 81—119.

Zu weiteren Arbeiten über die ‚Novelle‘ siehe: Bibliographie der Hamburger Goethe-Ausgabe Bd. 6, S. 737 u. S. 742.

[56] Zur Entstehungsgeschichte der „Novelle" vgl. Hamburger Goethe-Ausgabe, Bd. VI, S. 717 ff.

[59] Friedrich Gundolf, Goethe, Berlin 1925, S. 743 f.

[60] Emil Staiger, „Goethes Novelle", in: E. St., Meisterwerke deutscher Sprache aus dem 19. Jahrhundert, 4. Aufl. Zürich 1961, S. 135 ff.

[61] Erwin Wäsche, Honorio und der Löwe, Säckingen 1947.

[62] Vgl. vor allem die Einleitung zum Kommentar der ‚Novelle', Hamburger Goethe-Ausgabe, Bd. VI, S. 713 ff.

[63] Vgl. Eckermann, Gespräch vom 29. 1. 1827, Artemis-Ausgabe, Bd. 24, S. 225.

[64] Vgl. Eckermann, Gespräch vom 18. 1. 1827, a. a. O., S. 213.

[65] Hamburger Goethe-Ausgabe, Bd. VI, S. 433.

[66] Mit Recht macht auch Benno von Wiese auf diese Stelle aufmerksam, denn sie ist geeignet, eine Grundspannung des Romans, die sich auch in der Raumsymbolik äußert, zusammenfassend zu bezeichnen. Vgl. Hamburger Goethe-Ausgabe, Bd. VI, S. 689. Dazu auch S. 685 ff.

[67] Vor allem Paul Hankamer hat in seiner Analyse des Romans den ursprünglichen Novellenkern herausgearbeitet. Vgl. a. a. O., S. 207 ff.

[68] Hamburger Goethe-Ausgabe, Bd. VI, S. 716 f.

[69] Hamburger Goethe-Ausgabe, Bd. VI, S. 495.

[70] Hamburger Goethe-Ausgabe, Bd. VI, S. 493.

[71] Hamburger Goethe-Ausgabe, Bd. VI, S. 493 f.

[72] Ernst Beutler, Ursprung und Gehalt von Goethes ‚Novelle'. DVjs 16, 1938, S. 324 ff.

[73] Emil Staiger, a. a. O., passim.

[74] Paul Stöcklein, Wege zum späten Goethe, Hamburg 1949, S. 58 ff.

[75] Daß ein solcher Konflikt wesenhaft in der Gattung der Novelle eingeschlossen ist, bedarf keiner Begründung: Alles Überraschende kann sich nur auf dem Hintergrund und im Gegensatz zu dem Gesetzlichen ereignen. Ob indessen ein solcher Konflikt immer in voller Bewußtheit ausgetragen wird, ist eine andere Frage. Vielleicht hat meine Darstellung in der „Geschichte der deutschen Novelle" im Aufriß diesem Umstand nicht immer genügend Rechnung getragen.

[76] So Schiller an Goethe in dem Brief vom 25. April 1797; zitiert nach der Hamburger Goethe-Ausgabe, Bd. VI, S. 719.

„Die Wahlverwandtschaften"

Harry Grinnell BARNES, Goethe's ‚Die Wahlverwandtschaften'. A literary interpretation, Oxford 1967.   Walter BENJAMIN, Goethes ‚Wahlverwandtschaften'. Neue deutsche Beiträge, 2. Folge, H. 1, 1924, S. 83—138. Wiederabdruck in: W. B., Illuminationen. Ausgewählte Schriften [Bd. 1] (Hg. S. UNSELD), Frankfurt am Main 1961, S. 70—147, auch in: Hans MAYER (Hg.), Goethe im 20. Jahrhundert. Spiegelungen und Deutungen, Hamburg 1967, S. 179—240.   Paul BÖCKMANN, Naturgesetz und Symbolik in Goethes ‚Wahlverwandtschaften'. Jahrb. des Freien Deutschen Hochstifts 1968, S. 166—190.   Hennig BRINKMANN, Zur Sprache der ‚Wahlverwandtschaften'. Festschrift für Jost Trier. Meisenheim 1954, S. 254—276, jetzt in: H. B., Studien zur Geschichte der deutschen Sprache und Literatur Bd. 2, Düsseldorf 1966, S. 355—375.   Keith DICKSON, The temporal structure of ‚Die Wahlverwandtschaften'. The Germanic Review 41, 1966, S. 170—185.   Hans J. GEERDTS, Goethes Roman ‚Die Wahlverwandtschaften'. Eine Analyse seiner künstlerischen Struktur, seiner historischen Bezogenheiten und seines Ideengehaltes, Weimar 1958, 2. Aufl., Beiträge zur deutschen Klassik 6, Berlin u. Weimar 1966.   Werner GÜNTHER, Goethe und Kleist. Die Novelle ‚Die wunderlichen Nachbarskinder', eine Umdeutung des Penthesilea-Motivs? in: W. G., Form und Sinn. Beiträge zur Literatur- und Geistesgeschichte (Hg. R. BLASER u. R. ZELLWEGER), Bern u. München 1968, S. 111 bis 128.   Paul HANKAMER, Spiel der Mächte. Ein Kapitel aus Goethes Leben und Goethes Welt. 3. Aufl. Stuttgart 1960.   Ders., Goethes ‚Wahlverwandtschaften'. Deutsche Romane von Grimmelshausen bis Musil. Interpretationen 3 (Hg. Jost

Schillemeit). Fischer Bücherei 716, Frankfurt am Main 1966, S. 49—81. R. Hargreaves, ‚Die Novelle in den Wahlverwandtschaften'. A note on the Hamburg Edition. The Modern Language Review 62, 1967, S. 98—101. Hans Jaeger, Goethes „Novelle" ‚Die Wahlverwandtschaften'? Germanic Review 34, 1959, S. 14—38. Walther Killy, Wirklichkeit und Kunstcharakter. Über die ‚Wahlverwandtschaften' Goethes. Die Neue Rundschau, Jg. 1961, S. 636—650. Wiederabdruck in: W. K., Wirklichkeit und Kunstcharakter. Neun Romane des 19. Jahrhunderts, München 1963, S. 19—35. Jürgen Kolbe, Goethes ‚Wahlverwandtschaften' und der Roman des 19. Jahrhunderts. Studien zur Poetik und Geschichte der Literatur 7, Stuttgart 1968. Gerwin Marahrens, Narrator and narrative in Goethe's ‚Wahlverwandtschaften'. Essays on German Literature. Festschrift G. Joyce Hallamore, Toronto 1968, S. 94—127. Jan Hendrik Scholte, Die Urfassung von Goethes ‚Wahlverwandtschaften'. Neophilologus 40, 1956, S. 194—201. Emil Staiger, Die Wahlverwandtschaften, in: E. S., Goethe, Bd. 2, Zürich 1956, S. 475—515. Wolfgang Staroste, Raumgestaltung und Raumsymbolik in Goethes ‚Wahlverwandtschaften'. Etudes Germaniques 16, 1961, S. 209—222. Paul Stöcklein, Einführung zu: J. W. Goethe, Artemis-Gedenkausgabe der Werke, Briefe und Gespräche (Hg. Ernst Beutler), Bd. 9, Zürich 1949, S. 681—719. Ders., Nachwort zu: J. W. Goethe, dtv-Gesamtausgabe Bd. 19, München 1963, S. 223—233. Ders., Stil und Sinn der ‚Wahlverwandtschaften'. Wege zum späten Goethe, Hamburg 1949, S. 7—55. 2. Aufl. 1960, S. 9—92. Ders., Stil und Geist der ‚Wahlverwandtschaften'. ZfdPh. 71, 1951, S. 47—63. Erika Voerster, Märchen und Novelle im klassisch-romantischen Roman. Abhandlungen zur Kunst-, Musik- und Literaturwissenschaft 23, Bonn 1964, S. 316—339. Benno von Wiese, Anmerkungen zu: Goethes Werke, Hamburger Ausgabe, Hrsg. von Erich Trunz. Bd. 6, 1951, 7. Aufl. 1968, S. 653 bis 708.

Zu weiteren Arbeiten über Goethes ‚Wahlverwandtschaften' siehe: Bibliographie der Hamburger Goethe-Ausgabe, Bd. 6, S. 708—711 und 739—741.

[77] Hamburger Goethe-Ausgabe, Bd. VI, S. 670.

[78] E. Lämmert, a. a. O., S. 43 ff.

II. Die Novellendichtung Wielands

Wenn man darauf hinweist, daß die Goetheschen „Unterhaltungen" zunächst ohne Nachfolge blieben, so muß allerdings Wielands „Hexameron von Rosenhain" von dieser Aussage ausgenommen werden. Die Sammlung, die in der endgültigen Gestalt 1805 erschien, hatte schon in einem „Pentameron von Rosenhain" eine Vorstufe. Wie nicht nur der Titel der Sammlung, sondern auch der ausdrückliche Hinweis des Dichters bekennt, griff Wieland, ähnlich wie sein Vorbild, wiederum auf Boccaccio zurück, auch darin, daß er seine Sammlung auf die Anregung des „Decamerone" hin mit einer Rahmenhandlung versah. Wurde diese schon in den „Unterhaltungen" durch das Übermaß der Gespräche und Diskussionen auf weite Strecken hin um ihre künstlerische Wirkung gebracht, so besteht dieselbe Gefahr in ungleich stärkerer Weise in dem „Hexameron" Wielands. Im übrigen finden sich in dieser Sammlung Erzählungen verschiedensten Charakters. Friedrich Sengle[1] gliedert sie in der Art auf, daß er die ersten drei der Gattungsform des Märchens zuordnet, während er die drei letzten im besonderen als Novellen deutet. Es handelt sich dabei um die „Novelle ohne Titel", die „Liebe ohne Leidenschaft" und die das Motiv der Wahlverwandtschaften abwandelnde Novelle „Freundschaft und Liebe auf der Probe". Wenn das Wielandsche „Hexameron" in der Darstellung der Entwicklung der deutschen Novelle zurücktreten kann, so deshalb, weil dieser Dichter dem eigentlichen Anliegen dieser Gattung verhältnismäßig fremd gegenübersteht. Zu sehr ist Wieland noch in dem Rationalismus der Aufklärung befangen, als daß ihm die andere Seite als wesentliches Element des Ganzen greifbar und zum Problem würde. In den genannten Novellen ist, nicht anders als in der Rahmenhandlung, der Ton, in dem berichtet wird, dementsprechend spielerisch und ohne alle Spannung, ganz im Sinne einer Weltauslegung, für die es grundsätzlich keine Geheimnisse und keine Erschütterung gibt.

Literaturangaben und Anmerkungen

Otto Brückl, Wielands Erzählungen. Eine formale Untersuchung im Hinblick auf die weltanschauliche und literarische Entwicklung der ersten Hälfte des 18. Jahrhunderts. Ein Beitrag zur Revision des Wielandbildes, Diss. Tübingen 1959. Ders., „Poesie des Stils" bei C. M. Wieland. Herkunft und Bedeutung, in: Sprachkunst als Weltgestaltung. Festschrift Herbert Seidler, Salzburg u. München 1966, S. 27—48.   Charlotte CRAIG, Form Folk Legend to Travesty. An Example of Wieland's Artistic Adaptations. The German Quarterly 41, 1968, S. 369—476.   Gerda GEYER, Wieland und das Schwärmertum, Diss. Graz 1969.   Karl Heinz KAUSCH, Die Kunst der Grazie. Ein Beitrag zum Verständnis Wielands. Jahrbuch der deutschen Schillergesellschaft 2, 1958, S. 12 bis 42.   Fritz MARTINI, Wieland und das 18. Jahrhundert. Festschrift für Paul Kluckhohn und Hermann Schneider, Tübingen 1948, S. 243—265.   Fritz MARTINI, Wieland-Forschung. DVjs 24, 1950, S. 269—280.   Robert MINDER, Réflexions sur Wieland et le classicisme, in: Un dialogue des nations. Festschrift Albert Fuchs, München 1967, S. 33—41.   Alfred E. RATZ, C. M. Wieland. Toleranz, Kompromiß und Inkonsequenz. Eine kritische Betrachtung. DVjs 42, 1968, S. 493 bis 514.   Gerhard Johan REIMER, The „Schwärmer" in the novelistic writings of C. M. Wieland, Diss. Michigan State University 1968.   Friedrich SENGLE, Wieland. Stuttgart 1949.   Wieland. Vier Biberacher Vorträge 1953, gehalten von Friedrich BEISSNER, Emil STAIGER, Friedrich SENGLE, Hans Werner SEIFERT. Wiesbaden 1954.   Margrit WULFF, Wielands späte Auseinandersetzung mit Aberglauben und Schwärmerei, Diss. University of Texas 1966.

[1] Aufriß, Kap. II, Anm. 1 (Sengle).

III. Die Novellenkunst der Romantik

Wilhelm Heinrich Wackenroder

Wenn man das Kapitel über die Novellenkunst der Romantik mit einem Abschnitt über Wackenroders „Berglinger"-Novelle eröffnet, dann hat diese Wahl nicht nur ihr Recht in der Tatsache, daß dieses Werk Wackenroders zeitlich als die erste romantische Novelle zu betrachten ist. Auch ohne diese chronologische Priorität wäre es angemessen, das Kapitel mit ihr zu beginnen. Denn in dieser Novelle ist zum erstenmal jener Erzählstil vorentworfen, wie er dann für die romantische Novellenkunst charakteristisch wurde. Dieses Erzählwerk Wackenroders bildet den letzten Abschnitt der „Herzensergießungen eines kunstliebenden Klosterbruders", erschienen 1797. Es ist nur bedingt möglich, die Novelle aus dem Ganzen des Werkes herauszulösen. Sie ist nicht nur thematisch, sondern auch im Stil mit diesem auf das engste verbunden; thematisch: indem auch in der Novelle die Kunst im Zusammenhang mit dem Kult und der Religion erlebt wird; im Stil: indem für die Sprachgebung des Werkes jene extrem-emotionale Form der Aussage bestimmend wird, die jeden Satz des Gesamtwerkes prägt. Und doch muß die Lebensgeschichte von Josef Berglinger hier vor allem in die Entwicklung der deutschen Novellenkunst eingeordnet und von der Problematik der Gattungsform her verstanden und gewürdigt werden.

Dabei ist zunächst darauf hinzuweisen, daß mit der Berglinger-Geschichte ein Motiv in die Novelle Eingang findet, das dann bis in die Moderne hinein bevorzugte Thematik der Gattung wurde: wie schon angedeutet, die der Kunst. Die Geschichte der Künstlernovelle reicht, beginnend mit Wackenroder, sich fortsetzend dann über E. T. A. Hoffmann, Mörikes Mozart-Novelle, Grillparzer, Büchner, Stifters „Zwei Schwestern" bis zu Thomas Mann und Stefan Andres, um nur die wichtigsten Vertreter zu nennen. Dabei ist diese Thematik von Anfang an so gestaltet, daß der Bereich der Kunst in mehr oder minder scharfem Kontrast zu dem der bürgerlichen Welt erlebt wird. Immer ist dieser Gegensatz bestimmend: der zwischen einer in sich geschlossenen und gefestigten Endlichkeit und dem, was die Eignung besitzt, diese Verfestigung aufzubrechen oder wenigstens in Frage zu stellen; ob in Hoffmanns „Rat Krespel" oder in

Thomas Manns „Tod in Venedig". Bei Wackenroder ist er zum erstenmal in seiner ganzen Unversöhnbarkeit und Schärfe aufgerissen. Dies ist ein Umstand, der für die Konzeption des romantischen Dichters in besonderer Weise wichtig erscheint.

„Freilich ... das will alles umfassen und verliert sich darüber immer ins Elementarische, doch noch mit unendlichen Schönheiten im einzelnen. Da sehen Sie nur, was für Teufelszeug, und hier wieder, was da der Kerl für Anmut und Herrlichkeit hervorgebracht, aber der arme Teufel hat's auch nicht ausgehalten, er ist schon hin, es ist nicht anders möglich, wer so auf der Kippe steht, muß sterben oder verrückt werden, da ist keine Gnade ...".[1] Mit diesen Worten hatte Goethe angesichts der „Tageszeiten" von Runge das ihn Befremdende an der romantischen Generation S. Boisserée gegenüber charakterisiert. Auch wenn man das Polemische in diesem Gespräch berücksichtigt, muß man eingestehen, daß kein Wort bezeichnender für das ist, was in der romantischen Bewegung aufbricht. So kann man die Sätze fast als Motto über das Kapitel setzen, das sich mit der Eigenart der romantischen Novellenkunst beschäftigt. Eine solche Leidenschaft des „Elementarischen" ist schon für die Novelle Wackenroders offenbarend. Darum hat man ein Recht, schon an dieser Stelle von der zitierten Äußerung Goethes auszugehen. Wenn für J. Berglinger die Musik zum Schicksal wird, dann ist die Kunst der Bereich einer Erfüllung, die jede Wirklichkeit schlechthin transzendiert. So wird es sich auch in der „Don Juan"-Novelle, im „Rat Krespel" und in anderen Künstlernovellen E. T. A. Hoffmanns verhalten; nur mit dem Unterschied, daß bei Wackenroder Musik und Kunst, indem sie im Zusammenhang des Kultes erlebt werden, noch stärker und deutlicher als in der Novellistik der Hoch- und Spätromantik als stellvertretend für die letzte Sinnerfüllung des Daseins verstanden werden.

In dieser elementaren Mächtigkeit bricht die Musik, anläßlich des Besuches in der Residenzstadt, in das Leben Berglingers als etwas ein, was sich in schlechthinniger Diskontinuität zu seinem alltäglichen Dasein befindet. „Erwartungsvoll harrte er auf den ersten Ton der Instrumente; — und indem er nun aus der dumpfen Stille, mächtig und langgezogen, gleich dem Wehen eines Windes vom Himmel hervorbrach, und die ganze Gewalt der Töne über seinem Haupte daherzog — da war es ihm, als wenn auf einmal seiner Seele große Flügel ausgespannt, als wenn er von einer dürren Heide aufgehoben würde, der trübe Wolkenvorhang vor den sterblichen Augen verschwände, und er zum lichten Himmel em-

porschwebte."² So ist der Eindruck der Musik auf den Helden der Novelle. Nicht übersehen werden darf in diesen Sätzen, zugleich mit der
Übermächtigkeit der Musik, die Hingerissenheit auf seiten des Erlebenden,
wie sie in den für den Stil Wackenroders so charakteristischen Metaphern
des Elementaren — „gleich dem Wehen eines Windes vom Himmel" —
zum Ausdruck kommt und in überraschender Weise mit Goethes Deutung
der Romantik übereinstimmt.

Einer solchen Steigerung ins Ekstatisch-Übermächtige entspricht auf der
anderen Seite die ebenso radikale Abwertung der gelebten Wirklichkeit.
Die Novelle Wackenroders ist darauf angelegt, beide Seiten in schärfsten
Gegensatz zu bringen: hier der Raum höchster Erfüllung, dort das Leben im Bann der Armut und des Todes. So wie J. Berglinger in der
Musik und im Kult aus allen Grenzen der Endlichkeit herausgerissen
wird, so erlebt er im Hause des Vaters diese Endlichkeit in schlechthinniger Unerlöstheit und Unerlösbarkeit. Da dieser Armenarzt ist, wird
er von früh an mit dem Elend und der Häßlichkeit konfrontiert. Und
nicht genug damit, auch in der eigenen Familie herrschen Armut und
Verfall. „... wenn ihm nun so eine entzückte Stunde, da er in ätherischen
Träumen lebte, oder da er eben ganz berauscht von dem Genuß einer
herrlichen Musik kam, dadurch unterbrochen wurde, daß seine Geschwister
sich um ein neues Kleid zankten, oder daß sein Vater der ältesten nicht
hinreichend Geld zur Wirtschaft geben konnte, oder der Vater von einem
recht elenden, jammervollen Kranken erzählte, oder daß eine alte, ganz
krummgebückte Bettelfrau an die Tür kam, die sich in ihren Lumpen
vor dem Winterfrost nicht schützen konnte; — ach! es gibt in der Welt
keine so entsetzlich bittere, so herzdurchschneidende Empfindung, als von
der Joseph alsdann zerrissen ward. Er dachte: ‚Lieber Gott! ist denn
d a s die Welt, wie sie ist?' ..."³.

Unter diesem Aspekt bietet sich das Geschehen in der Novelle Wackenroders dar. Es liegt nahe, daß man sich die Frage vorlegt, ob es möglich
sei, dieses noch mit jenem Novellenkonflikt in Zusammenhang zu bringen, von dem in den „Wahlverwandtschaften" die Rede war. Die Frage
ist nicht leicht zu beantworten. Es gibt eine gemeinsame Basis für Goethe
und die romantische Novelle, nämlich den Einbruch von Mächten schicksalhafter Art in ein Dasein, das dem Schicksal entfremdet ist. Dabei erscheint die Vorstellung des Schicksals, wie schon in der Novelle Goethes,
in gleicher Weise positiv und negativ; positiv im Sinne einer Erfüllung
überschwenglich gnadenhafter Art; negativ als Konfrontation mit den
Mächten des Nichtseins und des Todes. Das ist die Gemeinsamkeit. Was

indessen die romantische Novelle von der Goethes unterscheidet, ist vor allem die Tatsache, daß die Gegenseite nun nicht mehr überzeugend dargestellt erscheint: nämlich die des Maßes und der Besonnenheit. Mag diese sich schon in Goethes „Novelle" und in den „Wahlverwandtschaften" als problematisch darbieten, schon in sich verfestigt und der Sphäre des Schicksals entwöhnt, sie repräsentiert trotz der Mängel doch noch ein durchaus sinnvolles, notwendiges und unentbehrliches Element im Lebendigen. Soziologisch gesprochen: Die Sphäre der Bürgerlichkeit vermag sich noch gegen das zu behaupten, was an Mächten vorbürgerlicher Provenienz in diese einbricht. In der Romantik dagegen wird der Bürger als Philister diffamiert und verächtlich gemacht. Man denke an die zahlreichen Satiren gegen das Philistertum von Brentano über Eichendorff bis hin zu Büchners Lustspiel. Mit anderen Worten: In dem novellistischen Konflikt wird die Gegenseite entmächtigt und unwirksam gemacht. Daß diese Abwendung vom Ideal der Bürgerlichkeit nicht nur ein geistesgeschichtliches Faktum ist, sondern auch ihre Konsequenzen für Gehalt und Form der romantischen Dichtung hat, ist begreifbar. Das gilt auch für die romantische Novellistik. Aus den genannten Gründen kommt man ihr erst näher, wenn man eher von der Übermächtigung des Menschen spricht als von einem Konflikt in dem Sinne, wie er in den „Wahlverwandtschaften" und in der „Novelle" als ein ebenbürtiges Sich-Messen der gegensätzlichen Positionen ausgetragen wurde.

Vergleicht man die Berglinger-Novelle Wackenroders mit einer Novelle der „Unterhaltungen" oder auch einer Novelle der Altersperiode Goethes, dann fällt nicht nur die Wandlung des Gehalts auf, sondern auch der extreme Unterschied in der Erzählhaltung. Für die Erzählhaltung der Krämerin-Novelle war charakteristisch, daß von Seiten des Erzählers kaum der Versuch gemacht wurde, die Undurchdringlichkeit und Fremdheit des ihm Widerfahrenen aufzulösen: die Außensicht bestimmte ohne Einschränkung die Einstellung des Erzählers. Bei Wackenroder wird die Außensicht völlig aufgegeben. Zwischen dem Erzähler und dem Helden der Geschichte besteht ein Einverständnis, das bis zur Identifikation geht. Auch diese Identifikation ist natürlich eine Konsequenz jener Übermächtigung, eine Konsequenz des Sich-nicht-draußen-halten-Könnens, von der schon die Rede war. „Ich habe mehrmals mein Auge rückwärts gewandt, und die Schätze der Kunstgeschichte vergangener Jahrhunderte zu meinem Vergnügen eingesammelt; aber jetzt treibt mich mein Gemüt, einmal bei den gegenwärtigen Zeiten zu verweilen, und mich an der Geschichte eines Künstlers zu versuchen, den ich seit seiner frühen Jugend

kannte, und der mein innigster Freund war. Ach, leider bist du bald
von der Erde weggegangen, mein Joseph! und nicht so leicht werd' ich
deinesgleichen wieder finden. Aber ich will mich daran laben, der Geschichte deines Geistes, von Anfang an, so wie du mir oftmals in schönen
Stunden sehr ausführlich davon erzählt hast, und so wie ich selbst dich
innerlich kennen gelernt habe, in meinen Gedanken nachzugehen, und
denen, die Freude daran haben, deine Geschichte erzählen."[4] In dieser
aufschlußreichen Weise wird die Novelle vom Erzähler eingeleitet.

Wenn von dem Leben Berglingers erzählt wird, dann so, daß von Anfang
an als selbstverständlich angenommen wird, dem Erzähler seien die geheimsten Gedanken und Wünsche des Freundes vertraut. „So viel ist
gewiß, daß er sich, wenn die Musik geendigt war, und er aus der Kirche
herausging, reiner und edler geworden vorkam. Sein ganzes Wesen
glühte noch von dem geistigen Weine, der ihn berauscht hatte, und er
sah alle Vorübergehenden mit andern Augen an..."[5]. So ist es dann
auch konsequent, wenn der Erzähler im zweiten Hauptstücke dem Freunde selbst das Wort gibt: Zu Anfang steht der lange Bekenntnisbrief
Berglingers an seinen Freund. Es wird sich an der Entwicklung der
romantischen Novelle nachweisen lassen, daß diese Form der Hingerissenheit und der Identifikation die Eigenart der romantischen Novelle
bis hin zu E. T. A. Hoffmann ausmacht; wobei es für Wackenroder, aber
auch für E. T. A. Hoffmann vor allem charakteristisch ist, daß diese
Identifikation immer wieder in weit gespannte Reflexionen mündet, in
denen die geheimsten Gedanken der Helden ausgebreitet werden, gleich-
gültig ob dies nun in jener Form geschieht, die man „Gedankenreferat"
nennt, oder ob sie in der dokumentarischen Form von Briefen dargeboten
werden. Jedenfalls hat die Reflexion in dieser Novelle eine Bedeutung,
wie sie, wenigstens in dieser Breite, in der Goetheschen Novelle undenk-
bar war.

Ludwig Tieck

Wenn Tieck in der Novellenkunst der Frühromantik einen bedeutenden
Platz einnimmt, dann vor allem darum, weil er als der Verfasser der in
dem ersten Band des „Phantasus" zusammengeschlossenen Novellen —
unter denen das Novellenmärchen „Der blonde Eckbert" besondere Aufmerksamkeit beansprucht — interessant ist. Tieck als der Verfasser der
Novellen der zwanziger und dreißiger Jahre des Jahrhunderts gehört
nicht mehr der Romantik an, sondern ist eher in die Epoche des „Jungen
Deutschland" einzuordnen.

Erst relativ spät hat Tieck auf Anregung seiner Freunde die Frühnovellen im „Phantasus" zusammengefaßt und zugleich mit einer Rahmenhandlung versehen. „Der blonde Eckbert" ist 1797 entstanden. Der „Phantasus", vor allem die genannte Rahmenhandlung, wurde erst 1812 veröffentlicht und setzt eine spätere Epoche im Leben und Schaffen des Dichters voraus; eine Epoche, die biographisch ohne die häufigen Besuche auf dem Finkensteinschen Gute nicht zu verstehen wäre[6]. Man kann deshalb nur mit einiger Vorsicht das Ganze, vor allem das Verhältnis von Novellen- und Rahmenhandlung, im einheitlichen Sinn deuten. Wenn man sich trotzdem dazu entschließt, einen solchen Versuch zu machen, dann ist dieser in der Überzeugung gegründet, daß sich trotz der verschiedenen Entstehungszeit des Rahmens und der Novellen beide Teile der Sammlung von denselben geschichtlichen und epochalen Voraussetzungen her verstehen lassen, indem in ihnen über die Zeit hinweg eine verwandte Gesinnung zum Ausdruck kommt.

Die Rahmengeschichte des „Phantasus" ist ohne das Vorbild Boccaccios und Goethes nicht denkbar. Auch in der Tiecks kommt es noch darauf an, eine lebendige Erzählsituation für die Novellen zu schaffen; auch in der Rahmenhandlung Tiecks treffen sich Freunde auf einem abseits von der großen Siedlung gelegenen Landgut; also an einem Ort, wo sie Muße zu Gesprächen und Unterhaltungen haben. Allerdings ein Unterschied fällt von Anfang an auf: Es fehlt bei Tieck das katastrophale Ereignis, das Unruhe und Gefahr in den Kreis hineinträgt, die Freunde nötigt, sich ihm gegenüber zu behaupten und in einem damit die Grundlage ihrer Existenz zu überdenken. Indem ein solches fehlt, bekommt das Ganze etwas Unverbindliches, Spielerisches; wenn man will, etwas Epigonenhaftes.

Und noch ein zweites ist charakteristisch für die Ausgangssituation der Tieckschen Rahmenhandlung: Die gesellschaftlichen Voraussetzungen sind wesentlich andere als die in der Rahmenhandlung Boccaccios und Goethes. Um mit dem schärfsten Gegensatz zu beginnen: In dem Goethekapitel war wiederholt darauf hingewiesen worden, daß sich für Boccaccio der Geist einer selbstbewußten Bürgerlichkeit zu formen beginnt. Denn die Ironie in der hellen Geistigkeit, wie sie Erich Auerbach als Erzählhaltung des „Decamerone" herausgearbeitet hat, ist nur auf der Basis dieser Bürgerlichkeit möglich. Daß in Goethes „Unterhaltungen" dieses Selbstbewußtsein schon geschmälert ist, wurde im einzelnen gezeigt. Immerhin herrscht auch hier noch die Besonnenheit und die Verantwortung den Werten des Humanen gegenüber. Was nun Tieck betrifft, so befindet sich dieser Geist in schwerer Krise. Von Katastrophen und Gefahren nicht mehr in dem Maße bedrängt wie in den Frühzeiten der bürgerlichen Gesellschaft, ist man in einer so verwandelten Welt nicht mehr stolz auf die Überlegenheit und Freiheit, so wie sie in der Gesinnung der Gestalten Boccaccios und auch Goethes zum Ausdruck kommt. Statt dessen spürt man bereits beunruhigt den Preis, der für eine solche Sicherheit und Überlegenheit zu zahlen ist: den Preis einer zunehmenden Mechanisierung des Lebendigen und am Ende den der Substanzerschöpfung und der Einbuße aller kreativen Möglichkeiten.

Eine genaue Analyse der Rahmenhandlung könnte zeigen, wie die Unruhe über diese Entwicklung in den mannigfaltigen Gesprächen der Rahmenhandlung offenbar wird. An dieser Stelle genügt es, auf die Partie hinzuweisen, in der Ernst und Friedrich über den Unterschied zwischen Nürnberg mit seinem noch gegenwärtigen Mittelalter und dem für diese Zeit schon stark industrialisierten Fürth sprechen. „Dieses Nord-Amerika von Fürth konnte mir freilich wohl neben dem altbürgerlichen, germanischen, kunstvollen Nürnberg nicht gefallen, und wie sehnsüchtig eilte ich nach der geliebten Stadt zurück, in der der theure Dürer gearbeitet hatte, wo die Kirchen, das herrliche Rathhaus, so manche Sammlungen Spuren seiner Thätigkeit und der Johannis-Kirchhof seinen Leichnam selber bewahrte; wie gern schweifte ich durch die krummen Gassen, über die Brücken und Plätze, wo künstliche Brunnen, Gebilde aller Art, mich an eine schöne Periode Deutschlands erinnerten, ja! damals noch die Häuser von außen mit Gemälden von Riesen und altdeutschen Helden geschmückt waren."[7]

Es dürfte zwar schwer sein, die Gespräche, die in der Rahmenhandlung geführt werden, thematisch unter einem Gesichtspunkt zusammenzufassen; als Spiegelung eines bestimmten Lebensgefühls sind sie aber durchaus einheitlich. Sie alle lassen in irgendeiner Weise die tiefe Beunruhigung der Tatsache gegenüber spüren, daß die Wirklichkeit immer verfestigter und unschöpferischer erscheint; sie lassen darüber hinaus aber auch die Sehnsucht erkennen, dem Lebendigen dort zu begegnen, wo es noch in seiner strömenden Fülle und Ursprünglichkeit angetroffen wird. Von da aus ist es zu verstehen, daß es in den Gesprächen, ob die Auswahl des Gegenständlichen in Frage steht oder ob Zustände des Gemütes berührt werden, immer um das eine geht, um die Grenze, wo Geformtes und Festumrissenes hinneigt zur proteischen Freiheit des Wachstums und zur Beweglichkeit des Elementes; wo des weiteren die Einheit der personalen Verantwortung und die Festigkeit des Ichbewußtseins im Übergang begriffen sind zur Möglichkeit der Verwandlung. Darum das gesteigerte Interesse für Park und Garten, die, anders als das architektonische Werk in seiner strengen Gefügtheit, frei sind für die Spontaneität des Lebendigen; darum vor allem die Faszination durch das Wasser, das in seiner Ungebundenheit die tiefste Sehnsucht der Seele nach Selbstaufgabe anspricht und hervorlockt; darum das Preisen des Schauspielertums, in dem der Mensch die Freiheit hat, von Gestalt zu Gestalt hinüberzugleiten und immer von neuem in die Verwandlung einzutreten; darum schließlich die Hinneigung zu Grenzphänomenen der Seele, etwa zum Traum, in dem die Dinge ebenso in geheimnisvoller Weise verbunden und offen sind für Übergänge zauberhafter Art; von daher auch die Bedeutung des Humors als jener Gestimmtheit, in der die Betonung des Ich und jede Art der Selbstbehauptung im Bedingten fragwürdig wird gegenüber dem Anspruch des Wesens und des Unbedingten.

Man würde die Eigenart des Ganzen nicht treffen, wenn man nicht sofort hinzufügte, daß in allen Begegnungen ähnlich wie bei Wackenroder etwas Maßloses am Werk ist. Wenn zuvor Sätze aus dem Gespräch zitiert wurden, in denen Goethe S. Boisserée gegenüber sein Befremden angesichts dieser romantischen Maßlosigkeit zum Ausdruck brachte, so gelten diese Sätze nicht minder für das seelische Klima von Tiecks Rahmenhandlung. Man braucht nur diesen oder jenen Satz herauszugreifen, um die Übersteigerung deutlich zu machen. „Nicht so willkürlich, wie es auf den ersten Anblick scheinen möchte, haben die ältesten Philosophen so wie neuere Mystiker, dem Wasser schaffende Kräfte und ein geheimnißvolles Wesen zuschreiben wollen, denn ich kenne nichts, was unsere Seele so ganz unmittelbar mit sich nimmt, als der Anblick eines großen Stromes oder gar des Meeres; ich weiß nichts, was unsern Geist und das Bewußtsein so in sich reißt und verschlingt, wie das Schauspiel vom Sturz des Wassers, wie des Teverone zu Tivoli oder der Anblick des Rheinfalls. Darum ermüdet und sättigt dieser wundervolle Genuß auch nicht, denn wir sind uns, möchte ich sagen, selbst verloren gegangen, unsere Seele mit allen ihren Kräften braust mit den großen Wogen ebenso unermüdlich den Abgrund hinunter."[8] So bekennt Ernst in einer Unterhaltung mit Theodor am Ende der Rahmenhandlung. Und kurze Zeit später heißt es in einem Gespräch, das die Faszination des Traums berührt: „Alles, was wir wachend von Schmerz und Rührung wissen, ... ist doch nur kalt zu nennen gegen jene Thränen, die wir in Träumen vergießen, gegen jenes Herzklopfen, das wir im Schlaf empfinden. Dann ist die letzte Härte unseres Wesens zerschmolzen, und die ganze Seele fluthet in den Wogen des

Schmerzes. Im wachenden Zustande bleiben immer noch einige Felsen-klippen übrig, an denen die Fluth sich bricht."[9] Wie bei Wackenroder geht auch hier von der Sphäre des Elementaren eine übermächtige An-ziehung aus, so daß das Elementare in seiner Gegenständlichkeit bedeut-sam wird, aber ebenso gewichtig auch in die Form der Metaphorik hin-einspielt. In dem Brentano-Kapitel seines Buches „Die Zeit als Einbildungskraft des Dichters" hat Staiger die Hingerissenheit als Charakteristikum des romantischen Künstlertums herausgearbeitet. Eine solche Hingerissenheit ist auch in den entscheidenden Partien von Tiecks Rahmenhandlung zu finden[10].

Wenn man nun von den Rahmenhandlungen zu den Novellen selbst kommt, dann wird es sich vor allem darum handeln, auf vier der in den ersten Band des „Phantasus" eingefügten Novellen die Aufmerksamkeit zu richten: auf den „Blonden Eckbert", den „Runenberg", den „Liebes-zauber" und den „Pokal". Natürlich ist es schwer, die Thematik dieser Novellen in Kürze zusammenzufassen; und noch schwerer ist es, auf eine kurze Formel zu bringen, was der Rahmengeschichte und den No-vellen gemeinsam ist. Um mit letzterem zu beginnen: Eines läßt sich sehr genau nachweisen: Die Menschen, die als Figuren der Rahmen-handlung erscheinen, und die Helden der Novellen sind Menschen gleicher Wesensart; Menschen der gleichen Labilität, Menschen der gleichen Un-festigkeit und Offenheit. Ob es sich um die Mittelpunktsgestalten des Märchens, Eckbert und Bertha, handelt oder um den Helden des „Runenbergs" oder um die Figuren des „Liebeszaubers", immer ist es derselbe Typus; jener, der willenlos und ohne den Vorbehalt des Hu-manen in die Schicksalssphäre gerät. „Es hat mich wie mit fremder Ge-walt aus dem Kreise meiner Eltern und Verwandten hinweggenommen, mein Geist war seiner selbst nicht mächtig, wie ein Vogel, der in einem Netz gefangen ist und sich vergeblich sträubt, so verstrickt war meine Seele in seltsamen Vorstellungen und Wünschen."[11] So bekennt der junge Jäger im „Runenberg" von sich; und ein gleiches Bekenntnis könnte jeder der genannten Gestalten in den Mund gelegt werden. So wie die Passi-vität, die Selbstvergessenheit und der Proteismus charakteristisch sind für die Atmosphäre der Rahmenhandlung, so ist dieselbe Wesens- und Gemütsart auch bestimmend für die Figuren der Novellen.

Damit ist aber zugleich die Frage nach der Thematik der Novellen berührt. So verschiedenartig diese in den einzelnen Novellen auch scheint, in einem ist eine Gemeinsamkeit da: Es ist die Bewegung aus dem Bereich der Ordnung und der Verläßlichkeit hinaus in die Elementarwelt jener Gewalten und Mächte, die der Menschenwelt und den Ordnungen dieser Menschenwelt nicht günstig sind. Alle Helden dieser Novellen geraten ausnahmslos in das Spielfeld dieser Mächte und gehen darin zugrunde.

Davon war allerdings in den Gesprächen der Rahmenhandlung nicht die Rede. Auch dort war die Faszination des Elementaren am Werk, aber des Elementaren in einer wesentlich schöpferischen Potenz. In den Novellen wandeln sich die Aspekte in entscheidender Weise, und an dieser Stelle gerät man an die Differenz zwischen Rahmen- und Innenhandlung, eine Differenz, die weniger in der verschiedenen Entstehungszeit begründet ist, als vielmehr in der Eigenart dieses Dichters als eines typischen Vertreters dieser romantischen Generation in ihrer Unfestigkeit und Zwiespältigkeit. Diese Unfestigkeit aber bringt es mit sich, daß das Elementare seine Eindeutigkeit zu verlieren beginnt und als in dauerndem Übergang von der Schöpfung zur Zerstörung begriffen erlebt wird, wobei sich das Zerstörerische am Ende als stärker erweist als das Schöpferische. Man denke nur — um ein extremes Beispiel zu zitieren — daran, wie sich in der Novelle „Liebeszauber" der Schein der Güte und der Reinheit als trügerisch erweist und statt dessen ein gestaltwidriges Begehren als eigentliche Wirklichkeit des Menschen enthüllt wird. An Stellen dieser Art — es gibt ähnliche Partien in dem Schicksalsdrama des frühen Tieck „Karl Berneck", in dem „William Lovell" und auch im Umkreis der Gologestalt in der „Genoveva" — begegnet man in der Dichtung der deutschen Romantik zum erstenmal dem, was man mit dem Begriff des romantischen Pessimismus zu beschreiben pflegt[12].

Die bekannteste Erzählung des „Phantasus" und zugleich die, die in der romantischen Bewegung bezeichnenderweise die stärkste Resonanz hervorrief, ist das Novellenmärchen „D e r b l o n d e E c k b e r t". Wie dieses von der bisher entwickelten Voraussetzung zu deuten ist, soll in einer kurzen Analyse gezeigt werden.

Wenn man von der Einleitungspartie des abendlichen Gesprächs zwischen Walther, Eckbert und Bertha in Eckberts Burg absieht und die Aufmerksamkeit auf die Lebensgeschichte Berthas richtet, dann beginnt diese, darin dem Einsatz dieses oder jenes Volksmärchens gleich, mit dem Motiv der Trennung von Eltern und Kind. Und es ist auch bei Tieck so, daß diese Trennung mit der Armut der Eltern motiviert wird. Indessen, schon an dieser Stelle gerät man mit der möglichen Entsprechung an einen entscheidenden Unterschied. Bei Tieck spielt zwar auch die äußere

Dürftigkeit des Elternhauses in das Geschehen hinein. Aber der eigentliche Grund für die Trennung ist nicht die Armut; es ist vielmehr die psychologische Verschiedenheit, die in das Verhältnis von Eltern und Kind die Krise hineinbringt[13]. Und noch etwas unterscheidet Tiecks Novelle von dem Volksmärchen: Bei dem romantischen Dichter geht die Initiative zur Trennung weniger von den Eltern als von dem Kinde aus. Verzehren diese sich in äußeren Lebensängsten und Sorgen, so ist die Not des Kindes eine innere. Zwar möchte es den Eltern helfen, aus Armut und Dürftigkeit herauszufinden, aber es ist zu sehr in seine Träume und Sehnsüchte verloren, als daß es dazu fähig wäre. Daher kommt es dann auch zum endgültigen Zerwürfnis. Eines Tages ist es Bertha, die, verzweifelt über die Entfremdung, das Elternhaus verläßt. Soweit der Eingang der Innenhandlung.

Was Tieck an diesem Motiv anzog, kann man nur indirekt erschließen. Offenbar war es die Situation einer ersten Lebenskrise in der Entwicklung Berthas, die ihn interessierte; genauer noch: die Schwierigkeit des Übergangs von der Kindheit zur Reife; damit im Zusammenhang: der Gegensatz des inneren Reichtums auf der einen Seite und der Kargheit der äußeren Welt auf der anderen; vor allem aber die Unruhe darüber, mit der Kindheit diesen Reichtum, den Reichtum des Anfangs und des Ursprungs, zu verlieren. Und so wird auch die Wanderung Berthas eine Wanderung zurück zu dem Ursprung als jener Sphäre, in der Wachstum und Leben noch in der Tiefe beschlossen sind; des weiteren eine Wanderung zu dem Anfang, der in seinem unerschöpflichen Reichtum Schutz zu gewähren vermag gegen die drohende Verarmung eines Lebens, das sich von diesem Anfang entfernt hat. Von da aus ist die Symbolik jener Partien zu verstehen, in denen von Berthas Aufenthalt bei der Alten berichtet wird: der Reichtum der Alten als Symbol für die Fülle des Ursprungs, ein Reichtum, der im Gegensatz zu der Dürftigkeit des Elternhauses als faszinierend und anziehend erlebt wird; dazu der Wald als Raum der Geborgenheit und damit als Ort des paradiesischen Friedens zwischen Mensch und Natur. Dabei hat in diesem Umkreis der Alten vor allem das Attribut der Stille ein besonderes Gewicht — etwa zu verstehen im Sinn der Einbegreifung des Lebens und der Bewegung des Lebendigen in den Grund des Daseins. Hinzuzunehmen ist des weiteren der Umstand, daß Bertha die Welt der Alten als „längst bekannt" erlebt; auch dieses Wiedererkennen ist Hinweis darauf, daß zum Wesen des Anfangs das Verständigtsein und die Identität gehört; jedenfalls nicht das, was das Leben zu bewältigen hat, wenn der Anfang aufgegeben wurde: die Erfahrung der Fremdheit und des Zwiespaltes[14].

Innerhalb der Tieckschen Dichtung wird man sich hüten müssen, eine solche Symboldeutung zu forcieren. Dazu ist der Dichter in dem archetypischen Instinkt für die Wahl der Bilder und Symbole nicht sicher genug. Aber auch wenn man ein solches Bedenken teilt, ist die Intention dessen, was die Symbole dieses Märchens zum Ausdruck bringen, schlüssig genug, um die angedeutete Auslegung rechtfertigen zu können, zumal sie durch ein direktes Bekenntnis Berthas bestätigt wird: „Der Mensch wäre vielleicht recht glücklich, wenn er so ungestört sein Leben bis ans Ende fortführen könnte."[15] Mit dem Beginn der Wanderung zu der Alten ist Berthas Lebensweg in seinen weiteren Etappen festgelegt. Indem sie sich weigert, die erste Lebenskrise durchzutragen, und, die damit verbundene Verarmung fürchtend, zur Sphäre des Ursprungs zurückdrängt, pervertiert sie die dem Lebendigen eigene Richtung nach vorne und zu einem sinnhaften Ziel hin.

Daß im übrigen diese rückläufige Bewegung zum Grund und Ursprung hin nur vorübergehend sein konnte, wird in den folgenden Handlungspartien rasch offenbar. So zufrieden Bertha zunächst in der Hütte der Alten schien, schon bald tastet sich die Phantasie aus der Enge und Spannungslosigkeit wieder hinaus in die Welt, in die sie dann ungeduldig hinausdrängt. Eines Tages verläßt sie die Hütte, nicht ohne sich des Reichtums und seiner Quelle zu versichern.

An sich gehorcht Bertha damit der auch ihr vorgezeichneten Sinnrichtung des Lebens, nachdem sie diese zuvor verfehlt hatte. Nur hat man sich zu fragen, ob auch der Dichter dieses Novellenmärchens die Logik des Lebens in dieser Weise versteht und anerkennt. Indem man sich Fragen dieser Art vorlegt, gerät man an das, was an der Dichtung Tiecks befremdend wirkt. Um mit dem Wichtigsten zu beginnen: Der romantische Dichter, weit entfernt von der Bereitschaft, die Lebensbewegung in der ihr angemessenen Richtung zu verstehen, scheint — anders läßt sich das Märchen nicht deuten — schon die Trennung vom Ursprung als Schuld zu empfinden. Wiederum ist es Bertha, die in ihrem Lebensbericht etwas von den geheimen Gedanken und Ängsten des Dichters offenbar werden läßt. „Ich war jetzt vierzehn Jahre alt, und es ist ein Unglück für den Menschen, daß er seinen Verstand nur darum bekömmt, um die Unschuld seiner Seele zu verlieren."[16]

Aber bei diesem Bekenntnis allein bleibt es nicht. Auch alles, was in dem Geschehen des Märchens folgt, muß von dieser Voraussetzung verstanden werden. Was zuvor geschehen, erweist sich als schicksalsbestimmend und ist nicht mehr rückgängig zu machen, so sehr sich Bertha bemüht, von den Konsequenzen ihrer ersten Entscheidung frei zu werden. Die Ehe mit Eckbert mißlingt, wie sich am Ende des Märchens in erschütternder Weise offenbart. Statt daß Bertha in der Verbindung mit ihm die Grenze vom Eigenen zum Fremden, von der Gebundenheit des Anfangs in die Freiheit des Ziels überschreitet, bleibt sie an den eigenen Anfang gebunden. Und nicht anders ist es mit Eckbert, der, statt Bertha aus der Enge in die Weite hinauszuführen, wehrlos in ihre Ängste hineingerissen wird, um darin unterzugehen.

Warum diese im folgenden immer übermächtiger werden, ist aus den Prämissen der Dichtung leicht zu begreifen. Bertha und mit ihr Eckbert fürchten die Rache der von ihr verletzten Lebensordnung. Ängste dieser Art vereiteln jede Möglichkeit echter Weltbegegnung und treiben Bertha und Eckbert in einen Zwang des Mißtrauens, in dem jeder, der in ihr Leben tritt, von ihnen als Feind und als Vollstrecker der Rache begriffen wird. Zuerst ist es Walther, der, indem er Kenntnis von den Tieren der Alten hat, beide in tödlichen Schrecken versetzt und Eckbert zum Mord verleitet; nach dem Tode Berthas, die in ihren Ängsten hilflos zugrunde geht, erscheint Hugo, der nach dem allzu offenherzigen Bekenntnis Eckberts die Züge des getöteten Walther annimmt; ähnlich, wie sich später der alte Bauer in dieser Weise verwandelt. Daß diese Annahme zu Recht besteht, wird die Alte Eckbert bestätigen, wenn er am Ende in ihren Kreis zurückgelangt. „Siehe, das Unrecht bestraft sich selbst: Niemand als ich war dein Freund Walther, dein Hugo."[17]

Von dieser Logik her ist dann auch das Inzestmotiv am Ende zu verstehen. Wenn Bertha in Wirklichkeit die Schwester Eckberts war, dann heißt es in der Konsequenz des Geschehens kaum etwas anderes, als daß beide, indem sie den Zugang zu dem anderen Menschen suchten, in Wirklichkeit im eigenen Selbst eingefangen blieben. So begreift Eckbert sein Schicksal am Ende selbst: „Gott im Himmel!" sagte Eckbert stille vor sich hin, „in welcher entsetzlichen Einsamkeit hab' ich dann mein Leben hingebracht!"[18] In dieser Weise ist das Geschehen der Novelle zu deuten. Menschen, die aus der Hut der Tiefe in die Sphäre des individuellen Lebens hinübergetreten sind, büßen das Wagnis dieses Übertritts mit dem Untergang. Alle Einzelmotive dienen der Verdeutlichung dieses Vorgangs: das für die gesamte Romantik so bedeutsame Motiv der Erinnerung, das Inzestmotiv, das Motiv des ausbrechenden Wahnsinns, usw. Thema des Tieckschen Märchens ist nichts anderes als diese schicksalhafte Verflochtenheit des Einzelnen in das All mitsamt

dem Zweifel an der Möglichkeit der menschlichen Mündigkeit überhaupt.
Was die Rahmenhandlung des „Phantasus" als innere Bereitschaft und
Disposition des Gemütes vorausgenommen hatte, das wird nun in den
Erzählungen zum Ereignis: Nachdem der personale Kern entmächtigt
ist und sich die Seele in unbegrenzter Offenheit allen Möglichkeiten
preisgegeben hat, treten in den entleerten Raum die Mächte ein, um ihre
Besitzansprüche anzumelden.

Um einen solchen Einbruch geht es in irgendeiner Weise in allen verschiedenen Erzählungsgebilden, die in dem „Phantasus"-Zyklus verbunden sind. Wenn man sich auch im Zusammenhang mit Tieck die
Novellendefinition Goethes aus den „Wahlverwandtschaften" in die Erinnerung zurückruft und von da aus versucht, sich in der Novellistik
des jungen Tieck zurechtzufinden, dann kann man im Ansatz den von
Goethe hervorgehobenen Konflikt als Grundfigur auch dieser Novellen
verstehen. In dem Märchen vom „blonden Eckbert" ist es der Konflikt
zwischen dem Wunsch, das Leben in Verantwortung und Selbstmächtigkeit zu gestalten einerseits und der tödlichen Bedrohung des in die
Entschiedenheit der Gestalt getretenen Lebens durch die jeder Individua-
tion feindliche Macht der naturhaften Tiefe andererseits; ähnlich ist es
im „Runenberg" der Gegensatz zwischen dem organischen Leben in der
Ebene auf der einen Seite und der dämonischen Gebirgswelt auf der
anderen. Der „Liebeszauber" wäre von dem Gegensatz von Güte und
Reinheit einerseits und der Übermächtigkeit der Zerstörung und des
Todes andererseits her zu verstehen.

Wenn man bei der Deutung der Tieckschen Novellen von einem solchen
Konflikt zu sprechen versucht, dann muß man sich — nicht anders als
bei Wackenroder — zugleich auch eingestehen, daß ein solcher Konflikt
kaum wirklich ausgetragen wird. Alles, was Goethe mit dem Begriff des
„Ungebändigten" faßt, d. h. bei dem romantischen Novellisten: der Einbruch gestaltfeindlicher Gewalten, ist zu übermächtig, als daß eine echte
Auseinandersetzung zwischen den Kräften der Gestalt und der Gestalt-
widrigkeit noch möglich wäre. Pongs hat darauf aufmerksam gemacht,
wie sich fast leitmotivisch durch das Tiecksche Märchen Sätze ziehen, die
eben dieser Preisgegebenheit und Ohnmacht des Humanen Ausdruck geben. Aussagen wie „fast ohne daß ich es wußte"..., „immer wider willen", „Ohne mich dessen deutlich bewußt zu sein..." bestimmen durchgängig den Bericht[19]. An diesen Stellen hat übrigens Tieck den Sprachstil
geschaffen, auf den bis zu Storm hin die Schicksalsnovelle zurückgreifen
wird.

Noch von einer anderen Seite her kann man das determinierend Schicksalhafte der Tieckschen Novellistik deutlich machen: In welchem Umfang die Wehrlosigkeit dem Schicksal gegenüber das gesamte Lebensgefühl bestimmt, dafür ist über die Thematik der Rahmenhandlung und der Erzählung hinaus die Art und Weise aufschlußreich, wie beide ineinander verwoben und verschränkt sind. Wie stark der Raum der Rahmenhandlung des „Decamerone" gegen die Möglichkeiten der Gefährdung abgedichtet ist, darauf wurde hingewiesen. Daß sich diese Situation schon in den „Unterhaltungen" in tiefgreifender Weise gewandelt hatte, ergab der Vergleich mit Boccaccio. Aber immerhin, bei allem Wissen um die Grenzen einer wesentlich herrschaftlichen Haltung war sich doch Goethe noch darüber klar, daß dieses Moment der Besonnenheit nie preisgegeben werden dürfe. Das Andere blieb immer im Hintergrund, wurde zwar ebenfalls sehr ernst genommen, aber nie in dem Sinne, daß er bereit gewesen wäre, ihm die Führung und letzte Geltung zu überlassen. Bei Tieck ist das Verhältnis ein anderes. Darum schuf er, darin Goethe zwar folgend, aber auch weit über ihn hinausgehend, Verschränkungen, Übergänge, Parallelsituationen von Rahmen- und Innengeschehen, eine Technik, die später E. T. A. Hoffmann aufgegriffen und in den „Serapions-Brüdern" systematisch ausgebaut hat. Das gleiche Prinzip kommt auch darin zum Ausdruck, daß der Erzähler oder einer der Beteiligten nach dem Vortrag der Novelle auf ähnliche Vorgänge mitten in der Gegenwart und in der alltäglichen Wirklichkeit hinweist. Das geschieht, nachdem der „Liebeszauber" erzählt ist, und am Ende der Rahmenhandlung nach dem Vortrag des „Pokals". Die Intention dieser Verschränkungstechnik ist unverkennbar: Es besteht die Neigung, auf diese Weise den festumrissenen Charakter des Wirklichen und die kontrollierte und abgedichtete Sphäre des Bewußtseins aufzuheben. Ob zunächst eine Bereitschaft dazu vorhanden ist oder nicht, jeder der Beteiligten muß sich mit dem Gedanken vertraut machen, daß über die personale Verantwortung hinaus Anderes gleiche Beachtung fordert: Es sind dies vor allem jene Einflüsse der Tiefe, die, welcher Art sie auch seien, nicht ohne weiteres willens scheinen, sich von der personalen Mitte her formen und einordnen zu lassen. Daß diese Beobachtung über das Verhältnis von Rahmen und Novellen mit der merkwürdigen Themenwahl der Eingangsgespräche durchaus im Einklang steht, bedarf keiner näheren Begründung.

Eine Analyse des Erzählstils führt zum gleichen Ergebnis. Auch hier wird offenbar, daß das Maß der geistigen Bewältigung gering ist. Dazu ist die

Erschütterung zu stark, vor der sich der Erzähler nicht zu schützen vermag. Das kam schon in den modalen Wendungen zum Ausdruck, auf die Pongs aufmerksam gemacht hat. Eine solche Erschütterung zeigt sich aber auch im Gebrauch der Epitheta. Diese machen zwar den Erzählstil der Tieckschen Novellen im Vergleich zu dem Goethes bewegter, aber doch um den Preis, daß sie weniger die innere Mächtigkeit der Dinge ins Wort nehmen, als daß sie bei dem gefühlsmäßigen Eindruck des Erzählenden stehen bleiben. Durch diese, im Grunde unproduktive und spannungslose Form der Begegnung ist besonders die bei aller äußeren Bewegtheit doch unverkennbare Monotonie des Erzählstils bedingt, eines Stils, der bis zur Ermüdung mit Wendungen subjektiven und ekzessiven Charakters wie „furchtbar", „schrecklich", „seltsam", „unwahrscheinlich" usw. arbeitet. So weisen also die verschiedensten Aspekte der Gestaltung eine Tendenz auf, die bezeichnend ist für das romantische Erzählen.

Clemens Brentano

Von den romantischen Nachfolgern Tiecks wird vielfach die zyklische Form aufgegeben, und die einzelnen Novellen werden für sich gestaltet. Nur E. T. A. Hoffmann hat in den „Serapions-Brüdern" noch einmal einen geschlossenen Novellenzyklus geschaffen. Außerhalb einer zyklischen Reihe befinden sich auch die Novellen Clemens Brentanos. Möglicherweise steht diese Neigung, den Zyklus aufzuheben, im Zusammenhang mit der zunehmenden Bedeutung des Motivs und des Gehaltes. Je mehr im Bewußtsein dieser Generation die Nachtseite des Lebens zur Existenzfrage wurde, um so weniger war es angängig, durch Häufung der Novellen die Gewichtigkeit des Einzelmotivs zu entwerten und es als etwas mehr oder minder Zufälliges zur beliebigen Auswahl anzubieten.

Brentanos novellistisches Schaffen hat keine große Breite. Sieht man von den beiden Erzählungen „Aus der Chronik eines fahrenden Schülers" und „Die mehreren Wehmüller und ungarischen Nationalgesichter" ab, Erzählungen, die nur mit Einschränkung als Novellen zu charakterisieren sind, dann bleiben lediglich die beiden Erzählwerke „Die Geschichte vom braven Kasperl und dem schönen Annerl" und „Die drei Nüsse" übrig, von denen vor allem die erstgenannte Novelle als eine Dichtung von hohem Rang Aufmerksamkeit beansprucht; einem Rang allerdings — das sei schon hier gesagt — in den genauen Grenzen dessen, was in der deutschen Romantik an wirklich großer Dichtung möglich war.

Sie wurde 1817 von Brentano veröffentlicht, gehört also im Gegensatz zu den Novellen des „Phantasus" bereits der Phase der Hochromantik an. Über die Entstehung dieser Novelle ist folgendes bekannt: Man weiß von einem Besuch Brentanos bei der Mutter Luise Hensels. Diese erzählte dem Dichter zwei Geschichten, die, in sich geschlossen, zunächst ohne jede Beziehung zueinander stehen; im Kern sind es die Geschichte Kasperls und die Annerls. Von Brentano wurden beide zu einer Novelle verschmolzen, und zwar so, daß der einheitliche Bezug im Gehalt und in der formalen Gestaltung meisterhaft hergestellt wurde, obwohl in der Gliederung der Brentano-Novelle die ursprüngliche Trennung noch erkennbar bleibt[20].

Mit diesem Hinweis auf die Entstehung der Novelle aus ursprünglich isolierten Lebensläufen ist bereits einiges zum Aufbau gesagt: Das Werk ist nicht einsträngig erzählt, sondern in mehrere Handlungsstränge aufgefächert; zunächst in die beiden schon genannten Geschichten der beiden Titelhelden des Werkes. Dazu kommt die Geschichte von der Liebschaft des Herzogs mit der Schwester eines seiner Offiziere; auch diese wenigstens im Ansatz ein novellistisches Gebilde; schließlich die in sich abgerundete Rahmenhandlung mit dem Dichter und der Großmutter des Kasperl als Hauptfiguren, wobei Rahmen- und Innenhandlung insofern pragmatisch ineinander gefügt sind, als die Alte unlösbar in das Leben der beiden Hauptgestalten verflochten ist und der Dichter am Ende versucht, in das Schicksal Annerls in letzter Stunde einzugreifen. Man kann die Deutung der Novelle auf eine Interpretation der Rahmenhandlung und der Geschichte von Kasperl und Annerl beschränken. Was am Ende vom Herzog berichtet wird, ist nur in Andeutungen wiedergegeben; nicht ganz zum Vorteil des Werkes, da bei der Vielzahl der Ereignisse und Personen der Leser in Gefahr gerät, auf Strecken hin die Orientierung zu verlieren. Für das pragmatische Verständnis der Novelle mag auch dieser Teil wichtig sein, künstlerisch ist er die am wenigsten gelungene Partie der Dichtung.

Näher an die künstlerische Substanz des Werkes kommt man heran, wenn man die Aufmerksamkeit darauf richtet, in welcher Weise der Dichter die beiden Lebensgeschichten zu einer Novelle verschmolzen hat. Die Antwort auf diese Frage zu geben, ist nicht schwer, da C. Brentano die Entsprechungen thematisch und sprachlich so scharf wie möglich herausgearbeitet hat. Beider Dasein, das Kasperls und das Annerls, sind von dem Wunsch getragen, das Leben der Forderung der Ehre entspre-

chend zu führen und zu gestalten. Darum geht das Wort „Ehre" leitmotivisch durch die ganze Darstellung hindurch, in der die Alte dem
Dichter von dem Schicksal der beiden Hauptgestalten zu erzählen weiß.
So kann der Vorgesetzte des Kasperl das vorbildliche Ehrgefühl seines
Untergebenen rühmen. So geht es in dem Gespräch Kasperls mit Vater
und Stiefbruder um die Ehre. Um nichts anderes kreist dann die von
Kasperl berichtete Geschichte von dem französischen Unteroffizier, den
man zwang, einen Soldaten zu züchtigen, und der, da er die Befolgung
eines solchen Befehls als ehrlos empfand, sich das Leben nahm. Und als
dann Kasperl, zu Hause angekommen, Vater und Bruder als Verbrecher
antrifft, geschieht es, daß er aus dem Leben scheidet, weil er nicht die
Ehrlosigkeit auf sich nehmen will, als Angehöriger von Dieben und Räu-
bern weiterleben zu müssen. Immer wieder zieht sich also der Bericht der
Alten in dem als Leitfigur wiederholten Wort von der „Ehre" zusammen; auch in dem Brief, den man nach dem Tode Kasperls als
Vermächtnis in seiner Brieftasche findet, fehlt dieses Wort nicht.

Nicht anders verhält es sich mit dem, was die Alte über Annerl berichtet.
Indem sie die Sorge ihres Verlobten um die Ehre als Verpflichtung
übernimmt, stellt sie auch ihr eigenes Dasein unter das Gebot, ihr Leben
in Ehre zu führen. „Da kriegte dann das Mädchen etwas ganz Apartes
in ihr Gesicht und ihre Kleidung von der Ehre."[21] So ist zwar die
Selbständigkeit der beiden Lebensläufe gewahrt, aber sie werden doch,
vor allem in der Form von Wortbrücken, in einer Weise koordiniert,
wie es dem streng zentrierenden Stil der Novelle entspricht.

Ein solches Streben, dem Anspruch der Ehre zu genügen, ist identisch
mit dem Willen, das Leben in Freiheit und sittlicher Verantwortung zu
gestalten. Das ist die eine Seite. Aber dann geschieht es, daß in beider
Dasein diese Absicht durchkreuzt wird, indem — kaum anders als in
den Tieckschen Novellen — dunkle Mächte so sehr Einfluß auf das Leben
gewinnen, daß sich ihnen gegenüber alles, was Freiheit und Würde des
Menschen ausmacht, als ohnmächtig erweist. Wiederum vermag der Dichter auch diesen Einbruch der Mächte in genauer Entsprechung beider
Lebensschicksale zu gestalten. Das geschieht so, daß die Alte von den
Träumen des Kasperl erzählt, in denen das spätere Verhängnis als bereits
geschehen vorweggenommen wird; Ausdruck dafür, wie verschwindend
der Spielraum der Freiheit in diesem Leben ist. So wie Kasperl im Traum
erfährt, daß alles Streben nach Ehre von Anfang an vergeblich ist, so
erlebt Annerl im Hause des Scharfrichters und bei der Hinrichtung des

Jägers, wie sinnlos und eitel ihre Versuche sind, ein Leben in humaner Würde und sittlicher Verantwortung zu führen.

Auch in diesen Partien zeigt sich, daß der Dichter nicht nur im Motivisch-Pragmatischen, sondern auch im Sprachlichen die Verspannung beider Lebensläufe herausarbeitet. Wie zuvor das Wort von der Ehre die sprachliche Verklammerung ermöglicht hatte, so gibt es auch da, wo von den Schicksalsmächten berichtet wird, so etwas wie eine Wortbrücke, die beide Stränge der Novelle verbindet. So begegnet uns in dem Text in bezug auf das Schicksal der beiden Hauptgestalten immer wieder der Satz: „Es hat mich mit Zähnen dazu gerissen." „Ach, Herr Rittmeister, es ist, als ob es mich mit den Zähnen nach Hause zöge." So Kasperl, als es ihn wider Willen nach Hause zwingt[22]. — „Es hat sie mit den Zähnen dazu gerissen." So die Alte, als sie von der Schuld Annerls spricht[23]. Kein Ausdruck wäre wohl geeigneter, das Ohnmächtige und Vergebliche allen Bemühens um Würde und Freiheit zu offenbaren, als diese Metapher.

Wenn man sich Rechenschaft über das zu geben versucht, was die Spannung dieser Novelle ausmacht, liegt es wiederum nahe, an Goethes Novellendefinition in den „Wahlverwandtschaften" zu denken. Denn auch in dem Werke Brentanos — nicht anders als in den zuvor interpretierten Novellen — ist es der Konflikt zwischen Freiheit und Schicksal, der auf diese Weise ausgetragen wird; zwischen dem Anspruch auf ein sinnhaft geführtes Dasein auf der einen Seite und der Übermacht der Schicksalsgewalten auf der anderen. Wenn man die Novelle so versteht, läßt es sich allerdings nicht vermeiden, die Frage zu wiederholen, die schon an die Tiecksche Novellendichtung gestellt wurde: Ist es wirklich ein Konflikt, der in dieser Novelle gestaltet ist? Ist es nicht vielmehr auch bei Brentano so, daß die beiden gegensätzlichen Daseinsmöglichkeiten zwar im Gegeneinander entfaltet werden, aber doch so, daß kaum von einem echten Konflikt gesprochen werden kann; geschweige denn, daß die Überwindung dieses Konfliktes — Überwindung im Sinne einer schöpferischen Koinzidenz — sich auch nur am Rande abzeichnete.

Man hat oft Zweifel geäußert, ob der Epochenbegriff „Romantik" tatsächlich eine einheitliche Bewegung zusammenfasse und decke. Was die romantische Novelle betrifft, ist diese Schwierigkeit nicht gegeben. Was sich bei Wackenroder, dem jungen Tieck und Brentano — und später in genauer Entsprechung zu den Vorgängern auch bei E. T. A. Hoffmann — darbietet, ist jedenfalls von einer erstaunlichen Einheitlichkeit; und zwar sowohl im Gehalt als auch in der novellistischen Struktur. Es war zu Beginn dieses Abschnittes angedeutet worden, daß Brentanos Novelle Größe und Grenze der Romantik in exemplarischer Weise deutlich zu machen vermöge. Die Größe der Romantik ist die Entbindung der Gegensätze des Seins in einer Kühnheit und auch in einer Rücksichtslosigkeit, wie sie zuvor unbekannt war; die Grenze der Romantik aber besteht darin, daß es offenbar nicht mehr möglich war, über die so aufgerissenen Spannungen hinweg zu einer Synthese überzeugender Art zu kommen. Diese Grenze zeigte sich bereits in der Berglinger-Novelle an. Nicht anders war es im ersten Band des „Phantasus". Von diesen epochalen Voraussetzungen ist auch der bisher interpretierte Teil der Brentano-Novelle zu verstehen.

Aber die Deutung ist mit den Hinweisen auf die Innenhandlung noch nicht abgeschlossen. Vor allem ist noch nichts über die Rahmenhandlung der Novelle ausgemacht; über jenen Teil, darin die Großmutter und der Dichter als Mittelpunktsfiguren erscheinen. Im Gegensatz zu der straffen Innenhandlung ist dieser Teil relativ locker gestaltet. Darin findet sich z. B. die breite Erörterung über die Stellung des Dichters in der Gesellschaft. Man liest dort Sätze, in denen die Fragwürdigkeit des Dichterberufes in einer Weise betont wird, daß man schon daran ermessen kann, wie weit sich die romantische Generation von der klassischen Überzeugung einer Einheit von Geist und Wirklichkeit entfernt hat; Sätze, die im Gegensatz zur klassischen Überzeugung Kierkegaards Bekenntnis von der Fragwürdigkeit des ästhetischen Bereiches vorwegzunehmen scheinen. In diesem Sinn sind sie aufschlußreich und haben große Bedeutung. Eine textbezogene Interpretation hat indessen nicht in erster Linie nach der geistesgeschichtlichen Bedeutung einer solchen Äußerung zu fragen, sondern vielmehr nach ihrem Stellenwert im Ganzen des Werkes. Wäre es denkbar, daß diese Partie aus der Novelle entfernt werden könnte, ohne daß damit der Werkzusammenhang verletzt würde? Die Frage läßt sich nur beantworten, wenn man die Rahmengeschichte als ein ebenso geschlossenes Handlungsgefüge versteht wie die Innenhandlung. Prüft man die Rahmengeschichte auf die Spannung der darin agierenden Gestalten, dann stößt man sehr bald auf einen Gegensatz, der eine deutliche Entsprechung zu dem des Innengeschehens verrät: Die eigentümliche Ruhe der Alten hebt sich befremdend von der flatternden Unrast ihres Gesprächspartners ab. Der allen Zufällen preisgegebene Erzähler — in jedem Zug an das erinnernd, was C. Schmitt von dem „Okkasionalismus" des romantischen Charakters zu sagen wußte[24] — befindet sich in tiefem Widerspruch zu der alten Bäuerin, deren Ruhe in einer jeder Beliebigkeit und Zufälligkeit schlechthin enthobenen Notwendigkeit begründet ist. Von da aus wird dann auch der Exkurs über die Dichterexistenz plötzlich sinnvoll und als unentbehrliches Element der Novelle begreifbar. In ihm spiegelt sich nicht nur die Fragwürdigkeit des romantischen Künstlertums im besonderen, sondern auch die Unfestigkeit eines allen Wandlungen preisgegebenen, jeder tieferen Notwendigkeit entfremdeten Charakters, so wie sich dieser in dem Gesprächspartner der Alten in exemplarischer Weise darbietet.

Diesem gegenüber scheint die Alte überzeugend groß und jedem Zweifel überlegen. Das jedenfalls ist der erste Eindruck, den man von ihr gewinnt. Ist aber dieser Eindruck tatsächlich gerechtfertigt? Von dem Dichter ist die alte Bäuerin als eine Gestalt konzipiert, deren Ruhe und Sicherheit in einer tiefen christlichen Gläubigkeit verwurzelt ist. Von dieser Gläubigkeit her empfindet sie das Ehrgefühl Kasperls als hybrid und übersteigert. So finden sich immer wieder Sätze in ihrem Bericht, die sich nur in christlichem Sinn deuten lassen. „Wenn ein Mensch fromm ist, und hat Schicksale, und kann beten, so kann er die paar armen Stunden wohl auch noch hinbringen."[25] Es scheint auch ins Christliche hinüberzuweisen, wenn sie die Schicksalsmächte, die zerstörend in das Leben Kasperls und Annerls eingreifen, als Einwirkungen satanischer Herkunft versteht. „Aber das hat seine Ursache, es hat sie mit Zähnen hingerissen, der Feind ruht nicht."[26] Man könnte also die Konzeption der Novelle so deuten, daß die Titelgestalten der zerstörerischen Einwirkung der dunklen Mächte unterliegen, weil sie mit ihrem übersteigerten Streben nach Ehre Schuld auf sich geladen haben. Vor allem aber scheint das Lied vom Jüngsten Tag, das als leitmotivische Figur in der Novelle immer wieder aufgenommen wird, eine christliche Deutung notwendig zu machen.

> Wann der Jüngste Tag wird werden,
> Dann fallen die Sternelein auf die Erden.
> Ihr Todten, ihr Todten, sollt auferstehn,
> Ihr sollt vor das Jüngste Gerichte gehn ..."[27]

Offenbar hat Brentano seine Gestalt in dieser Weise verstanden. Indessen, ist eine solche Konzeption glaubwürdig? Entspricht es der christlichen Tradition — Fragen dieser Art lassen sich nicht vermeiden —, wenn vor allem verantwortlichen Handeln die Möglichkeit eines solchen Handelns prinzipiell geleugnet wird? Entspricht es dieser Tradition, daß Dinge in magischer Weise Macht über den Menschen gewinnen, wie es vor allem im Umkreis Annerls geschieht? Ist eine solche Übermächtigung des Menschen nicht ein Hohn auf die Würde des Humanen? Kann man es aus der christlichen Tradition rechtfertigen, wenn die alte Bäuerin sich mit Mächten dieser Art identifiziert und jedes Aufbegehren als vermessen abweist? „,Pardon?' sagte die Alte kalt, ,es hat sie ja mit Zähnen dazu gezogen.'"[28] So lautet ihre Antwort auf das leidenschaftliche Bemühen des Dichters, Annerls Geschick noch in letzter Stunde zu wenden. Was hat es eigentlich mit dieser Kälte auf sich? Hat diese noch etwas mit einer Tradition zu tun, die mit der Entscheidungsfähigkeit des Menschen steht und fällt? Verrät sich hier nicht ein Einverständnis mit Mächten vorchristlich-dämonischer Art? Gerät von da aus die christliche Einkleidung der Novelle nicht in tiefste Fragwürdigkeit? Man könnte all das auf sich beruhen lassen, wenn nicht eine solche Umdeutung in das innerste Gefüge des Werkes eingriffe und am Ende auch das künstlerische Gelingen fragwürdig machte. Es war beiläufig darauf hingewiesen worden, daß die Rahmenhandlung einen Gegensatz entfaltet, der dem der Innenhandlung analog ist. Dort ist es der Gegensatz von Freiheit und Schicksal; hier der von Zufall und Notwendigkeit. Bei der Analyse der Innenhandlung war die Frage gestellt worden, ob dieser Gegensatz sich wirklich zu einem echten Konflikt verdichtet. Dieselbe Frage ist an die Rahmenhandlung zu stellen. Bleibt es nicht auch hier bei dem unversöhnten Gegeneinander? Noch genauer: Steht nicht am Ende die Kapitulation vor Schicksalsmächten, kaum anders, als es in der Innenhandlung der Fall war?

Das Werk Brentanos ist von zweifelloser Schönheit, wenigstens dem ersten Eindruck nach. Wenn man sich aber einmal von der ersten Faszination freigemacht hat, bleibt nach der Lektüre ein tiefes Befremden zurück, ähnlich wie die Novellen Wackenroders und Tiecks ein solches Befremden zurücklassen. Wiederum gerät man an das, was man üblicherweise als romantischen Pessimismus bezeichnet. Es ist nur die Frage, ob es mit dieser Klassifizierung getan ist. Daß es zur gleichen Zeit möglich war — nicht anders als in den Werken der romantischen Generation —, alle denkbaren Spannungen und Gegensätze des Seins in die Gestaltung hineinzunehmen und doch über sie hinaus zu einer Synthese von höchstem schöpferischen Rang zu gelangen, dafür sind die „Wahlverwandtschaften" Goethes ein Beispiel, an dem man wohl oder übel messen muß, was die romantische Bewegung künstlerisch versucht hat. Ob ihr Werk demgegenüber bestehen kann, nicht nur im Gehalt, sondern auch im künstlerischen Gelingen, ist zweifelhaft.

Vergleicht man das Gefüge der Brentano-Novelle auch hier mit der ursprünglichen Form der klassischen Novelle, dann stößt man sehr bald auf das Besondere des romantischen Erzählwerkes. Es sind vor allem zwei Formzüge, die dafür charakteristisch erscheinen: Erstens fehlt der Erzähler, der das Geschehen in seiner Mannigfaltigkeit zu einem einheitlichen Bericht zusammenzufassen und zu objektivieren vermag. Statt dessen sind es zumindest zwei Figuren — und zwar in ihrer Wesensart so gegensätzliche wie der Dichter und die Alte —, die sich in den Akt des Erzählens teilen. Es sind dies im übrigen auch Gestalten, die schon deshalb nicht das Vermögen der Objektivierung besitzen, weil sie als Rollenerzähler selber viel zu tief in das Geschehen verstrickt sind. Von da aus ist auch der zweite Formzug zu verstehen: das Übergewicht der szenisch-dramatischen Partien; eine Konsequenz, die, wie schon anläßlich der Analyse der Goethe-Novelle „Nicht zu weit" erörtert wurde, unvermeidlich ist, sobald die übergreifende Erzählerfigur aufgegeben wird. Denn in diesem Augenblick ist es nicht mehr möglich, die für den Erzählakt entscheidende Spannung wirklich zu entfalten. So ist es in der Brentano-Novelle — wie übrigens auch in der gleichzeitigen Novelle Hoffmanns: Mit dem Verzicht auf eine übergreifende Erzählhaltung wird das Geschehen selbst so übermächtig, daß es sich in dramatischer Unmittelbarkeit darbietet, wobei die szenischen Partien sich keineswegs nach dem Vorbild der klassischen Novelle auf Umschläge in der Handlung beschränken, sondern das Ganze regellos überwuchern.

E. T. A. Hoffmann

Fast zur gleichen Zeit wie Brentanos Novelle erschien 1814/15 die erste Novellensammlung des bedeutendsten der romantischen Novellisten. „Fantasiestücke in Callots Manier", eine Sammlung, von der einzelne Teile wesentlich früher entstanden sind. „Ritter Gluck", die erste Novelle des Dichters, war bereits 1809 veröffentlicht worden. Die Sammlung der „Fantasiestücke" enthält Novellen, die für das Schaffen des Dichters schon höchst charakteristisch sind: „Don Juan", „Die Abenteuer der Silvester-Nacht" und andere. 1817 erfolgte die Edition einer neuen Sammlung mit dem Titel „Nachtstücke". In dieser finden sich weitere Novellen, die den Ruhm des Dichters begründet haben. „Der Sandmann", „Die Jesuiterkirche in G.", „Das Majorat", um nur einige Titel zu nennen. Die letzte und wichtigste Novellensammlung Hoffmanns ist, anders als die beiden ersten Sammlungen, nach dem Vorbild des Tieckschen „Phantasus" mit einer durchgehenden Rahmenhandlung verbunden. Es sind jene Novellen, die der Dichter unter dem Titel „Die Serapions-Brüder" zusammengestellt hat. Sie wurden 1819—21 in 4 Bänden veröffentlicht und enthalten Novellen wie „Das Fräulein von Scuderi", „Rat Krespel", „Die Bergwerke zu Falun", „Der Baron von B." u. a. Dazu kommt dann noch eine Reihe von späten Erzählungen, die einzeln erschienen („Die Doppeltgänger", „Der Feind" u. a.).

Um die Eigenart der Hoffmannschen Novelle zu verstehen, empfiehlt es sich, mit einer Analyse der 1813 entstandenen „D o n J u a n"-Novelle zu beginnen. Über das Erstlingswerk „Ritter Gluck" hinaus begreift diese Novelle alles in sich, was für den Gehalt und die novellistische Struktur der Hoffmannschen Erzählkunst charakteristisch ist.

Oft ist darauf hingewiesen worden, in welch eigentümlicher Weise der romantische Dichter das Libretto da Pontes und damit vermutlich auch die Musik Mozarts in der Konzeption seiner Novelle umgedeutet hat. Diese Umdeutung betrifft zunächst die Mittelpunktsgestalt der Oper, vielleicht aber noch stärker die Figur der Donna Anna, und in Konsequenz dessen die des Don Ottavio. Sie ist so aufschlußreich, daß man von ihr aus Eingang in das Werk des romantischen Dichters gewinnen kann. Wiederum ist es jene Faszination des „Elementarischen", die in der Novelle wirksam wird, jener Zug also, den Goethe in dem schon oft zitierten Gespräch als das Neue und zugleich Befremdende im Lebensgefühl der ihm nachfolgenden Generation bezeichnete.

Die Wertperspektive der Mozart-Oper ist die einer religiös-gebundenen Sittlichkeit. In dieser erscheint Don Juan, fern aller Überhöhung ins Dämonisch-Absolute, als der Frevler und Bösewicht. Und im Einklang damit erscheint Donna Anna als die getreue Tochter, die nichts anderes im Sinn hat, als den von ihr gehaßten Mörder ihres Vaters zu bestrafen. Anders bei E. T. A. Hoffmann! Hier ist Don Juan aus dieser Perspektive des Ethischen ins Tragisch-Übermenschliche gerückt. „In Don Juans Gemüt kam durch des Erbfeindes List der Gedanke, daß durch die Liebe, durch den Genuß des Weibes, schon auf Erden das erfüllt werden könne, was bloß als himmlische Verheißung in unserer Brust wohnt, und eben jene unendliche Sehnsucht ist, die uns mit dem Überirdischen in unmittelbaren Rapport setzt."[29] Eine solche Überhöhung der Titelgestalt hat dann mit einer Art von innerer Notwendigkeit die Umdeutung der Donna Anna zur Folge; sie führt auch in diesem Fall aus der Sphäre des Ethischen ins Tragische hinüber. „Donna Anna ist, rücksichtlich der höchsten Begünstigungen der Natur, dem Don Juan entgegengestellt. So wie Don Juan ursprünglich ein wunderbar kräftiger, herrlicher Mann war, so ist sie ein göttliches Weib, über deren reines Gemüt der Teufel nichts vermochte."[30]

Von diesen Voraussetzungen her muß begriffen werden, was sich in der Novelle ereignet. Wo immer eine solche Steigerung ins Tragisch-Absolute vollzogen wird, da geht davon jene übermächtige Anziehung aus, der sich keiner verschließen kann. Eine solche aber — auch in diesem Fall bietet sich wieder der von Staiger geprägte Begriff der „Hingerissenheit" an — wird wirksam, kaum daß die ersten Akkorde der Ouvertüre erklungen sind. Und es sind nicht nur die Darsteller auf der Bühne, die dieser Anziehung erliegen; auch der Erzähler — der also, der sich in der Novelle als „reisender Enthusiast" vorstellt — gerät alsbald in den Bann der Musik. Diese Steigerung ins Tragisch-Große hat aber auch eine zweite Konsequenz. Wie immer im Umkreis des Unbedingten, ist es auch hier nicht so, daß die Erlebenden in den Schranken und Grenzen ihrer Individualität eingeschlossen bleiben. In dieser Verzauberung geschieht es vielmehr, daß die Fremdheit und Trennung zwischen denen ein Ende findet, die in das Spielfeld des Absoluten gerückt sind. Von da aus ist es zu verstehen, daß — wiederum mit einer Gewalt, die kein Sich-Draußen-Halten und keinen Vorbehalt duldet — die Sängerin und der Enthusiast als die in das Geheimnis des Absoluten Eingeweihten in einer Weise zueinander finden, für die Hoffmann das Wort „Somnambulismus" zur Verfügung hat; seit Schubert der romantische Begriff für ein solches elementares Verständigtsein. Kaum daß der erste Auftritt der Donna Anna beendet ist, finden sich beide in der Loge zusammen, in der der Erzähler der Oper beiwohnt. „So wie der glückliche Traum das Seltsamste verbindet, und dann ein frommer Glaube das Übersinnliche versteht, und es den sogenannten natürlichen Erscheinungen des Lebens zwanglos anreiht: so geriet ich auch in der Nähe des wunderbaren Weibes in eine Art Somnambulism, in dem ich die geheimen Beziehungen erkannte, die mich so innig mit ihr verbanden, daß sie selbst bei ihrer Erscheinung auf dem Theater nicht hatte von mir weichen können."[31] So auch das Bekenntnis der Donna Anna in genauer Entsprechung zu dem des Enthusiasten: „Aber du — du verstehst mich: denn ich weiß, daß auch *dir* das wunderbare, romantische Reich aufgegangen, wo die himmlischen Zauber der Töne wohnen!"[32] Es ist in allem wie in Wackenroders Novelle, in der zum ersten Mal die Thematik der Kunst so gestaltet wurde, daß sie zum Medium der Daseinsvollendung wird. Auch da war die Übermächtigkeit der Entrückung und ekstatischen Steigerung am Werk; auch da herrschte die Sehnsucht und Hoffnung, im Zeichen des Absoluten über alle Schranken der Fremdheit und Einsamkeit hinauszukommen.

Das ist die erste Übereinstimmung zwischen beiden Novellen der Romantik. Aber damit erschöpft sich das Gemeinsame nicht. Was für die romantische Bewegung charakteristisch erscheint, ist der Vorstoß ins Unbedingte; ein Vorstoß, der in seiner Maßlosigkeit jede Fühlung mit dem Kreatürlich-Bedingten hinter sich läßt. Was aber dann für diese als ebenso entscheidend angesehen werden muß, ist der Umstand, daß sich am Ende diese Maßlosigkeit rächt. Wer so wie Berglinger und die Helden Hoffmanns die Grenzen der Endlichkeit mißachtet, dem bleibt die Stunde nicht erspart, da er am Ende doch wieder an diese Grenze gerät, wobei dann aber diese Endlichkeit in demselben Grade verzerrt erlebt wird, in dem man zuvor geglaubt hatte, blind alle Grenzen durchbrechen zu dürfen.

Damit ist aber die Analyse der Novelle bei einem zweiten Ansatz der Interpretation angelangt. So wie die Sängerin der Donna Anna und der reisende Enthusiast den Augenblick erleben, da die Schranken der Endlichkeit und der Individualität niederfallen, so erleben sie auch, vergleichbar der Novelle Wackenroders, den Umschlag des Enthusiasmus in das Grauen der Unerlöstheit. Die Sängerin, indem für sie die Stunde höchsten Glückes zur Stunde der Angst und des Todes wird; der Enthusiast, indem er, aus dem Zauberreich der Musik hinaustretend, nicht nur das geistlose Geschwätz an der Wirtstafel erleben muß, sondern auch am Ende an jene grausig fratzenhafte Tafelrunde gerät, an der man mit größter Selbstgefälligkeit den Tod der Sängerin erörtert.

„Gespräch des Mittags an der Wirtstafel, als Nachtrag:

Kluger Mann mit der Dose, stark auf den Deckel derselben schnippend: Es ist doch fatal, daß wir nun so bald keine ordentliche Oper mehr hören werden! aber das kommt von dem häßlichen Übertreiben!

Mulatten-Gesicht: Ja ja! hab's ihr oftgenug gesagt! Die Rolle der Donna Anna griff sie immer ordentlich an! — Gestern war sie vollends gar wie besessen. Den ganzen Zwischenakt hindurch soll sie in Ohnmacht gelegen haben, und in der Szene im zweiten Akt hatte sie gar Nervenzufälle!

. . .

Ich: Um des Himmels willen — die Zufälle sind doch nicht von Bedeutung? wir hören doch Signora bald wieder?

Kluger Mann mit der Dose, eine Prise nehmend: Schwerlich, denn Signora ist heute morgens Punkt zwei Uhr gestorben."[33]

Mit guten Gründen hat W. Kayser in seiner Untersuchung über das Groteske E. T. A. Hoffmann ein wichtiges Kapitel gewidmet[34]. An Figuren dieser Art kann man nachprüfen, unter welchen Voraussetzungen und in welcher Weise die Stilform des Grotesken für den romantischen Dichter bedeutsam wurde. Kayser hat herausgearbeitet, daß in dem Grotesken eine höchste Form in eine ebenso extreme Formwidrigkeit umschlägt; in diesem Sinne sind die Gestalten der Tafelrunde beispielhaft für einen solchen Umschlag. Man könnte die letzte Partie der Novelle auf sich beruhen lassen. Mit einer solchen Deutung würde man aber die Intention des Dichters gründlich verfehlen. Denn was sich in diesen Gestalten als Verzerrung anbietet, ist die genaue und notwendige Antwort auf das, was zuvor geschehen war. Wenn der romantische Enthusiasmus, statt die Endlichkeit auszuweiten und zu erlösen, diese verrät, dann weist das Groteske auf das hin, was in diesem Verrat von jedem Bezug zu Form und Gestalt ausgeschlossen wurde.

Man kann die Analyse des „Don Juan" nicht abschließen, ohne daß man auf die novellistische Form des Werkes zu sprechen kommt. Das ist gerade in diesem Fall unerläßlich, da die Novelle Hoffmanns zwar in der Formtradition der romantischen Novelle steht, aber diese in einer Weise radikalisiert, daß eine Darstellung der Geschichte der Novelle diesem Dichter schon deshalb besondere Aufmerksamkeit schenken muß. Vergleicht man die Struktur dieser Novelle mit dem zuvor interpretierten Werk Brentanos, dann bieten sich sofort Parallelen an: die für beide Dichtungen gleiche Bedeutung des Dialogs und der Szene. Wenn man, um eine Vergleichsmöglichkeit herzustellen, sich noch einmal daran erinnert, welche Funktion die Szene in der klassischen Novelle hatte, dann ist das Andersartige der romantischen Novelle doppelt spürbar. Anläßlich der Formanalyse der Prokurator-Novelle hatte Trunz darauf hingewiesen, daß in der Gestaltung des Handlungszusammenhangs von der Szene nur dann Gebrauch gemacht wurde, wenn Wendungen in dem Geschehen darzustellen waren. Eine solche Begrenzung gilt nicht mehr für die romantische Novelle. Schon bei der Formanalyse der Brentano-Novelle war darauf hinzuweisen, daß in ihr die Szene sich weder auf Wendepunkte im Geschehen beschränkt, noch dem Bericht als der eigentlich novellistischen Grundform untergeordnet bleibt. Ein solcher Übergang vom Epischen zum Dramatischen ist auch bei Hoffmann zu beobachten; nur eben in viel radikalerer Form, als es bei Brentano der Fall war. Ob hier Einflüsse direkter Art im Spiel sind, ist nicht nachzuprüfen. Wichtiger ist im übrigen der epochale Zusammenhang; d. h. jene Gemeinsamkeit des

Erlebens und der Erfahrung, wie sie für die romantische Generation über individuelle Einflüsse hinaus im Ganzen formend und bestimmend war.

Immerhin begann die Brentano-Novelle mit der traditionellen Form des Berichts. Der „Don Juan" setzt unmittelbar mit einer szenischen Partie ein; ein Einsatz, auf den der Dichter auch in späteren Werken zurückkommen wird. Welche Bedeutung eine solche Ablösung des Berichtes durch die Szene hat, wurde schon im Brentano-Kapitel angedeutet. Was der Bericht in einem epischen Werk zu leisten hat, wurde des öfteren berührt: In jedem Fall bietet er die beste Möglichkeit, das Geschehen in strenger Gegenständlichkeit darzustellen und zu objektivieren, so daß der Erzähler gehalten ist, sein Betroffensein von den Ereignissen so wenig wie möglich offenbar werden zu lassen. Wenn aber an die Stelle des Berichtes in einer so weitgehenden Form, wie es bei Hoffmann geschieht, die Szene tritt, ist diese Wandlung darin begründet, daß der Erzähler sich in einem Maß in die Erschütterung der handelnden Gestalten verliert, daß er darüber seine vermittelnd-objektivierende Funktion aufgibt[35]. Diese Neigung, das Geschehen in dramatischer Unmittelbarkeit lebendig zu machen, ist im übrigen bei Hoffmann so exzessiv, daß er selbst die üblichen Regieanweisungen ausspart.

„„Aber was, um Himmelswillen, soll die konfuse Musik da neben mir bedeuten? gibt es denn ein Konzert hier im Hause?"

„Ew. Exzellenz" — (ich hatte mittags an der Wirtstafel Champagner getrunken!) „Ew. Exzellenz wissen vielleicht noch nicht, daß dieses Hotel mit dem Theater verbunden ist ..."

„Was? — Theater? — Fremdenloge?"" [36]

Von da aus ergibt sich der eigentümliche Aufbau der Novellenhandlung. Es gibt kein Kontinuum eines einheitlichen Handlungsberichtes mehr. Prüft man daraufhin die „Don Juan"-Novelle, dann erkennt man, wie der Dichter zwar versucht, sich von Mal zu Mal zum Bericht zu zwingen, diesen Handlungsbericht aber dann wieder rasch auflöst, um entweder in die dramatische Form szenischer Partien überzugehen oder aber — ähnlich wie in der Berglinger-Novelle — in Redeformen subjektiv betrachtender Art das Geschehen durchzureflektieren.

Wie bei Wackenroder spielt auch in der Novelle E. T. A. Hoffmanns daher die Form des Briefes eine große Rolle: Im „Don Juan" in jener unter dem Titel „In der Fremdenloge 25" eingefügten Partie dieser Novelle, in der der reisende Enthusiast seinem Freunde von seinen Erlebnissen berichtet, und zwar — wie nach der Charakterisierung des

Hoffmannschen Novellentypus zu begreifen ist — nicht in kühl besonnener Darlegung, sondern auch hier mit der Neigung, den Freund unter Aufgabe jeder Distanz in das Geschehen in ähnlicher Weise hineinzuziehen, wie zuvor die Distanz zwischen dem Erzähler und den handelnden Gestalten ekstatisch aufgelöst wurde.

Einer solchen Auswahl der Redeformen entspricht im übrigen der Sprachstil in einer sehr genauen Korrespondenz. Hubert Ohl charakterisiert den Stil der Novelle in folgender Weise: „Soll diese Sprache allgemein gekennzeichnet werden, so wird man vor allem auf ihren übersteigerten Charakter hinweisen müssen: Es fehlt ihr weitgehend jene ruhige, den Abstand zu den Dingen wahrende Besonnenheit, die wir als das Kennzeichen der Erzählkunst überhaupt empfinden. Es ist im Gegenteil die äußerste Erregtheit, die sich in dieser Sprache kundtut und die jede überlegene Umsicht weitgehend unmöglich macht."[87] Unter den Stilzügen, die für Hoffmanns Sprache besonders charakteristisch sind, scheinen für die „Don Juan"-Novelle zwei besonders wichtig zu sein: Erstens die Ausdrucksfunktion, die das verbale Element im ganzen dieses Stils hat. Zweitens die Bedeutung, die dem Epitheton zugeordnet ist. — Wie immer bei Hoffmann sind es vor allem die bewegungsintensiven Verben, die den Stil prägen[38]. Dazu fügt sich ein zweiter Stilzug: die auffallende Vorliebe des Dichters für das Partizipium Präsentis. Man nehme als Beispiel folgenden Satz: „In dem Andante ergriffen mich die Schauer des furchtbaren, unterirdischen regno all pianto; grausenerregende Ahnungen des Entsetzlichen erfüllten mein Gemüt. Wie ein jauchzender Frevel klang mir die jubelnde Fanfare im siebenten Takte des Allegro; ich sah aus tiefer Nacht feurige Dämonen ihre glühenden Krallen ausstrecken."[39] In Satzgebilden solcher Art ist das Ruhende in völlige Bewegung aufgelöst, und zwar in eine Bewegung, die in ihrer Mächtigkeit und in ihrer Intensität alles in ihren Sog hineinzuzwingen vermag und auf diese Weise jede Distanz zwischen den Dingen und dementsprechend jede Differenz zwischen dem Betrachter und der Welt als nicht mehr gültig ansieht.

Einen entsprechenden Ausdruckssinn hat das Epitheton in der Prosa Hoffmanns. Wenn neben dem Partizipium Präsentis — von dem Dichter mit Vorliebe in attributiver Form gebraucht — auch reine Adjektive erscheinen, dann fast ausnahmslos solche, die superlativischen Charakter haben und zugleich damit auf die sachlich-charakterisierende Funktion verzichten, um statt dessen die Wirkung auf den Betrachter zum Ausdruck zu bringen. Es sind dies Attribute, die uns von Tieck und Brentano her vertraut sind und auch jedem Kenner der Hoffmannschen Sprache geläufig erscheinen: herrlich, sonderbar, unheimlich, seltsam, entsetzlich usw. Auch in ihnen kommt zum Ausdruck, wie in dieser Sprache — in genauer Entsprechung zum Gehalt — die Tendenz vorherrschend ist, im Drang zum „Elementarischen" hin die Verantwortung gegenüber der Gestalt preiszugeben und der Erschütterung den Vorbehalt und die verantwortliche Kontrolle der Person zu opfern. Es ist wie in der Berglinger-Novelle: auch da herrscht ein Sich-Preisgeben an Mächte transzendenter Art; nur daß in der Prosa Wackenroders sprachliche Hingerissenheit weniger im verbalen Stil realisiert wird als vielmehr in tropischen Wendungen, die dem Umkreis des Elementarischen entnommen sind. Im übrigen wird von Wackenroder das Epitheton ähnlich gebraucht wie bei E. T. A. Hoffmann. Diese Betonung des Emotionalen ist übrigens ein Stilzug, der für die Erzählhaltung aller romantischen Dichter bis hin zu Eichendorff wichtig ist. Welche anderen Stilelemente ferner für die Prosa der Novelle prägend sind, kann hier nicht im einzelnen erörtert werden. Sie alle aber weisen ausnahmslos in jene zuvor charakterisierte Richtung. Ob es sich um die Vorliebe für den Pleonasmus handelt oder um die Neigung, von Aussagesätzen in Kürze wieder in Frage- und Ausrufesätze überzugehen, in allen Fällen ist der Mangel an Besonnenheit und Maß zu erkennen, der dem ganzen Stilzusammenhang seine Eigenart gibt.

„Don Juan" ist die erste der Novellen, in denen der Dichter das Motiv des Künstlertums und vor allem das der Musik gestaltet hat. Im folgenden Schaffen kehrt er mit Vorliebe zu dieser Thematik zurück. So läßt sich zeigen, in welchem Maße die künstlerisch-musikalische Begabung Hoffmanns auch für sein literarisches Schaffen fruchtbar geworden ist. Eines hat den Dichter — vielleicht in der Nachfolge Wackenroders — tief ergriffen: die Überzeugung, daß die Kunst das Vermögen besitze, die Schranken des Bedingten niederzulegen und damit den Zugang zum Zauber der Schönheit zu eröffnen. So ist nicht nur im „Don Juan", sondern auch in andern Novellen eine letzte Leidenschaft am Werk, die mit einem Male die Daseinsnot und Kümmerlichkeit des Wirklichen überwinden will; beginnend mit den frühen Novellen, in etwas anderer Stimmungslage im „Artushof" und in der „Fermate", vor allem aber in der späteren „Jesuiterkirche in G.", im „Rat Krespel", im „Baron von B." und anderen.

Aber wie sich schon im „Don Juan" das Schöne als tiefgefährdet, ja als trügerisch erweist, so ist es auch in den anderen Künstlernovellen. In all diesen Werken wiederholt sich so der gleiche Vorgang: Eine höchste künstlerische Vollendung wird erstrebt, man sucht die Wahrheit und das tiefste Geheimnis der Dinge zu enthüllen, und das Ergebnis dieses Bemühens ist von einer grausigen Nichtigkeit und wie ein Hohn auf diesen letzten Anspruch. So will der Baron von B. aus der Geige das letzte Geheimnis der Klangschönheit und Klangfülle herausholen, und in Wirklichkeit ist es nur ein schnarrender Mißton, den er ihr entlockt. Ähnlich findet sich dieser Vorgang in anderen Novellen des Dichters abgewandelt, schon im „Ritter Gluck", später im „Rat Krespel", in der „Jesuiterkirche in G." und in anderen. Immer geht es dabei um nichts anderes als um die Ohnmacht des Wesens in der Wirklichkeit. Weit entfernt von der Möglichkeit, daß das Leben in dieser Auseinandersetzung mit den Mächten der Vollendung reifer und weiter würde, ist es bei E. T. A. Hoffmann am Ende noch ärmer und trostloser.

Wenn sich auf diese Weise schon innerhalb der Künstlernovellen der Umschlag von der höchsten Vollendung zur letzten Unfreiheit und Wesenlosigkeit ereignet, dann überrascht es nicht, daß dieses Thema der Unfreiheit und der Unerlösbarkeit sich innerhalb der Novellistik Hoffmanns oft genug verselbständigt hat und in einer eigenen Motivreihe, abgelöst von der Thematik des Schönen, künstlerisch verwirklicht wird. Umkreisen die Künstlernovellen — wenigstens ihrer ursprünglichen Intention nach — die Freiheit zum Unbedingten und zur Daseinsvollendung, so gestalten die durch die gegensätzliche Thematik zusammengeschlossenen Novellen in unverkennbarem Einklang mit dem Schaffen Brentanos den Bann jener dunklen Schicksalsmächte, die den Menschen in einen inhumanen Zwang hinein verflechten. In diesem Sinn ist das von dem Dichter oft gestaltete Automatenmotiv zu verstehen, so das ebenso oft berührte Geheimnis des Magnetismus, so das Motiv des Wiedergängertums, das der Anziehungskraft der Elemente, das Motiv des bösen Blicks, das der Besessenheit durch fremde Gewalten, das Motiv des Bildzaubers, des Vampyrismus und andere. Welche Novellen es auch sind, die thematisch von daher bestimmt werden — der „Sandmann", „Das Majorat", „Die Bergwerke zu Falun", „Der unheimliche Gast", „Das Fräulein von Scuderi", um nur einige der bedeutendsten herauszugreifen —, sie alle spielen auf die eine Erfahrung an: die Überwältigung des Menschen durch die Tiefe und damit das Übermaß jenes Grauens, das in genauer Entsprechung steht zu der Maßlosigkeit des Glücks, so wie es in den Künstlernovellen gesucht wird.

So gesehen, wird auch die Hoffmannsche Novelle zur geeigneten Form, in der sich die Möglichkeit anbietet, den romantischen Enthusiasmus und die romantischen Ängste zu gestalten. Es liegt in der Konsequenz dieser gegensätzlichen Erfahrungen, wenn Hoffmanns Novelle — in Entsprechung zu Jean Paul — immer wieder auf ein Motiv zurückkommt, das die Bezuglosigkeit des Glückes und des Grauens in der zugespitztesten Form in sich einbegreift: das Motiv des Doppelgängertums. Einigermaßen oberflächlich gestaltet in der Novelle „Die Doppeltgänger"; in dem ganzen Umfang der damit verbundenen Problematik zu Ende geführt in den „Elixieren des Teufels". Im übrigen ist es auch da zum wenigsten potentiell gegenwärtig, wo das Doppelgängertum nicht im eigentlichen Sinn motivisch konkretisiert ist, aber doch als drohende Möglichkeit erfaßbar wird. In der Wahl und Entfaltung dieses Motivs aber kommt in besonderer Zuspitzung und Schärfe zum Ausdruck, worin der Zwiespalt der romantischen Bewegung im Letzten begründet ist: Diese hat zwar die Größe und die Gebrechlichkeit des Menschen in einer Spannungsweite entfaltet, wie es nur in der nachklassischen Phase möglich war. Es ist aber diesen Dichtern, wie schon einmal betont, nicht gelungen, über das unversöhnte Gegeneinander der Daseinspole zu einer neuen Möglichkeit der Einbegreifung zu gelangen.

Es wird im folgenden zu zeigen sein, daß auch Heinrich von Kleist zwar mit dieser Erfahrung des Doppelgängertums beginnt, daß aber der künstlerische Rang Kleists darin begründet ist, daß es ihm gelingt, über die schizophrene Spaltung hinauszukommen. Wie Heinrich von Kleist, auf dieser Voraussetzung aufbauend, auch eine neue Form der Novelle begründet hat, wird im nächsten Kapitel zu verfolgen sein.

In welcher Weise diese Aufspaltung auch in der Novellistik Hoffmanns vorgetrieben wird, sei abschließend noch einmal an einem besonders instruktiven Beispiel gezeigt, nämlich an der Novelle „D a s   F r ä u l e i n   v o n   S c u d e r i" aus den „Serapions-Brüdern". Hier arbeitet Hoffmann mit einem großen Aufgebot von Personen und Ereignissen; aber von alledem bleibt, auch wenn man Hoffmanns Vermögen, diese Vielfalt auf eine bestimmte Thematik hin zu zentrieren, zu bewundern bereit ist, nur eine Gestalt im Gedächtnis: die des Goldschmieds Cardillac. Dementsprechend ist auch die Kernpartie der Novelle jene Stelle, darin Olivier Brusson in dem großen Gespräch mit der Scuderi von dem Bekenntnis berichtet, in dem Cardillac dem Verlobten seiner Tochter Einblick in den Gang seines Lebens gewährt und seine Verbrechen zu rechtfertigen sucht. In der Reihe der Gestalten Hoffmanns ist Cardillac eine der offenbarendsten. In seinem Bekenntnis werden die Linien zu Ende gezogen, die in anderen Novellen oft ins Unbestimmte entgleiten. Auch in dieses Leben spielt die Hoffmannsche Problematik des Künstlertums hinein, nicht so bestimmt wie in den schon genannten Novellen, aber doch erkennbar genug. Von frühesten Erlebnissen geleitet, fühlt sich Cardillac immer zu

Gold und Juwelen in einer solchen Weise hingezogen, daß sie über ihn eine Gewalt gewinnen, gegen die er sich nicht mehr zu wehren vermag. Indem er sich ihnen vorbehaltlos — d. h. ohne den Vorbehalt der Person — hingibt, gerät er an das Geheimnis ihres Wertes und ihrer Kostbarkeit, so daß er dank dieser Hingabe ein Goldschmied von höchster Begabung wird. Aber all das geschieht in einer Weise, die es nahelegt, den Begriff des Zaubers und der Magie hier heranzuziehen. Wer immer — so wie Cardillac in dieser Novelle — auf diesem Wege Zugang zu dem Geheimnis der Dinge sucht, für den bleibt es nicht aus, daß er mit ihrer Kostbarkeit zugleich den Zwang erfährt, der von ihnen ausgeht. Und so wird alsbald offenbar, daß Cardillacs künstlerischer Tätigkeit, so genial und außerordentlich sie scheint, das abgeht, was wahres Schöpfertum auszeichnet: die Überlegenheit und Herrschaft über das, was das Gold und die Edelsteine mit ihrer Schönheit zugleich an gefährlicher Faszination ausstrahlen[40]. Cardillac gelingt das Kunstwerk, aber das Werk und das kostbare Material des Werkes läßt ihn nicht mehr frei. Ob er will oder nicht, er muß ihm nachgehen bis er seiner wieder habhaft wird; diese Nötigung hat zur Folge, daß er am Ende den mordet, für den er zuerst den Schmuck gearbeitet hat.

In der „Don Juan"-Novelle ist in dem Brief des Enthusiasten an den Freund in bezug auf die Gestalt des Don Juan die Rede davon, daß göttliche und dämonische Mächte zugleich ihr Besitzrecht auf den Menschen anmelden. Dasselbe gilt für Cardillac. Auch seine Existenz steht von Anfang an in dem Hoffmannschen Zwiespalt und so in der Zweideutigkeit von Genialität und Destruktion. Indem er an der Größe und Seinsmächtigkeit der Dinge schrankenlos teilzunehmen begierig ist, muß er eine solche extreme Form der Teilnahme damit bezahlen, daß er seine Freiheit an das verliert, was in den Dingen nicht nur kostbar, sondern auch unerlöst und, wenn man will, selbstisch und egozentrisch ist.

Wenn wahres Künstlertum die Überwindung dieser Zweideutigkeit in sich einbegreift, wenn das Gelingen des Kunstwerkes die Einfügung des Dämonischen und Selbstischen in die Synthese des Göttlichen einschließt, dann gehört zu Cardillacs Existenz im Gegensatz dazu der Dualismus und das unversöhnte Gegeneinander des Göttlichen und des Dämonischen.

Daß es sich so verhält, wird von Cardillac am Ende ausdrücklich bestätigt. Denn nicht anders ist der ungeheuerliche Satz zu verstehen, in dem er sich seines guten Gewissens unmittelbar nach den Mordtaten rühmt. „Dies getan fühlte ich eine Ruhe, eine Zufriedenheit in meiner Seele, wie sonst niemals. Das Gespenst war verschwunden, die Stimme des Satans schwieg.

Nun wußte ich, was mein böser Stern wollte, ich mußte ihm nachgeben oder untergehen."⁴¹ Das Verbrechen ist also das für das künstlerische Gelingen zu entrichtende unvermeidliche Opfer an den Abgrund, nicht etwas, das der Verantwortung des Menschen aufgebürdet werden kann.

„Gestehen kann ich wohl, daß eine tief innere Stimme, sehr verschieden von der, welche Blutopfer verlangt wie ein gefräßiges Raubtier, mir befohlen hat, daß ich solches tue [nämlich der Scuderi als der Verkörperung der Tugend und Frömmigkeit selbst seinen schönsten Schmuck zu verehren — d. V.]. — Manchmal wird mirs wunderlich im Gemüte — eine innere Angst, die Furcht vor irgend etwas Entsetzlichem, dessen Schauer aus einem fernen Jenseits herüberwehen in die Zeit, ergreift mich gewaltsam. Es ist mir dann sogar, als ob das, was der böse Stern begonnen durch mich, meiner unsterblichen Seele, die daran keinen Teil hat, zugerechnet werden könne."⁴²

Das Zwanghafte und Unfreie des Geschehens wird noch durch jenes Ereignis verschärft, mit dem Cardillac — über das Gesagte hinaus — sich zu entlasten versucht: jenes Versehen der Mutter in der Begegnung mit dem in Gold und Juwelen gekleideten Kavalier, ein Versehen, das sein Leben und Schicksal in die vorbestimmte Bahn zwingen sollte. „Weise Männer sprechen viel von den seltsamen Eindrücken, deren Frauen in guter Hoffnung fähig sind, von dem wunderbaren Einfluß solch lebhaften, willenlosen Eindrucks von außen her auf das Kind."⁴³ So ist Cardillac nach E. T. A. Hoffmann zu verstehen. In solcher Zerrissenheit und Zweideutigkeit erscheint sein Tun. Ob man ihn vom Ethischen oder vom Metaphysischen her deutet, immer gerät man an diesen Dualismus, der zu verstehen ist als die letzte Konsequenz des romantischen Dualismus überhaupt. Nach dem, was zuvor zu „Don Juan" und den anderen Künstlernovellen Hoffmanns gesagt wurde, ist es kein Zufall, daß eine solche Gestalt in diesem Werk erscheint. Wie in dieser Gestalt, so stehen in den Künstlernovellen, wie oben dargelegt, immer die höchste Form und die Formwidrigkeit in unversöhntem Gegensatz zueinander. Man kann bei Cardillac nicht im streng-motivischen Sinn vom Doppelgängertum sprechen; die existentielle Voraussetzung indessen, die Möglichkeit ist auch hier nahegelegt, und es empfiehlt sich, von daher auch diese Figur zu verstehen.

Der Titel der Novelle lenkt die Aufmerksamkeit des Lesers auf das Fräulein von Scuderi; offenbar weil sie als eine Gestalt ausersehen war, die, gefeit gegen den Zauber der Dinge, die Überwindung dessen leisten sollte, was in Cardillacs Verbrechen als die Macht des Abgrundes offenbar geworden ist. Eine solche Lösung in die Novelle hineinzunehmen, war die Absicht des Dichters. Indessen decken Absicht und Gelingen sich in diesem Werk nicht. Für einen solchen Anspruch ist die Gestalt der Scuderi zu substanzlos, gelegentlich sogar von einer Nichtigkeit, die man mehr als einmal albern und banal zu nennen versucht ist. Vom Pragmatischen her gesehen, lenkt sie zwar alles zum Guten, sie schützt Olivier vor dem Tod und führt die Liebenden am Ende zusammen; von der Zeichnung der Gestalt her wird sie unglaubwürdig. Weder sie noch Madelon, ganz zu schweigen von Olivier, reichen auch nur von ferne in jene Dimensionen hinein, in denen Cardillac zu existieren genötigt ist. In dieser Beziehungslosigkeit ist, sofern man das Werk als Ganzes nimmt, die innere Schwäche der Novelle begründet. Auch an dieser Stelle ist es so, daß der Bereich des Heiligen und der des Dämonischen sich nicht verschränken; und nicht nur das ist charakteristisch, sondern auch die Tatsache, daß dem romantischen Dichter die Zeichnung des Dämonischen besser gelingt als die des Heiligen.

Versucht man, am Ende der Interpretation angekommen, auch hier das Werk von der novellistischen Struktur her zu verstehen, dann gerät man an dieselbe Unstimmigkeit. Beide Teile der Novelle, der, in dessen Mittelpunkt die Scuderi steht, und die Geschichte Cardillacs, sind nicht überzeugend verflochten. Das im einzelnen zu belegen, ist an dieser Stelle nicht nötig.

Man kann allerdings nicht davon absehen, im Zusammenhang der interpretierten Novelle auf ein Strukturelement zu verweisen, das nicht nur für diese Novelle Hoffmanns, sondern für zahlreiche Novellen der Romantik höchst charakteristisch ist: auf den Aufbau des Werkes, der — das ist zunächst zu betonen — im strengsten Sinn analytisch ist. Mit Recht hat man die Novelle vom Schema der Kriminalgeschichte her gedeutet[44]. Dieses Schema bestimmt nicht nur die zentrale Handlung, sondern auch die Eingangspartien der Novelle, jene, die über den Zustand des Paris Ludwigs XIV., die Mordtaten des Italieners Exili und zahlreiche andere Gestalten berichten. Vor allem aber der Aufbau der Cardillac-Handlung selbst hat den dem Schema der Kriminalgeschichte entlehnten Rhythmus von Verrätselung und Auflösung bzw. Schein-Auflösung. So ist schon der Eingangsteil der Handlung gestaltet, darin die nächtliche Erscheinung des Unbekannten im Hause der Scuderi berichtet wird; darauf — nach dem eingefügten Teil über die Pariser Zustände — all das, was sich um die rätselhaft-unheimliche Gestalt Cardillacs zusammenzieht; des weiteren die Verhaftung des der Mordtaten verdächtigen Olivier als irreführende

Lösung, schließlich das Bekenntnis Cardillacs, in dem endlich das Rätsel gelöst wird.

Eberhard Lämmert hat unter den möglichen Rückwendungen im epischen Werk auch auf jene hingewiesen, die er die „auflösende Rückwendung" nennt. „Ihrer Stellung nach bildet sie einen Teil des Erzählungs-Schlusses oder bereitet diesen vor. Durch die Aufdeckung bisher ungekannter Ereignisse oder Zusammenhänge oder durch die Aufklärung eines bislang in der Erzählung noch rätselhaft gebliebenen Geschehens löst sie die Knoten der Handlung auf, glättet die Konflikte oder macht sie begreiflich. Ein entlarvender Charakter kennzeichnet sie zumeist."[45] Mit Recht weist der Verfasser darauf hin, daß vor allem das Schema des Kriminalromans am Ende sich in einer solchen Rückwendung zuspitzt. Was auf diese Weise von Lämmert herausgearbeitet wird, gilt auch für den Aufbau der „Scuderi"-Novelle. Cardillacs Bekenntnis ist als eine solche „auflösende Rückwendung" zu verstehen; auflösend im Sinne der Enträtselung dessen, was zwielichtig und zweideutig war.

Es ist schon angedeutet worden, daß dieses Schema der Kriminalnovelle mit der auflösenden Rückwendung am Ende nicht nur bei Hoffmann, sondern in der Novellistik der gesamten Romantik bedeutsam wurde. Entscheidende Elemente dieses Schemas sind schon bei Tieck nachweisbar. Auch Brentanos Novelle läßt oft daran denken. Clemens Lugowski hat gezeigt, wie dasselbe Schema für die Novellistik wie für die Dramatik Kleists an mehr als einer Stelle bedeutsam wurde[46]. Von den Novellen sei der „Zweikampf" genannt, in dem dieses Schema besonders deutlich herausgearbeitet ist. Warum ein solcher Aufbau gerade die Epoche der Romantik anzog, ist nach dem bisher Gesagten nicht schwer zu begründen. Voraussetzung dafür ist der Umstand, daß gerade in den beiden Generationen der Romantik das eindeutige Menschen- und Weltbild der vorbildlichen Ordnungen sich aufgelöst hat und zwielichtig geworden ist; ein Umstand, der als die soziologische Voraussetzung dessen zu begreifen ist, was bisher als metaphysische Voraussetzung und Zweideutigkeit herausgearbeitet worden ist. Was bisher verläßlich schien, gerät in diesen Zwiespalt und in diese Unzuverlässigkeit. Nicht umsonst erscheinen im Anfange der „Scuderi"-Novelle gerade Angehörige des Adels und des Klerus in dieser Zweideutigkeit: Marquisen, Kardinäle, Herzöge; so wie es auch nicht ohne Zufall in der Kleist-Novelle „Die Marquise von O." ein Angehöriger des hohen Adels ist, dessen Existenz sich als zweideutig erweist. Mit anderen Worten: Es sind in allen Fällen gerade die Träger der alten Ordnung, die sich als fragwürdig herausstellen.

Einen solchen Zwiespalt zu gestalten, dafür erwies sich das Schema der Kriminalgeschichte als besonders geeignet. Darum ist die Vorliebe der romantischen Novellistik gerade dafür verständlich. Denn wie es sich auch im einzelnen verhält, die Kriminalgeschichte arbeitet immer mit diesem Motiv der Zweideutigkeit: Einer, der nach außen als ein geachteter Bürger lebt, ist in Wirklichkeit der lang gesuchte Verbrecher. Um dieser Thematik der Zweideutigkeit willen wird die Kriminalgeschichte für eine Epoche aktuell und bedeutsam, die nicht an der Tatsache vorbeigehen kann, daß sich die Zuverlässigkeit bisher gültiger Ordnungen als trügerisch erwiesen hat. Und vor allem ist es kein Zufall, daß gerade E. T. A. Hoffmann mit diesem Schema arbeitet; also jener Novellist der Romantik, dessen gesamtes Oeuvre um nichts anderes kreist als um die Thematik der Zweideutigkeit.

Im übrigen werden auch hier jene anderen Aufbauelemente wichtig, über die schon im Zusammenhang des „Don Juan" gesprochen wurde. Auch in der „Scuderi"-Novelle ist die Tendenz vordringlich, weniger das Faktum als die menschliche Betroffenheit und Erschütterung herauszuarbeiten. Dieser Tendenz dient — nicht anders als im „Don Juan" — der Vorrang szenischer Partien vor der Grundform des Berichtes; ihr dient aber auch diese für die romantische Novelle typische Form einer Erzählhaltung, in der das subjektiv-emotionale Element bis zum Extrem betont wird. Ein Satz aus dem „Fräulein von Scuderi" möge als Beispiel für viele stehen: „Manchmal wird mir wunderlich im Gemüt — eine innere Angst, die Furcht vor irgend etwas Entsetzlichem, dessen Schauer aus einem fernen Jenseits herüberwehen in die Zeit, ergreift mich gewaltsam."[47] Wenn es gilt, diesen Stil zu charakterisieren, muß vor allem dieses hervorgehoben werden: Auch hier schildern die Worte nicht einen Tatbestand in seiner objektiven Spannung, sie sind vielmehr wie in der Novellistik Tiecks und Brentanos Ausdruck der gesteigerten Subjektivität. Sie lassen eine äußerste Erregtheit spüren, vor allem aber die wehrlose Offenheit der Angst und dem Grauen gegenüber.

Eingangs dieses Abschnittes war schon angedeutet worden, daß Hoffmann — im Gegensatz zu den beiden ersten, die Novellen lose aneinander-reihenden Sammlungen — „Die Serapions-Brüder" in zyklischer Form darbot und in einer Rahmenhandlung eine lebendige Gesprächssituation zu schaffen suchte. Man kann den Abschnitt über die Novellistik Hoffmanns nicht abschließen, ohne sich zu fragen, wie diese zyklische Form gestaltet ist. Der Zyklus war — um das Wichtigste vorwegzunehmen — nicht von Anfang an als ein einheitliches Werk konzipiert. Es verhält sich damit wie mit Tiecks „Phantasus", von dem Hoffmann, seinem eigenen Bekenntnis zufolge, sehr stark beeinflußt ist. Wie die einzelnen Teile des Tieckschen „Phantasus", so sind auch die meisten der Serapiontischen Novellen zuvor einzeln veröffentlicht worden. Für die „Serapions-Brüder" hat Hoffmann außer den Rahmengesprächen nur die Novellen „Serapion", „Die Bergwerke zu Falun", die „Spukgeschichte", den Text „Vampirismus" und das Märchen „Die Königsbraut" verfaßt. Es war erst der Verleger Riemer, der 1818 dem Dichter den Vorschlag machte, diese zahlreichen Erzählwerke in einem Zyklus zu vereinigen; ein Vorschlag, der sein inneres Recht in dem Umstand hatte, daß diese Novellen und Märchen fast ohne Ausnahme innerlich durch dieselbe Thematik geprägt sind.

E. T. A. Hoffmann hat — über diese Gemeinsamkeit hinaus — versucht, das Ganze von Rahmen und Novellen noch stärker und ausdrücklicher auf einen Bezugpunkt hin zu sammeln; und zwar durch jenes „Prinzip", von dem der Zyklus seinen Namen bekommen hat, das serapiontische. Bei dem ersten Zusammentreffen jener Freunde, die als Gesprächspartner in die Rahmenhandlung eingeführt werden, erzählt einer von ihnen die Geschichte des Grafen P. Dieser, ein geistreicher Mann und begabter Diplomat aus angesehener Familie, wird plötzlich von dem Wahn befallen, er sei jener Einsiedler Serapion, der unter Kaiser Decius in die Thebaische Wüste zog und den Märtyrer-Tod erlitt. Den Besuchern seiner Einsiedelei erzählt er von seinen Begegnungen mit längst verstorbenen geschichtlichen Persönlichkeiten und von seinen Erlebnissen, so wie es nur der geistreichste, mit der feurigsten Phantasie begabte Dichter vermag. Abgesehen von seinen Wahnvorstellungen und deren unmittelbaren Folgen, ließen sich keinerlei Zeichen geistiger Verrückung an ihm erkennen. Er konnte sich geistreich unterhalten und führte ein „heitres ruhiges mit Gott versöhntes Leben"[48]. Auf diese Weise wird für den Grafen sein Wahnsinn zum Quell eines höheren Lebens, das an Tiefe und Reichtum die Wirklichkeit weit hinter sich läßt. So etwa lautet die Erzählung von Serapion.

Es bedarf keiner Begründung dafür, daß auch hier wiederum die Thematik der Zweideutigkeit im Spiel ist. Daraus erklärt sich die Wahl dieser Legende. Man muß allerdings hinzufügen, daß das serapiontische Prinzip zu undifferenziert ist, um die Vieldeutigkeit der zahlreichen Novellen und Einlagen zu umgreifen. Der Begriff der „Duplizität" bleibt zu sehr im Formalen. Aber der Zyklus hat noch andere Schwächen. Ohne künstlerische Notwendigkeit hat Hoffmann z. B. musikwissenschaftliche Abhandlungen und einige andere Erörterungen in dieses Rahmengespräch hineingenommen. An das Charakteristische dieser Rahmenhandlung kommt man stärker heran, wenn man, wie schon bei der Analyse des „Phantasus", die Aufmerksamkeit weniger auf die Handlung denn auf die Gesprächspartner selbst richtet. Die Serapionsbrüder, die diese Gespräche in der Rahmenhandlung führen und die Novellen erzählen, sind Glieder eines Freundeskreises, die jahrelang durch herzliche Liebe und durch künstlerisches Streben innig verbunden gewesen sind, dann aber durch die stürmischen Zeitereignisse auseinandergerissen wurden und sich nach zwölfjähriger Trennung zum erstenmal wieder treffen. Im folgenden wird von sieben Zusammenkünften berichtet. Das achte und letzte Freundestreffen schließt mit der Ahnung der Freunde, daß sie vielleicht abermals auf längere Zeit oder sogar für immer voneinander getrennt werden könnten. Sie erinnern sich noch einmal der gemeinsam verbrachten Serapionsabende, deren Andenken in ihrer Seele fortleben wird, und trennen sich mit dem Gelöbnis, die Regel Serapions treu zu bewahren.

Was die gesellschaftliche Herkunft dieses Freundschaftskreises betrifft, so ist es aufschlußreich, daß man von dem äußeren Leben dieser Freunde fast nichts erfährt. Es ist wie in der Rahmenhandlung Tiecks. Auch bei Hoffmann fehlt die gesellschaftliche Verwurzelung. Bindungslos und gegen die bürgerliche Enge ihres Lebens sich auflehnend, lassen die Figuren Hoffmanns, kaum anders als die der Tieckschen Rahmengeschichte, den Alltag hinter sich, um sich ungehemmt in das zu verlieren, was in diesem bürgerlichen Alltag ausgeschlossen ist: die Dimension der Vollendung und des Abgrundes.

An dieser Stelle ist wiederum der entscheidende Unterschied zwischen Goethe und der romantischen Generation zu erkennen. Vieles hat der alte Goethe mit der Romantik gemein; vor allem die Erfahrung des Dämonischen, und zwar in der Weise, daß es auch bei Goethe in der Zweideutigkeit von Schöpfung und Zerstörung, von Fülle und Leere erscheint; aber wenn Goethe an die Erfahrung des Dämonischen gerät, dann unterläßt er es niemals, sich an das zu erinnern, was im Umkreis der Gesellschaft und in dem geistigen Erbe geeignet ist, der Verwirrung und Unzuverlässigkeit des Dämonischen zu begegnen. So leben die Gestalten aus den Rahmenhandlungen der „Unterhaltungen" im Schutz einer feudalen Vergangenheit. So stehen die Novellen der „Wanderjahre" in polarer Ergänzung zu jenen Partien des Romans, in denen, im Gegensatz zur Verletzung des Maßes, an letzte Normen im kosmischen und humanen Sinn erinnert wird.

Wenn es in den Rahmenhandlungen Goethes darauf ankam, auf diesen wechselseitigen Bezug des Dämonischen und des Humanen zu achten, so wird man in den „Serapions-Brüdern" ein solches Bemühen, beides zu verschränken, vergeblich suchen. Die Entsprechung zu Tiecks „Phantasus" ist unverkennbar. Auch ohne daß der Dichter in dem Vorwort an den Tieckschen Zyklus als Anregung und Vorbild erinnert hätte, würde sich dem Interpreten das Gemeinsame der beiden Novellensammlungen aufdrängen. Es ist dieselbe seelische Situation, die als Voraussetzung für das Verständnis dieser merkwürdigen Rahmengespräche gelten muß, eine Situation, für die — ähnlich wie bei Tieck — der Zweifel an der Selbstmächtigkeit und an dem souveränen Schöpfertum des Menschen kennzeichnend ist. Nicht nur die in dem Verlauf des Zyklus erzählten Novellen, auch die Gespräche des Rahmens bewegen sich fast ausschließlich dort, wo menschliche Freiheit in Gefahr ist, entmündigt zu werden zugunsten der Mächte der Höhe und Tiefe. So spielen die Gespräche wie bei Tieck beunruhigt um seelische Vorgänge, die jenseits der Kontrolle des Bewußtseins verlaufen, und man hat immer wieder Grund, im Zusammenhang mit der Rahmenhandlung der „Serapions-Brüder" an Tiecks „Phantasus" zu erinnern. Auch darin greift Hoffmann auf Tieck zurück, daß er innerhalb des Rahmens Parallelerzählungen zu den einzelnen Novellen berichten läßt. Auf diese Weise verwischen sich in diesem Zyklus — noch weit über Tieck hinaus — ständig die Grenzen von Phantasie und Realität, von Innengeschehen und Rahmen. So begegnet, um ein Beispiel herauszugreifen, dem Versuch, das grausige Geschehen der Cardillac-Handlung auf das zu nichts verpflichtende Gebiet der phantastischen Inspiration abzuschieben, der Hinweis, daß sich ähnliche Dinge mitten in der greifbaren Gegenwart ereignet hätten; und von diesen wird in einer Parallelgeschichte berichtet. Wie bei Tieck ist auch hier die Neigung erkennbar, daß sich auch die Konturen der alltäglichen Wirklichkeit zu verwischen beginnen, um so jeden Grund der Sicherheit zu unterhöhlen.

Achim von Arnim

Arnims novellistisches Werk ist an Umfang und Wirkung im Vergleich zu dem E. T. A. Hoffmanns gering. Dazu kommt, daß sich darin manches Willkürliche findet. Trotzdem kann eine Geschichte der deutschen Novelle an diesem Dichter nicht vorbeigehen. Zumindest zwei seiner Novellen müssen als Erzählwerke hohen Ranges gelten; auch in dem Sinn, daß sie an künstlerischer Qualität zahlreichen Novellen Hoffmanns überlegen sind. Das gilt vor allem für die durch einen Aufsatz von Heinrich

Henel[49] in ihrer Bedeutung erschlossene Novelle „Die Majoratsherren"
und für die zwei Jahre früher entstandene Dichtung „Der tolle Invalide
auf dem Fort Ratonneau"; beide sind in Gesinnung und Form so verschieden, daß man zunächst daran zweifeln könnte, daß es sich um Werke
ein und desselben Verfassers handelt.

Beginnt man die Lektüre des „T o l l e n I n v a l i d e n", so vermittelt —
im Vergleich etwa zu dem „Don Juan" Hoffmanns — schon die Sprache
und die Erzählhaltung einen von diesem sehr verschiedenen Eindruck. Im
Gegensatz zu Hoffmanns Novelle ist Arnims Werk ausgezeichnet durch
einen sehr beherrschten und souveränen Erzählstil. Überlegenheit und
Ergriffenheit, Ironie und Ernst, Ferne und Nähe sind genau ins Gleichgewicht gebracht. Bericht und Beschreibung — die letztere in einer der
Novelle angemessenen Proportion — behalten die Führung. Jedenfalls
verliert sich der Erzähler nicht in dem Maße in die Erschütterung, wie
es gewöhnlich in Hoffmannschen Novellen geschieht. Die Emotionalität ist in diesem Stil weithin gebändigt und objektiviert. Man könnte an
den Stil Kleists denken, müßte allerdings dabei berücksichtigen, daß in
Arnims Stil die Spannung Kleistischer Prosa fehlt. Seine Periode ist
gegenüber Kleists Neigung zur straff gefügten und auf das Äußerste an-
gespannten hypotaktischen Sprachform lockerer, so daß trotz der Neigung zur Periodenbildung das Nebeneinander der einzelnen Satzglieder
stärker betont wird als die Verschränkung. Man prüfe daraufhin den einleitenden Satz der Novelle: „Graf Dürande, der gute alte Kommandant
von Marseille, saß einsam frierend an einem kalt stürmenden Oktober-
abende bei dem schlecht eingerichteten Kamine seiner prachtvollen Kom-
mandantenwohnung und rückte immer näher zum Feuer, während die
Kutschen zu einem großen Balle in der Straße vorüberrollten, und sein
Kammerdiener Basset, der zugleich sein liebster Gesellschafter war, im
Vorzimmer heftig schnarchte."[50] An ähnliche Stiltendenzen gerät man,
wenn man auch den Aufbau und die innere Fügung der Novelle in Betracht zieht. Dieser Aufbau ist ganz auf die gewissenhaft durchgeformte
Spannung von Rahmenhandlung und Innenhandlung abgestellt. So ist die
Rahmenhandlung beherrscht von der glänzend gezeichneten Gestalt des
alten Kommandanten, der zwar mit seiner skurrilen Freude am Feuerwerk
das Unheil heraufbeschwört, aber mit seiner kindlich-leichtfertigen Gemütsart auch die Güte und Großzügigkeit verbindet, die Voraussetzung
und Gewähr dafür sind, daß die Schwierigkeiten und Konflikte der
Novellenhandlung von außen, d. h. von der Gesellschaft und den gesetzlichen Instanzen her, ein gutes Ende finden. In entsprechender Weise

dominiert in der Innenhandlung Rosalie, die Frau Francoeurs, jene, die ebenso von innen her, d. h. durch ihre Opferbereitschaft und ihre vorbehaltlose Liebe, den Fluch in Gnade wandelt, wie der Kommandant das Seine dazu beiträgt, daß Francoeur von Strafe freibleibt. Auf diese Weise entspricht die gelöst-humorvolle Atmosphäre der Rahmenhandlung — von Anfang an durch die Episode von dem angebrannten Holzbein aufgelockert — dem Ernst der Innenhandlung; aber doch so, daß sich der Kommandant und Rosalie bei aller Verschiedenheit der Lebensalter und des persönlichen Engagements mühelos zu verständigen vermögen; vor allem weil beide, jeder in seiner Art, gütige und liebende Menschen sind. Von da aus gerät man auch bei der Analyse des Aufbaus an jenes Zugleich von Entspannung und Gespanntheit, von Heiterkeit und Ernst, darin die Vollkommenheit des Werkes begründet ist. Die Kernpartie der Novelle verdichtet sich motivisch in dem Fluch der Mutter. Indem sich Rosalie mit dem hilflosen Francoeur verbindet, zieht sie den Unwillen der Mutter auf sich und auf den Geliebten. „Sie wollte mich fortreißen, aber er hielt mich fest und sagte ihr: daß wir verlobt wären, ich trüge schon seinen Ring. Wie verzog sich das Gesicht meiner Mutter; mir war's, als ob eine Flamme aus ihrem Halse brenne, und ihre Augen kehrte sie in sich, sie sahen ganz weiß aus; sie verfluchte mich und übergab mich mit feierlicher Rede dem Teufel."[51] Benno von Wiese hat in seiner Interpretation der Novelle darauf aufmerksam gemacht, daß sich die Erwähnung des Teufels leitmotivisch durch die ganze Novelle zieht, Arnims Eigenart entsprechend bald ernst, bald ironisch-spielerisch, im letzten aber so, daß die Ironie nicht den Ernst auslöschen soll[52]. An dieser Stelle berühren sich im übrigen, allen Unterschieden zum Trotz, die beiden Novellen vom „Tollen Invaliden" und den „Majoratsherren" in der Weise, daß damit gerechnet wird, daß der Mensch, zwischen gute und böse Mächte gestellt, zur Entscheidung aufgerufen ist. Allerdings sind die metaphysisch-mythologischen Elemente in der zweiten Novelle wesentlich schärfer herausgearbeitet als in dem „Tollen Invaliden".

Mit dem Motiv des Fluches und in der Weise, wie Arnim den Fluch deutet: nämlich als Preisgabe eines Menschen an satanische Mächte, steht der Dichter in deutlichem Zusammenhang mit der Novellenkunst der Romantik. In dieser Beziehung verhält es sich nicht anders als in den Novellen Brentanos und Hoffmanns: Die Handlung empfängt ihren Antrieb von einem solchen Einbruch der dämonischen Gewalten. Und wie in den Novellen Hoffmanns mit dem Bereich des Dämonischen auch der des Heilen und Lichten gegenwärtig war, so auch in Arnims Novelle. Von da aus bekommt eine Partie der Novelle Gewicht, die man zunächst als unverbindlich anzusehen versucht ist, nämlich die Tatsache, daß bei der ersten Begegnung Francoeurs mit Rosalie diese dem Gefangenen Francoeur im Glanze des Heiligen erscheint. „Er wurde munter in den Augen" — so erzählt Rosalie dem Kommandanten — „und schwor mir, daß ich einen Heiligenschein um meinen Kopf trage. Ich antwortete ihm, das sei meine Haube, die sich im eiligen Bemühen um ihn aufgeschlagen. Er sagte: der Heiligenschein komme aus meinen Augen! Ach, das Wort konnte ich gar nicht vergessen, und hätte er mein Herz nicht schon gehabt, ich hätte es ihm dafür schenken müssen."[53]

Daß auch die Gestalten Hoffmanns in analoger Weise zwischen göttlichen und dämonischen Mächten stehen, davon war bei der Analyse des „Don Juan" und der „Cardillac"-Novelle schon die Rede. Aber zwischen Hoffmann und der Novelle Arnims gibt es einen entscheidenden Unterschied, in dem der höhere Rang des Arnimschen Werkes begründet ist: Das unversöhnte Gegeneinander der Mächte wird bei Arnim überwunden. Dies zeigt die bedeutungsvollste Partie des Werkes: Rosalies Opfergang am Ende der Novelle. In Hoffmanns Novelle, nicht anders als bei Tieck und Brentano, wird sichtbar, daß der Mensch den dunklen Mächten gegenüber ohnmächtig ist. Auch wenn Cardillac die Teilnahme an dem Dasein des Lichtes geschenkt ist, so hat ihn diese nicht zur Überwindung dessen ermächtigt, was die Dämonen in dieser Welt vermögen. Haltlos und ohne jede Möglichkeit des Widerstandes ist er trotz dieser Teilnahme seinen Ängsten verfallen. Nicht der Mensch ist es, der die Dämonen überwindet, die Dämonen sind es vielmehr, die von dem Menschen Anerkennung und Tribut fordern und auch empfangen. Anders in der Novelle Arnims. Hier bewährt sich der Mensch als der Stärkere. Dank ihrer Selbstlosigkeit überwindet Rosalie die Selbstigkeit des Dämonischen. Und so erweist sich ihre Liebe am Ende stärker als das, was in der Angst an Ichsucht und mangelnder Opferbereitschaft eingeschlossen ist. Auch Rosalie ist zunächst dem Zweifel und der Angst — und der damit noch ungelösten Selbstigkeit — ausgeliefert. In der entscheidenden Stunde aber, wo sie sich zum Opfergang anschickt, heißt es von ihr: „Es wurde ihr aber nicht mehr bange, eine Stimme sagte ihr innerlich, daß nichts untergehen könne, was diesen Tag bestanden, und ihre Liebe zum Manne, zum Kinde regte sich noch in ihrem Herzen, als sie ihren Mann vor sich auf dem Festungswerke stehen und laden, das Kind hinter sich schreien hörte; sie taten ihr beide mehr leid als ihr eigenes Unglück, und der schwere Weg war nicht der schwerste Gedanke ihres Herzens."[54]

Daß es unstatthaft ist, die Form der Novelle von diesem Gehalt zu lösen, braucht nicht mehr eigens betont zu werden. Wenn zuvor angedeutet wurde, an welcher Stelle sich Arnims Werk auch im Formalen von der Novellistik Hoffmanns unterscheidet — indem Arnim die Figur des Erzählers wieder in ihr Recht einsetzt, indem die Hingerissenheit des Erzählstiles zugunsten einer größeren Beherrschtheit und Objektivität überwunden wird, indem des weiteren der Humor eine Atmosphäre der Hoffnung und der Zuversicht ermöglicht — so ist die Voraussetzung und Basis einer solchen epischen Gestaltung jene humane Gesinnung, wie sie in der Zeichnung der beiden Hauptgestalten, des Kommandanten und der Frau, ebenso wie im Gang der Handlung zum Ausdruck kommt.

Einen Zugang zum „Tollen Invaliden" zu finden, bereitet keine Schwierigkeit. Komplizierter ist die Deutung der „Majoratsherren". Im Vergleich zum „Tollen Invaliden" scheint das Phantastisch-Irreale üppiger und unkontrollierbarer das Geschehen zu überwuchern. Dieser Eindruck besteht zu Recht. Er muß aber insofern eingeschränkt werden, als der Dichter auch in der zweiten Novelle das Phantastische, so eindringlich es auch in das Geschehen dieser Dichtung hineinspielt, von der Realität nicht löst, sondern — bei allem Wissen um die „serapiontische Duplizität" des Seins — an keiner Stelle die Überlegenheit und Kontrolle des Bewußtseins zu opfern bereit ist. So überraschend es klingt, auch die „Majoratsherren" unterscheiden sich von dem emotionalen Stil der bisher interpretierten Novellen der Romantik gerade durch das Klima der Besonnenheit und Mäßigung, und zwar nicht nur weil der Leutnant als Gegenspieler des Majoratsherrn konsequent das Recht des nüchternen und kritischen Verstandes vertritt, sondern auch durch den Umstand, daß die Liebenden ebenso genau zwischen Vision und Realität zu unterscheiden wissen. So in dem Gespräch zwischen dem Leutnant und dem Majoratsherrn unmittelbar nach dessen Ankunft, wo dieser davon spricht, daß ihm die Gabe zuteil geworden sei, mit einem „zweiten Augenpaar"[55] die Doppelbödigkeit der Dinge zu erkennen. Nur so war es im übrigen möglich, die Handlung in jener Konsequenz zu gestalten, wie es Henel in seiner Analyse herausgearbeitet hat, so daß sich das Ganze dieses Werkes als durchaus motiviert darbietet.

Wenn man die zunächst schwer entwirrbare Handlung in ihren wichtigsten Etappen zu klären versucht, ergibt sich folgendes Bild: *Erste Phase* im Gang des Geschehens: Die Ehe des schon bejahrten Majoratsherrn mit einer jungen Frau, von ihm in der Absicht geschlossen, den Vetter vom Erbe auszuschließen. *Zweite Phase:* Die Geburt einer Tochter,

Esther mit Namen. Daß diese nach der Geburt einem jüdischen Kaufmann übergeben wird, während der Majoratsherr den unehelichen Sohn einer Hofdame als eigenes Kind ausgibt, erweist sich als notwendig, damit ein männlicher Erbe zur Verfügung steht und der Vetter auch weiterhin von der Erbschaft ausgeschlossen bleibt. Dabei ist hinzuzufügen, daß dieser Vetter auch in der folgenden Zeit in das Geschehen verflochten ist, denn das unterschobene Kind stammt aus einer Verbindung der eben genannten Hofdame mit einem Kavalier, der dem Vetter in seiner Neigung für die Hofdame im Wege stand und den er deshalb, um ihn als Nebenbuhler zu beseitigen, im Duell getötet hat. *Dritte Phase:* Die Lebensschicksale der vier Personen nach dem Tode des alten Majoratsherrn. Hier die Hofdame und der Vetter in einem durch die Jahrzehnte unverändert währenden Verhältnis, in dem der Haß der Hofdame gegen den Mörder ihres Geliebten und das Sich-nicht-voneinander-lösen-Können der beiden in unseliger Weise verwoben sind; dort Esther und der junge Majoratsherr, die zu dieser Zeit noch getrennt sind und nichts voneinander wissen, weil dieser in der Fremde von entfernten Verwandten erzogen wird. So weit reicht die Exposition der Novelle.

Von diesen Lebensläufen ist nun in der Gegenwartshandlung die Rede. Erzählt wird in dem einen Handlungsstrang, wie die Hofdame nach wie vor an die Erinnerung an ihren getöteten Jugendgeliebten gebunden bleibt; wie ihre Existenz einzig auf den Willen reduziert ist, den Vetter für das zu strafen, was er ihr einmal angetan hat; wie sie ihn deshalb zu den niedrigsten Diensten zwingt, ohne je seine Werbung zu erhören. Erzählt wird im zweiten Handlungsstrang von Esther, wie sie im Hause des Juden heranwächst und von ihrem Ziehvater, ihrer Herkunft entsprechend, sorgfältig erzogen wird. Berichtet wird des weiteren, wie nach dessen Tod auf ihr Leben immer dunklere Schatten fallen; wie ein junger Fähnrich schmählich zugrunde geht, als er um sie wirbt; wie sie, dadurch in ihrer Lebenskraft gebrochen, immer stärker in die Gewalt ihrer Stiefmutter — der in der Novelle sehr wichtigen Figur der alten Vasthi — gerät und sich am Ende wehrlos und schon vom Tode gezeichnet mit einem herabgekommenen Händler verlobt. Dabei bleiben sich durch all die Jahre hindurch der Vetter und Esther wenigstens räumlich nahe, indem das Haus, das dieser bezogen hat, im Judenviertel liegt, unmittelbar dem Haus gegenüber, in dem Esther lebt.

Das etwa sind die Voraussetzungen, unter denen der junge Majoratsherr in das Geschehen eintritt. Am Anfang der Novelle erfährt man, daß er seine Ankunft in der Heimatstadt angekündigt und in dem Hause des

Vetters zu wohnen den Wunsch hat. So geschieht es, daß er und Esther
sich nahekommen. Diese Begegnung vor allem füllt den Inhalt des zweiten Handlungsstranges aus, der, wie gesagt, im Gegensatz zum ersten
gestaltet ist: Während die Hofdame und der Vetter zu Haß und Feind-
schaft verdammt sind, blüht die Liebe zwischen den beiden jungen Menschen auf. Während die Alten, unerlöst ins Diesseitige gebannt, dahin-
leben, besitzen Esther und der Majoratsherr die Verbindung mit einer
höheren Welt. Dank dieser Gabe ist es dem Majoratsherrn von Anfang
an möglich, den Trug des Schicksals zu erkennen. Zu Esther hingezogen,
durchschaut er alsbald ihre wahre Herkunft. Indessen, so sehr beide um
den schicksalshaften Ernst ihrer Liebe und um ihre Zusammengehörigkeit
wissen, kann es doch zu keiner Verbindung im Hier und Jetzt kommen. Statt dessen erklärt sich Esther bereit, aus Mitleid jenen armseligen
Händler zu heiraten; Zeichen dafür, wie willenlos sie dahinlebt, un-
fähig, ihre eigene Bestimmung zu verwirklichen. Der Tag aber, da
diese Hochzeit stattfinden soll, ist zugleich ihr Todestag, wobei der
Tod durch Vasthis Würgegriff beschleunigt wird. Der Majoratsherr eilt
hinüber in das Sterbezimmer und gibt sich am Bette der Geliebten selbst
den Tod. Das ist das Schicksal der Liebenden.

Nach dem Tode des Majoratsherrn fällt das Majoratshaus an den Vetter,
der jetzt nach jahrzehntelangem Werben das Jawort der Hofdame zur
ehelichen Verbindung empfängt. Daß dieses Jawort den Haß und die
Rachsucht der Hofdame nicht gemildert hat, zeigt die Endphase der
Novelle. Gnadenlos diesem Haß verfallen, leben sie noch einige Zeit.
Ihr Tod fällt in die letzten Jahre der Französischen Revolution.

Der letzte Hinweis des Erzählers ist vor allem aus der geschichtlichen
und gesellschaftlichen Perspektive des Dichters zu verstehen. Was sich
zwischen den vier Hauptgestalten der Dichtung abgespielt hat, ist —
über den Zufall des Individuellen hinaus — gleichnishaft für den Zustand des ausgehenden ancien régime. Aufgespalten zwischen wahrem
und falschem Adel, zwischen Jenseitsflüchtigkeit und diesseitshöriger
Machtgier, erweist sich die ablaufende Zeit als nicht mehr lebensfähig.
Der Schluß der Novelle könnte nicht dunkler und pessimistischer sein.
Nachdem der Vetter und die Hofdame verstorben, erwirbt Vasthi durch
Begünstigungen der neuen Regierung das Majoratshaus und verwandelt
es in eine Salmiakfabrik. „So erhielt das Majoratshaus eine den Nach-
barn zwar unangenehme, aber doch sehr nützliche Bestimmung, und es
trat der Kredit an die Stelle des Lehnswesens.“[56] Daß diese Stelle in
schneidender Ironie hingeschrieben ist, ergibt sich aus dem dargebote-

nen Zusammenhang. So etwa ist in groben Zügen Gefüge und Gliederung der Handlung zu verstehen.

Verglichen mit der Novelle vom „Tollen Invaliden", sind „Die Majoratsherren" von einer verzweifelten Grundstimmung. Der romantische Pessimismus in seiner ganzen Verlorenheit hat hier Niederschlag gefunden. In der ersten Novelle wird der Bann des Schicksals gebrochen. In der zweiten besitzen die Menschen nicht mehr die Energie, um das Hier und Jetzt von der Herrschaft der dunklen Mächte zu befreien. Was sich im Umkreis der Geschichte und der menschlichen Wirklichkeit begibt, bleibt unerlöst. Im Grunde ist es nicht anders als im Zusammenhang der Hoffmannschen Cardillac-Gestalt: Wie Cardillac weiß auch der junge Majoratsherr, daß das Dasein des Menschen das Kampffeld himmlischer und dämonischer Mächte ist. Aber weder hier noch dort besitzt das Licht in seiner radikalen Jenseitigkeit die schöpferische Energie, um in das Dunkel des Dämonischen einzudringen und dieses aufzuhellen. Um so erstaunlicher ist die künstlerische Souveränität, mit der Achim von Arnim die Novelle gestaltet hat, eine Beherrschtheit, die Arnims Novelle von dem Hoffmannschen Novellenstil deutlich abhebt.

In einem allerdings gibt es eine formale Gemeinsamkeit zwischen Arnim und den Erzählern der Romantik: Wo immer die romantische Schicksalserfahrung in der Novellistik gestaltet wurde — und mit gutem Recht hat Josef Körner[57] auch die „Majoratsherren" als Schicksalsnovelle charakterisiert — tendiert diese, gemäß dem Determinismus des romantischen Schicksalsglaubens, zu einer analytischen Form der Gestaltung, in der also der Aufbau als eine Folge von Verrätselung und Auflösung gefügt ist. Eine solche ist auch charakteristisch für die „Majoratsherren", so wie sie für die „Cardillac"-Novelle charakteristisch war. Der erzählerische Einsatz erfolgt zu einem Zeitpunkt, da im Grunde das Geschick aller Beteiligten vorgezeichnet ist. Was in der Gegenwart geschieht, ist die unausweichliche Konsequenz dessen, was vorausgegangen. Dabei wird der Eindruck des Zwanghaften durch die sehr dichte Vorausdeutungstechnik unterstrichen. Im Schwalbenlied vor allem, dem wichtigsten Stilmittel aus dem Kreis der Vorausdeutungen, verdichtet sich die hoffnungslose Lage des Majoratsherrn und seine Ohnmacht, im Hiesigen Fuß fassen zu können.

> „Die Sonne scheinet an die Wand,
> Die Schwalbe baut daran;
> O Sonne, halt nur heute Stand,
> Daß sie recht bauen kann.

Es ward ihr Nest so oft zerstört,
Noch eh' es fertig war,
Und dennoch baut sie wie betört;
Die Sonne scheint so klar!
So süß und töricht ist der Sinn,
Der hier ein Haus sich baut; —
Im hohen Flug ist kein Gewinn,
Der fern aus Lüften schaut,
Und ging er auch zur Ewigkeit,
Er paßt nicht in die Zeit,
Er ist von ihrer Freudigkeit
Verschieden himmelweit."[58]

Joseph von Eichendorff

Den Abschluß des Kapitels über die romantische Novelle möge eine Darstellung der Novellendichtung Eichendorffs bilden. Die Gattungsform der Novelle beansprucht innerhalb des Gesamtwerkes dieses Dichters nicht den breiten Raum, den sie bei E. T. A. Hoffmann einnimmt. Sie steht zu stark im Schatten von Eichendorffs spezifisch lyrischer Begabung, als daß es erlaubt wäre, seine Novellistik in einer Geschichte der Entwicklung dieser Gattung allzu sehr in den Vordergrund treten zu lassen. Auf der anderen Seite hat die Eichendorffsche Novelle im Gehalt wie in der epischen Struktur — gerade durch die Nähe zum lyrischen Schaffen — so viel Eigenständig-Unverwechselbares, daß man sich ihr doch am Ende des Kapitels über die Novellenkunst der Romantik zuwenden muß.

Die Arbeit an den novellistischen Dichtungen zieht sich über das ganze Leben Eichendorffs hin. Nach fragmentarischen Entwürfen der Jugendzeit ist 1819 als erste Novelle „Das Marmorbild" entstanden. 1826 wurde „Aus dem Leben eines Taugenichts" in abgeschlossener Form veröffentlicht, 1830 „Eine Meerfahrt", 1837 ist das Erscheinungsjahr von „Das Schloß Dürande", 1839 das der „Entführung", 1841 hat der Dichter sein Novellenschaffen mit den „Glücksrittern" abgeschlossen.

Die Novellen bieten im ganzen gesehen kein einheitliches Bild. Das „Marmorbild" steht in literarhistorischem Zusammenhang mit den „Phantasus"-Novellen Tiecks. „Das Schloß Dürande" verleugnet kaum die Anregung, die Eichendorff von den Novellen Kleists empfangen hat. Im „Taugenichts" und in den „Glücksrittern" greift der Dichter auf Elemente der Picaro-Novelle zurück, sofern man bereit ist, Begriff und

Möglichkeit des Pikaresken mehr auszuweiten, als im streng historischen Sinn erlaubt ist. Es sind also sehr disparate Einflüsse, die Eichendorff in seinem Schaffen verarbeitet hat. Trotzdem ist es möglich, die Novellen bei aller Verschiedenheit der Herkunft und der Thematik unter einem bestimmten Gesichtspunkt einheitlich zu deuten.

Erstens ist der Zusammenhang mit der Romantik unverkennbar. Auf der anderen Seite verraten die Novellen die besondere Prägung Eichendorffs, selbst wenn man Werke von so disparater Eigenart zusammennimmt wie „Das Schloß Dürande" und den „Taugenichts".

Versucht man sich auf diese Weise in den Novellen Eichendorffs zurechtzufinden, dann liegt es im Rahmen einer historischen Darstellung nahe, auf das spezifisch Romantische an ihnen hinzuweisen. Vor allem eines verbindet den Dichter mit E. T. A. Hoffmann: Die Ergriffenheit von der „saelde" und die Faszination von der Möglichkeit einer gnadenhaften Steigerung und Erhöhung des Lebens. Schon von da aus ordnen sich die Novellen in eine einheitliche Perspektive ein. So ist in allen Erzählwerken ohne Ausnahme diese Bewegung des Transzendierens maßgebend, die Bewegung auf eine Ausweitung und Erhöhung gnadenhafter Art hin: die des Eros hin zur Vollendung des Schönen im „Marmorbild" und im „Taugenichts"; die Sehnsucht nach dem wahren Glück in der letzten Novelle; die Entscheidung für die Unbedingtheit der göttlichen Daseinsregion in der „Entführung". Selbst das zunächst einer solchen Deutung scheinbar widerstrebende „Schloß Dürande" ist nur von dieser Voraussetzung her begreifbar. Wenn diese Novelle um die Thematik des Adels kreist, dann deshalb, weil der Adel als jener Stand begriffen wird, dem — im ständischen Aufbau der vorrevolutionären Zeit — die besondere Verantwortung für die Dimension der Lebenshöhe und die Verantwortung für die hierarchische Ordnung zukommt. So gesehen wird auch für die Eichendorffsche Novelle, darin vergleichbar der Wackenroders und Hoffmanns, die Daseinsmöglichkeit, die den Durchschnitt in Frage stellt, bedeutsam; nur daß der Dichter die Vollendung weniger im Künstlertum erstrebt — diese Thematik entfaltet der Roman „Dichter und ihre Gesellen", vielleicht auch noch „Das Marmorbild" —, sondern vor allem in der Schönheit und in der Beseligung des Glückes. In dieser Weise verbindet sich also die Novellenkunst Eichendorffs mit der der Romantik. Dazu kommt eine zweite Gemeinsamkeit. Es ist nicht nur das Motivfeld der Gnade und der Erfüllung, aus der sich die Thematik der Novellen entfaltet; es ist ebenso die Zweideutigkeit jeder Art von Erfüllung, auf die der Dichter immer wieder zurückkommt. In diesem Sinn kann man auch bei dem Abschnitt über die Eichendorffsche Novelle von dem Goethe-Gespräch mit Boisserée ausgehen, wo diese Zweideutigkeit der romantischen Erfüllung in besonders prägnanter Weise herausgearbeitet wurde. Und wer geriete in den Novellen Eichendorffs nicht in einen solchen Zwiespalt? So kommt für die Gräfin Diana in der „Entführung" dieser Augenblick, wo sie schaudernd und voller Entsetzen begreift, was in ihrer Schönheit an Möglichkeit der Hybris eingeschlossen ist. Und die Thematik des „Marmorbildes" kann geradezu in exemplarischer Weise für das romantische Erlebnis der Zweideutigkeit stehen. Nicht anders ist Clarinet, der Held der „Glücksritter", von Anfang an genötigt, zwischen dem falschen und dem wahren Glück zu unterscheiden. Selbst in der im Vergleich zum „Marmorbild" so unbeschwert märchenhaften Atmosphäre des „Taugenichts" kehrte diese Thematik wieder.

Damit ist gesagt, was Eichendorff mit der Romantik gemeinsam hat. Mit gleicher Genauigkeit kann deutlich gemacht werden, wo das Eigene dieses Dichters beginnt. Mit E. T. A. Hoffmann ist Eichendorff verbunden durch die Einsicht in die Fragwürdigkeit jeder Erfüllung im Hiesigen. Während aber Hoffmanns Novelle bei der Erfahrung dieser Fragwürdigkeit stehen bleibt, dringt Eichendorff zur Entscheidung vor und beginnt auf diese Weise, die Unverantwortlichkeit des romantischen Spiels zu überwinden. Von da aus bekommt das Moment der sittlichen Verantwortung Bedeutung für die innere Haltung der Eichendorffschen Helden. So ist dann auch verständlich, wie sich unter diesen gewandelten Voraussetzungen die Struktur seiner Novellen von dem durchschnittlichen Typus der romantischen Novelle unterscheidet. Der Unterschied liegt in Richtung der Differenz, die man als Gegensatz der analytischen und synthetischen Form der Gestaltung zu begreifen gewohnt ist.

Jedenfalls ist für die Novellistik Eichendorffs ein Handlungsgefüge bestimmend, das eine eindeutige Bewegung auf ein sinnhaftes Ziel hin besitzt, während der gängige Typus der romantischen Novelle im Gegensatz zu Eichendorff nicht diese Richtung auf die Zukunft zeigt, sondern sich auf die auflösende Rückwendung konzentriert, so daß dort die Wendung zur Vergangenheit maßgebend war, und zwar zur Vergangenheit als jener Dimension der Zeit, die schicksalhaft-deterministischen Charakter besitzt.

Zunächst scheint es abwegig, wenn man im Zusammenhang mit der Dichtung Eichendorffs die Gestalt S. Kierkegaards bemüht. Nachdem aber Walther Rehm in seinem Buch „Kierkegaard und der Verführer" gezeigt hat, in welchem Umfang das Werk des Dänen aus der Auseinandersetzung mit der deutschen Romantik herausgewachsen ist und von hier seine Fragestellung und seinen „Denkansatz"[59] gewonnen hat[60], ist dieser Verweis nicht mehr so überraschend, wie es zunächst den Anschein hat, zumal Kierkegaard die Dichtung Eichendorffs gekannt hat und seinen Namen mit dem Arnims, Hoffmanns und anderer oft genug nennt. Unter diesen Umständen ist es erlaubt, beide Gestalten miteinander in Beziehung zu setzen; nicht zuletzt deshalb, weil sie im Ausgang der Romantik ihren geschichtlichen Ort haben. In diesem Sinn ist für beide die gleiche Erfahrung gemeinsam, nämlich die Einsicht in die tragische Zweideutigkeit des Schönen auf der einen Seite und der personale Vorbehalt gegen diese „Verführung" auf der anderen; gemeinsam ist ihnen also ein Sich-Lösen aus dem circulus vitiosus von Verzauberung und Ernüchterung, von Hoffnung und Angst, darin für Kierkegaard wie für Eichendorff der Übergang von dem Stadium des „Ästhetischen" zur ethisch-religiösen Lebensform eingeschlossen ist[61].

Man braucht eine Novelle wie das schon genannte „Marmorbild" — um den Charakter der Eichendorffschen Novelle wiederum durch eine Einzelinterpretation deutlich zu machen — nur oberflächlich zu lesen, um fast auf jeder Seite diese doppelte Erfahrung kontrollieren und belegen zu können. Die Novelle — genauer das Novellenmärchen — entfaltet sich aus zwei Motiven: erstens dem des Venusberges, zweitens aus dem Symbol des steinernen Bildes; ein Motiv, das bereits im „Godwi" Brentanos vorgebildet ist[62]. Warum der Dichter beide Motive miteinander verwoben hat, ist leicht erkennbar: Das Motiv des Venusberges wurde ihm für die Verführung und Zweideutigkeit wichtig. Im steinernen Bild geht es um eine analoge Erfahrung: daß das Leben, in die Vollendung des Absoluten gesteigert, in Gefahr gerät, alsbald in die Starre des Todes umzuschlagen; jene Erfahrung, die zur gleichen Zeit für Hoffmanns Novellistik entscheidend wurde.

Der im romantischen Sinn Gefährdete ist in dieser Novelle Florio; ihm als Schützer zur Seite tritt Fortunato. Der Gegensatz beider Gestalten ist genau in dem Sinn entfaltet, wie ihn Kierkegaard als Gegensatz des Ästhetischen und des Ethischen in „Entweder—Oder" entwickelt hat. Florio ist es also, der in den Bannkreis der Verführung gerät und, wie es scheint, ihr wehrlos zum Opfer fällt. „Ich habe jetzt, fuhr dieser nun kühner und vertraulicher fort, das Reisen erwählt, und befinde mich wie aus einem Gefängnis erlöst, alle alten Wünsche und Freuden sind nun auf einmal in Freiheit gesetzt. Auf dem Lande in der Stille aufgewachsen, wie lange habe ich da die fernen blauen Berge sehnsüchtig betrachtet, wenn der Frühling wie ein zauberischer Spielmann durch unsern Garten ging und von der wunderschönen Ferne verlockend sang und von großer, unermeßlicher Lust."[63] Dagegen steht die Warnung Fortunatos: „Habt Ihr jemals von dem wunderbaren Spielmanne gehört, der durch seine Töne die Jugend in einen Zauberberg hineingelockt, aus dem keiner wieder zurückgekehrt ist? Hütet euch!"[64] Zwar tritt zu Florio von Anfang des Geschehens an eine Frau, deren Liebe ihn aus der Verzauberung lösen könnte. Aber statt daß er diese Liebe so erwiderte, wie ihn Bianca liebt — von Person zu Person, mit anderen Worten, in Sorge und in Verantwortung für das aller Zweideutigkeit enthobene Heil des anderen —, zieht Florio auch die Geliebte in die traumhafte Überhöhung des „Ästhetischen". „Die Musik bei den Zelten, der Traum auf seinem Zimmer und sein die Klänge und den Traum und die zierliche Erscheinung des Mädchens nachträumendes Herz hatten ihr Bild unmerklich und wundersam verwandelt in ein viel schöneres, größeres und herrlicheres, wie er es noch nirgends gesehen."[65]

In der sehr genau auf die innere Konsequenz der negativ-romantischen Existenzerfahrung hin durchgearbeiteten Novelle entspricht die folgende Partie dem, was zuvor über die Erwartung Florios gesagt wurde: An die Stelle des Menschen in seiner Konkretheit und Natürlichkeit tritt die Göttin als das Wesen, in dessen Sein vollzogen ist, was in Florios Träumen und Sehnsüchten sich vorbereitet hat. „Der Mond, der eben über die Wipfel trat, beleuchtete scharf ein marmornes Venusbild, das dort dicht am Ufer auf einem Steine stand, als wäre die Göttin soeben erst aus den Wellen aufgetaucht und betrachte nun, selber verzaubert, das Bild der eigenen Schönheit, das der trunkene Wasserspiegel zwischen den leise aus dem Grunde aufblühenden Sternen widerstrahlt. Einige Schwäne beschrieben still ihre einförmigen Kreise um das Bild, ein leises Rauschen ging durch die Bäume ringsumher."[66] Wenn die Existenz — in dem Sinne wie Kierkegaard in der Nachfolge des späten Schelling diesen Begriff entfaltet hat — die Spannungsweite hat, um Ekstase und Nüchternheit in sich zu verschränken; wenn diese Verschränkung Voraussetzung dafür ist, daß ein Dialog im zwischenmenschlichen Bereich möglich wird, darin eingeschlossen die Bereitschaft, nicht nur ekstatisch über sich hinauszugehen, sondern ebenso verbindlich in die Sphäre des Endlichen einzutreten, dann ist das, was in der zitierten Stelle über die Göttin gesagt wird, nichts anderes als die Negation einer solchen Bereitschaft. Was diese Sätze zum Ausdruck bringen, ist ein narzistisches Kreisen um die eigene Schönheit und ein selbstgenügsamer Monolog des Göttlichen mit der eigenen Göttlichkeit. Von da her ist das für die Novelle so wichtige

Symbol des Kreises zu verstehen; einbegriffen die für den Bereich der Göttin so eigentümliche Stimmung der Monotonie, damit aber auch das immer gegenwärtige Risiko, daß in einem Umschlag die ausgeschlossene Endlichkeit schließlich doch wieder Macht gewinnt; und zwar eine Macht in der Form der Leblosigkeit und des Todes, so wie es in dem Symbol des steinernen Bildes offenbar wird. In diesem Sinn verhält es sich auch in dem Werk Eichendorffs nicht anders, als in Hoffmanns Novelle: im „Baron von B.", in der „Jesuiterkirche" und anderen. Der hybriden Steigerung in das Absolute entspricht die ebenso maßlose Enttäuschung; mit der höchsten Intensität des Lebens korrespondiert die Starre des Todes. So ist auch die Reaktion Florios verständlich, die in jedem Zug der Daseinsform der Göttin entspricht, so daß alle Spannung des Lebendigen eingeebnet erscheint, Identität an die Stelle des Gegenübers tritt, die Erinnerung an die Stelle der Hoffnung: die Verzauberung in den Ursprung anstelle einer Lebensbewegung, die den Bann eines solchen Narzißmus aufheben könnte. „Florio stand wie eingewurzelt im Schauen, denn ihm kam jenes Bild wie eine lange gesuchte, nun plötzlich erkannte Geliebte vor, wie eine Wunderblume, aus der Frühlingsdämmerung und träumerischen Stille seiner frühesten Jugend heraufgewachsen."[67]

Aus diesen Voraussetzungen entfaltet sich die Handlung der Novelle. Es ist hier nicht nötig, sie im einzelnen nachzuzeichnen[68]. Das Werk hat zwei Höhepunkte: das Fest im Hause Pietros, bei dem Florio Bianca, die Nichte des Gastgebers, wiedersieht; und den Besuch im Schloß der Göttin, in dem sich für Florio die Tannhäuserversuchungen wiederholen. Schon mit dem Fest beginnt die Versuchung. Wie Florio von Anfang an Bianca so begegnet war, daß sich ihm an die Stelle der menschlichen Wirklichkeit das erhöhte Bild seiner Wünsche und Erwartungen setzte, so tritt auch in der Stunde des Festes an die Stelle Biancas, kaum daß Florio sie begrüßt, die Versucherin, wiederum in der romantischen Erscheinungsweise des Doppelgängertums, angetan mit der gleichen Kleidung und mit dem gleichen Schmuck wie Bianca. Und wieder verläßt Florio Bianca, indem er der Faszination erliegt, die von der anderen Seite auf ihn ausstrahlt. Wäre Florio in dieser frühen Phase des Geschehens gegen den Zauber gefeit, so hätte ihm das kurze Gespräch schon den Trug enthüllen müssen. Nach dem Namen gefragt — und das kann in dem Zusammenhang dieser Stelle nichts anderes bedeuten als die Frage nach der Vollmacht der Person —, antwortet sie mit einem Bekenntnis, das nicht aufschlußreicher sein könnte: „Laßt das, erwiderte sie träumerisch, nehmt die Blumen des Lebens fröhlich, wie sie der Augenblick gibt, und forscht nicht nach den

Wurzeln im Grunde, denn unten ist es freudlos und still."[69] Das heißt:
Wo das Leben so in der Unterscheidungslosigkeit des Grundes eingefangen bleibt wie hier, gibt es nicht den Übergang zur Person, einen
Übergang, der die Identität überwindet und die Unterscheidung zu setzen beginnt.

Das kurze Gespräch ist die Vorbereitung für jene Partie, in der das Geschehen seine Kulmination und zugleich seinen Wendepunkt findet. Einige
Tage später trifft Florio im Schloß des geheimnisvollen Wesens ein, und
es ereignet sich die letzte Begegnung, mit der für ihn die Stunde der Entscheidung beginnt. Es ist auch hier wie immer in der Dichtung Eichendorffs
so, daß mit dem Menschen der Raum, die Dinge und der Rhythmus
im Ablauf der Zeit Bedeutung gewinnen und das Spiel der Verführung
mitspielen. So liegt das Schloß wie ein antiker Tempel da. Verzierun-
gen, mythische Geschichten darstellend, marmorne Götterbilder im Garten, alles deutet auf jene Zeit zurück, als sich die göttlichen Wesen der
antiken Vergangenheit noch uneingeschränkt der Verehrung erfreuten.
Diese Vergangenheit wird von Eichendorff allerdings anders verstanden als in der Klassik Winckelmanns und Goethes. Die Götter erscheinen
hier weniger als Mächte der zeitlosen Idealität und Vollkommenheit, sondern in der Weise, wie man im christlichen Äon über sie geurteilt hat, so
daß sich in der scheinbaren Vollendung der Göttlichkeit zugleich die Unerlöstheit des Dämonischen verbirgt.

Von da her ist der Eindruck zu verstehen, den Florio bei seinem Eintritt
in das Schloß empfängt. Eine Heiterkeit umgibt ihn, die zugleich „fremd-
artig" wirkt, und zwar in einer Fremdheit, die von Florio von Anfang
an als bedrohlich empfunden wird. Viele „fremde Herren und Damen"
wandern in dem Park; hohe „ausländische" Blumen füllen das Gemach
der Herrin. Dieser Fremdheit gegenüber fühlt sich Florio selbst „entfremdet". „Er kam sich auf einmal hier so fremd und wie aus sich selbst verirrt
vor."[70] Von der inneren Konsequenz des Geschehens her ist ein solcher
Satz nicht schwer zu verstehen. Kriterium für die Wahrheit ist in der
Novelle Eichendorffs die Verschränkung von Unendlichkeit und Endlichkeit. Was unerlaubt und am Ende als zerstörerisch erscheint, ist der Versuch, das Unendliche vom Endlichen abzulösen. Dem aber begegnet Florio
im Umkreis der Göttin, und darin spürt er die Gefahr der Selbstentfrem-
dung und des Selbstverlustes. Im übrigen wird an dieser Stelle deutlich,
welches die Voraussetzung für die im Vergleich zur Hoffmannschen
Novelle straff auf ein Ziel hingeführte Handlung ist, nämlich der Umstand, daß diese Handlungsführung als die Konsequenz einer innerlichen

Wandlung zu begreifen ist, einer solchen, die in der Folge von Gefährdung und Überwindung, von Entfremdung und Versöhnung, von Selbstverlust und Selbstfindung verläuft.

Die Beschreibung des Festes im Garten der Göttin beansprucht einen breiten Raum, so wie überhaupt die Redeform der Beschreibung in dieser Novelle von großer Bedeutung ist. Was all diesen Beschreibungen gemeinsam erscheint, ist der immer erneute Hinweis auf die Üppigkeit und das Übermaß der Schönheit in den Dingen auf der einen Seite und die damit unlösbar verbundene Schwermut auf der anderen. In diesem doppelten Aspekt erlebt auch Florio die Göttin selbst. Mit ihrer versucherischen Schönheit ist eine abgründige Trauer verbunden; sie ist Ausdruck für die Todesverfallenheit und Unerlöstheit dieser Existenz. „Die Dame sah ihn wieder lächelnd an wie vorhin, aber stillschweigend und wehmütig, wie mit schwer verhaltenen Thränen."[71]

Man kann dem Werk nicht gerecht werden, wenn man nicht neben Florio auch die Bedeutung Fortunatos in das Verständnis einbezieht. So oft Florio in die Zone der Versuchung gerät, tritt ihm der Freund zur Seite. Und in allem erscheint er als die Gegenfigur Florios: der Gereifte neben dem noch Unentschiedenen und Unbewährten. Nur ein paar Hinweise auf die Funktion dieser Gestalt in der Novelle sind hier möglich. In der angedeuteten Weise erscheint Fortunato schon im Eingang der Novelle bei dem gemeinsamen Ritt auf Lucca zu, ferner an der Stelle, da er mit Florio zusammen an dem Fest teilnimmt, in dessen Verlauf der Freund zum erstenmal Bianca begegnet.

Wiederum klingt derselbe Gegensatz in dem Liede an, darin Dionysos und Christus einander gegenübergestellt werden: der eine als das Symbol der Weltverfallenheit, der andere als jener, der auf Unterscheidung drängt. Und ein letztes Mal ist Fortunato gegenwärtig, als für Florio im Gemach der Göttin die Versuchung zum Höhepunkt kommt. „Da begann auf einmal draußen im Garten ein wunderschöner Gesang. Es war ein altes frommes Lied, das er (Florio) in seiner Kindheit oft gehört . . . Er wurde ganz zerstreut, denn es kam ihm zugleich vor, als wäre es Fortunatos Stimme."[72]

So ist Fortunato immer zur Hand, wenn Florio in Gefahr kommt; vor allem an der zuletzt angeführten Stelle, da der Zauber seine äußerste Macht entfaltet. Gerade hier ruft Fortunato dem Freund das Ausmaß der Gefahr ins Bewußtsein und zwingt ihn zu sich selbst zurück. „Die Gewalt dieser Töne hatte seine ganze Seele in tiefe Gedanken versetzt, er kam sich auf einmal hier so fremd und wie aus sich selbst verirrt vor . . . Da sagte er leise aus dem tiefsten Grunde der Seele: Herr Gott, laß mich nicht verlorengehen in der Welt."[73] Wenn dann deutlich wird, daß in diesem Gebet Florios das Dämonische seine Macht und Wirksamkeit verliert, dann verdankt Florio diese Befreiung am Ende der Hilfe des Freundes. Nun erst besitzt er die Reife, um sich für die reine und heile Schönheit Biancas zu öffnen. „Mit Wohlgefallen ruhten Florios Blicke auf der lieblichen Gestalt. Eine seltsame Verblendung hatte bisher seine Augen wie mit einem Zaubernebel umfangen. Nun erstaunte er ordentlich, wie schön sie war."[74]

Auf diese Weise wird am Ende noch einmal an das Kernmotiv der Novelle erinnert: das der Schönheit und Vollendung. Und wie diese Schönheit in dem Schicksal der Gräfin Diana, wie sie in den „Glücksrittern" und selbst im Doppelgängertum der „schönen gnädigen Frau" des „Taugenichts" zur Krise, aber auch zur Bewährung führt, so geschieht es auch im „Marmorbild". In der Gestalt der Göttin und in der Biancas hatte sich die doppelte Möglichkeit des Schönen dargeboten: einmal Schönheit als narzistisches Kreisen in der eigenen Vollendung und dann Schönheit in der Bescheidung in die Grenzen des Geschöpflichen. Nachdem der große Mittelteil der Novelle von der Gestalt der Göttin und damit von der Thematik der Verführung beherrscht wurde, tritt nun am Ende, nachdem Florio die Entscheidung vollzogen, Bianca wieder in den Vordergrund. Wie sehr sie als Gegensatzfigur zu ihrer Doppelgängerin entworfen ist, wird deutlich in den abschließenden Sätzen, die von ihr sprechen. Nachdem Florio ihr seine Liebe aufs neue zugewandt hat, heißt es von ihr: „Da ritt sie, ganz überrascht von dem unerhofften Glück und in freudiger Demut, als verdiene sie solche Gnade nicht, mit niedergeschlagenen Augen schweigend neben ihm her."[75] In diesen Worten wird die Bescheidung offenbar, von der zuvor die Rede war. Und wenn sich mit Biancas Gestalt im folgenden die Stunde des Morgens und zugleich das Motiv der Ferne — das Dahinreiten in die Ferne des südlichen Landes mit aller darin eingeschlossenen Erwartung — verbindet, dann deuten sich die verschiedenen Motive im Zusammenspiel gegenseitig so, daß von da aus noch einmal begreifbar wird, wie Biancas Existenz verstanden sein soll: daß ihre Schönheit nicht dämonische Usurpation und Besitz, sondern Vorwegnahme einer transzendenten Schönheit und Erfüllung ist.

Einige Bemerkungen zur Form dieser Novelle können die bisherige Deutung verifizieren: In dem hier dargestellten Zeitraum der Geschichte der deutschen Novelle sind es zwei Novellisten, die in ihrer Existenzerfahrung über die Romantik hinausgelangt sind und damit zugleich neue Formmöglichkeiten innerhalb der Gattung erschlossen haben: Das sind, wenn man einmal von dem komplexeren und schwierigeren Werk Achim von Arnims absieht: Eichendorff und besonders Heinrich von Kleist, jener Dichter, dessen Novellenkunst allerdings über Eichendorff hinaus so eigenständig ist, daß ihr ein eigenes Kapitel in der Darstellung der Novellengeschichte eingeräumt werden muß. Zunächst ist aber noch einmal auf die Eichendorffsche Form der Novelle zurückzukommen.

Wie sich die Handlungsführung der Eichendorffschen Novelle von der Hoffmanns unterscheidet, ist in der Analyse des „Marmorbildes" wiederholt berührt worden. Die Hinweise, die bei dieser Gelegenheit gegeben wurden, reichen aber nicht aus, um zu erhellen, was für die Struktur dieser Novelle im ganzen charakteristisch ist. Deshalb ist es notwendig, daß sich die Interpretation noch einmal ausdrücklich dieser Frage zuwendet. Vergleicht man die Gestaltung der Handlung einer Eichendorffschen und einer Kleistschen Novelle, dann kann man auf gemeinsame Formzüge im Werk beider Dichter verweisen, Formzüge, die zugleich die Novellistik beider Dichter von der romantischen abheben: Vorrang des Berichtes, Subordination der szenischen Partien unter den Bericht, Beschränkung von Partien dieser Art auf Situationen, in denen die Wahl von innen her gerechtfertigt ist; Situationen also, die in irgendeiner Form Entscheidungscharakter haben. Jedenfalls wäre der unvermittelte szenische Einsatz, wie man ihn in der Hoffmannschen „Don Juan"-Novelle antrifft, bei Eichendorff kaum denkbar. Dafür behält der Erzähler viel zu betont die Kontrolle über das Geschehen. Der Vorrang des Berichtes, das vor allem ist Eichendorff und Kleist gemeinsam. Fragt man aber weiter, wie es sich sonst mit dem Anteil der epischen Grundformen bei beiden Dichtern verhält, dann fällt auf, daß eine Grundform bei Kleist — mit Ausnahme kleinerer Partien im „Erdbeben" — nicht in die Gestaltung einbezogen ist, nämlich die der Beschreibung. Im Gegensatz dazu spielt diese Grundform in der Eichendorffschen Novelle eine so entscheidende Rolle, daß der Dialog in szenischen Partien durch den Anteil der Beschreibung oft auf ein Minimum reduziert wird. Es muß also das im Eingang über die Szene Gesagte dahingehend eingeschränkt werden, daß zwar die Bedeutung der Szene Kleist und Eichendorff gemeinsam ist, daß aber Kleists Szene eine viel stärkere dramatische Gestaltung besitzt als die Eichendorffs.

Unter diesen Umständen habe ich in meinem Eichendorff-Buch durch den Vergleich einer Szene des „Marmorbildes" mit einer der „Marquise von

O." diesen Unterschied zu kennzeichnen gesucht[76]. Er läuft darauf hinaus, daß die Proportionen von Dialog und „Regieanweisung" jeweils gegensätzlich akzentuiert sind. Bei Kleist sind diese Anweisungen auf ein Minimum reduziert, während sie bei Eichendorff zu breiten Beschreibungen anwachsen, ein Zug, der nicht nur ein Darstellungsmittel formaler Art betrifft, sondern zugleich ein Hinweis darauf ist, wo die Differenz zwischen Kleists und Eichendorffs Bild des Menschen gesucht werden muß: Die menschliche Existenz ist bei Eichendorff in ganz anderem Maße mit dem Raum und den Dingen verwoben als bei Kleist. Wenn auch bei Eichendorff das Geschehen im Akt der Entscheidung gipfelt, so steht doch bei ihm die Entscheidung des Menschen zugleich im Zusammenhang mit dem, was in den Dingen als Entscheidungsmöglichkeit angelegt und vorentworfen ist, so daß die personale und die mythische Sphäre in engster Beziehung zueinander stehen. Jedenfalls ist es entschieden anders als in der „Marquise von O.", wo alles uneingeschränkt in den personalen Innenraum der beiden Hauptgestalten, der Marquise und des Russen, verlegt wird.

Man kann noch von einer anderen Seite her die Eigenart der Eichendorffschen Novellenform charakterisieren, und zwar indem man auf die Bedeutung der lyrischen Einlagen im Ganzen der Novellen zu sprechen kommt. Ein auch nur flüchtiger Blick auf Sprache und Stil des „Marmorbildes" — und diese Beobachtung gilt auch für die anderen Novellen Eichendorffs — läßt erkennen, daß der Stil der Prosa und der lyrischen Einlagen kaum wesentlich voneinander verschieden sind. In diesem Sinn unterscheidet sich die Prosa Eichendorffs von Kleists Stil nicht nur durch ihre Neigung zur parataktischen Fügung der Sätze, sondern auch durch ihren ausgesprochen lyrischen Charakter. Im Eingang des „Marmorbildes", der Beschreibung des Festes vor den Toren Luccas, heißt es einmal: „Der leichte Gesang, der nur gaukelnd wie ein Frühlingswind die Oberfläche des Lebens berührte, ohne es in sich selbst zu versenken, bewegte fröhlich den Kranz heiterer Bilder um die Tafel."[77] Ein paar Zeilen weiter lesen wir im Lied Florios die Verse: „Und so muß ich, wie im Strome dort die Welle, ungehört verrauschen an des Frühlings Schwelle."[78] In beiden Fällen verdichtet sich die Substanz der sprachlichen Aussage im Vergleich und in der Metapher — hier: „gaukelnd wie ein Frühlingswind", dort: „muß ich, wie im Strome dort die Welle" — und zugleich ist in beiden Fällen die Sprache durch das Gewicht und die Intensität des verbalen Elementes charakterisiert. Auf diese Weise ist die Prosa auf das Gedicht bezogen, und ein müheloser Übergang vom einen zum anderen ist möglich. Noch ein anderes Beispiel für diesen Übergang sei angeführt. In Fortunatos Lied, im zweiten Teil der Strophe, heißt es: „Mit blühendem Mohne, der träumerisch glänzt, und Lilienkrone erscheint er bekränzt."[79] Daß sich im Stil der Verse und in dem der Prosateile wiederum Entsprechungen finden, ist leicht zu belegen. So ist — um nur einen Stilzug zu nennen — das Partizipium Präsentis in den verschiedenen syntaktischen Beziehungen für Prosa und Versteile stilbildend. Wendungen wie „blühende Gestalt", „dunkelglühende Augen", „die in die Abendglut versinkende Landschaft", „gaukelnde Zauberei", „reizende Verwilderung" finden sich ununterscheidbar in der Prosa wie in den lyrischen Einlagen. Dabei ist noch hinzuzufügen, daß mit dem Partizipium Präsentis auch sonst die Epitheta die Eigenart des Stils wesentlich mitbestimmen, wiederum sowohl in den erzählenden als auch in den lyrischen Partien. Vor allem sind es die sich vielfältig wiederholenden Attribute ornamental-elativer Art, die jedem Eichendorff-Leser vertraut sind: „wunderschöne Ferne", „fröhliche Sangeslust", „zauberischer Spielmann", „munterer Schwarm" usw.; auch diese Form des Epithetons ist als ein Stilzug zu verstehen, der der Prosa ihren lyrischen Charakter sichert und im übrigen auch wieder genau die Stelle anzeigt, wo sich der Stil Eichendorffs und der — Epitheta nach Möglichkeit vermeidende — Stil Kleists unterscheiden. Was in diesem lyrischen Charakter der Prosa zum Ausdruck kommt, ist leicht zu sagen: offenbar etwas Ähnliches, wie es in der Vorliebe des Erzählers für die Redeform der Beschreibung sichtbar wird. Wenn man nach Max Kommerells Vorschlag den Begriff der Gestimmtheit — im Sinne eines ursprünglichen Verständigtseins von Mensch und Welt — heranzieht, um das Wesen des Liedhaft-Lyrischen zu fassen[60], dann zielen sowohl die zahlreichen Gedichteinlagen in den Novellen als auch der ausgesprochen lyrische Charakter der Prosapartien darauf ab, dieses Verflochtensein und Verständigtsein des Menschen mit den Dingen zu gestalten, und das heißt nichts anderes, als auch hier erkennen zu lassen, daß mit dem Menschen auch die Natur im Spielfeld der Versuchung steht, daß Versuchung und Entscheidung im Werke Eichendorffs also nicht auf den Innenraum des Menschen begrenzt sind, sondern als Vorgänge begriffen werden, die sich sowohl im Menschen als auch in den Dingen ereignen.

Man kommt zu demselben Ergebnis, wenn man schließlich drittens nach der Erzählhaltung der Novelle fragt. Wiederum fällt die Entsprechung und die Verschiedenheit zu Kleist auf. Zunächst ist, wie schon angedeutet, ein Erzähler am Werk, der wie in der Novelle Kleists das Geschehen sicher und in klarem Aufbau zum Ziele führt. Man denke an das, was über den Vorrang des Berichtes gesagt wurde und zugleich damit über das Verhältnis von Bericht und Szene. Dann aber wird der charakteristische Unterschied wieder deutlich. Der Erzähler der Kleistschen Novelle hält, auf das Ganze gesehen, an der Perspektive der Außensicht fest; und wenn er sie einmal aufgibt, dann ist ein solcher Übergang genau vorbereitet. Der Erzähler der Eichendorffschen Novelle dagegen kennt, dem romantischen Erzählstil entsprechend, keine Distanz zwischen dem Erzähler und den Figuren der Handlung. Wie Mensch und Welt im gemeinsamen Schicksal stehen, so bestimmt auch die Identifikation das Verhältnis von Erzähler und handelnder Gestalt. „Florio warf sich angekleidet auf das Ruhebett hin, aber er konnte lange nicht einschlafen. In seiner von den Bildern des Tages aufgeregten Seele wogte und hallte und sang es noch immer fort. Und wie die Thüren im Hause nun immer seltener auf und zu gingen, nur manchmal noch eine Stimme erschallte, bis endlich Haus, Stadt und Feld in tiefe Stille versank: da war es ihm, als führe er mit schwanenweißen Segeln einsam auf einem mondbeglänzeten Meere."[81]

So stimmt die Wahl der erzählerischen Perspektive in einer genauen Konsequenz mit dem zusammen, was bereits über den Stil der Eichendorffschen Novelle gesagt wurde. Diese Wahl der Perspektive hat manches Verwandte mit der im „Ofterdingen" des Novalis: vor allem die für beide Dichter gemeinsame unbegrenzte Innensicht. Allerdings erscheint der Stil des Novalis reflektierter und im lyrischen Charakter nicht so ausgeprägt wie der Eichendorffs[82].

So bildet die Dichtung Eichendorffs eine neue Stilmöglichkeit innerhalb der Geschichte der Novelle, eine Möglichkeit, in der Stilzüge der romantischen Novelle und Stilelemente Kleists in einer eigentümlichen Weise miteinander verbunden sind. Nicht in allen seinen Novellen vermochte Eichendorff eine Synthese zu schaffen. Das „Marmorbild", obwohl ein Erstlingswerk, stellt im novellistischen Schaffen Eichendorffs wohl ein Optimum des Gelingens dar.

Literaturangaben und Anmerkungen

Wilhelm Heinrich Wackenroder

Gerhard Fricke, Bemerkungen zu W. H. Wackenroders Religion der Kunst. Festschrift für Paul Kluckhohn und Hermann Schneider, Tübingen 1948, S. 345—371, wieder abgedr. in: G. F., Studien und Interpretationen. Ausgewählte Schriften zur deutschen Dichtung, Frankfurt am Main 1956, S. 186—213. Marianne Graeve-Frey, Der Künstler und sein Werk bei W. H. Wackenroder und E. T. A. Hoffmann. Vergleichende Studien zur romantischen Kunstanschauung, Diss. Bern 1969. Dorothea HAMMER, Die Bedeutung der vergangenen Zeit im Werk Wackenroders. Diss. Frankfurt a. M. 1960. A. HARZENDORF, Die Gattung der ‚Künstlerlegende'bei W. H. Wackenroder. Diss. Graz 1963. Elmar HERTRICH, Joseph Berglinger. Eine Studie zu Wackenroders Musiker-Dichtung. Quellen und Forschungen zur Sprach- und Kulturgeschichte der germanischen Völker 154 (N. F. 30), Berlin 1969. Maria JACOB, Die Musikanschauung im dichterischen Weltbild der Romantik, aufgezeigt an Wackenroder und Novalis, Diss. Freiburg i. B. 1946 (1949). Rose KAHNT, Die Bedeutung der bildenden Kunst und der Musik bei W. H. Wackenroder. Marburger Beiträge zur Germanistik 28, Marburg 1969. Werner KOHLSCHMIDT, Der junge Tieck und Wackenroder, in: Hans STEFFEN (Hg.), Die deutsche Romantik. Poetik, Formen und Motive. Kleine Vandenhoeck-Reihe 250 S, Göttingen 1967, S. 30—44. Ders., Wackenroder und die Klassik. Versuch einer Präzisierung, in: Unterscheidung und Bewahrung. Festschrift Hermann Kunisch, Berlin 1961, S. 175—184, jetzt in: W. K., Dichter, Tradition und Zeitgeist. Gesammelte Studien zur Literaturgeschichte, Bern u. München 1965, S. 83—92. Johannes MITTENZWEI, Das Musikalische in der Literatur. Ein Überblick von Gottfried von Straßburg bis Brecht, Halle 1962. Bonaventura TECCHI, Wackenroder, Florenz 1927, deutsch von Claus RIESSNER, Bad Homburg v. d. H. 1962. Jack D. ZIPES, W. H. Wackenroder. In Defense of his Romanticism. The Germanic Review 44, 1969, S. 247—258.

[1] Artemis-Ausgabe Bd. 22, S. 628 f.
[2] Zitiert nach: W. H. Wackenroder, Werke und Briefe, hrsg. von F. von der Leyen, Jena 1910, Bd. I, S. 130.
[3] a. a. O., S. 135 f.
[4] a. a. O., S. 126.
[5] a. a. O., S. 131.

Ludwig Tieck

Paul Johann ARNOLD, Tiecks Novellenbegriff. Euphorion 23, 1921, S. 258—261. Gisela DIPPEL, Das Novellenmärchen der Romantik, Diss. Frankfurt a. M. 1953. Jürgen HEINICHEN, Das späte Novellenwerk Ludwig Tiecks. Eine Untersuchung seiner Erzählweise, Diss. Heidelberg 1963. Klaus Joachim HEINISCH, Ludwig Tieck ‚Der blonde Eckbert', in: K. J. H., Deutsche Romantik. Wort, Werk, Gestalt 2809, Paderborn 1966, S. 123—133. Valentine C. HUBBS, Tieck, Eckbert und das kollektive Unbewußte. PMLA 71, 1956, S. 686—693. Paul Gerhard KLUSSMANN, Die Zweideutigkeit des Wirklichen in Ludwig Tiecks Märchennovellen. ZfdPh. 83, 1964, S. 426—452. Werner KOHLSCHMIDT, Nihilismus der Romantik, in: W. K., Form und Innerlichkeit, Bern 1955, S. 157—176. W. J. LILLYMAN, Ludwig Tieck's, ‚Der Runenberg': The Dimensions of Reality. Monatshefte 62, 1970, S. 231—244. Jacob MINOR, Tieck als Novellendichter. Akadem. Blätter 1, 1884, S. 136 ff. Klaus MÜLLER-DYES, Der Schauerroman und Ludwig Tieck. Über die dichterische Fiktion im ‚Blonden Eckbert' und im

,Runenberg', Diss. Göttingen 1966.   Ders., Wechselerhöhung und Erniedrigung. Zum Romantisierungsprozeß in Tiecks ,Blondem Eckbert' und ,Runenberg'. Doitsu Bungaku (Die deutsche Literatur) 41, 1968, S. 95—106.   K. J. NOTH-COTT, A note on the levels of reality in Tieck's „Der blonde Eckbert". German Life and Letters NS. 6, 1952/53, S. 292—294.   P. PEUKER, Drei Märchen-novellen aus Tiecks Phantasus als Einführung in die Romantik. Pädag. Pro-vinz 12, 1958, S. 191—199.   Hermann PONGS, Das Bild in der Dichtung II, 3. Aufl. Marburg 1967, S. 135—150.   Victoria L. RIPPERE, Ludwig Tieck's ,Der blonde Eckbert'. A psychological Reading. PMLA 85, 1970, S. 473—486. Friedrich Carl SCHEIBE, Aspekte des Zeitproblems in Tiecks frühromantischer Dichtung. GRM 46, N. F. 15, 1965, S. 50—63.   Heinz SCHLAFFER, Roman und Märchen. Ein formtheoretischer Versuch über Tiecks ,Blonden Eckbert', in: Gestal-tungsgeschichte und Gesellschaftsgeschichte (Hg. H. KREUZER), Stuttgart 1969, S. 224—241.   Emil STAIGER, Die Zeit als Einbildungskraft des Dichters. Zürich 1939, 3. Aufl. 1963.   Ders., Musik und Dichtung. Zürich 1947, 2. Aufl. 1959. Ders., Ludwig Tieck und der Ursprung der deutschen Romantik. Neue Rund-schau 71, 1960, S. 596—622. Wiederabgedruckt in: E. St., Stilwandel. Studien zur Vorgeschichte der Goethezeit. Zürich 1963, S. 175—204.   Marianne THAL-MANN, Hundert Jahre Tieckforschung. Monatshefte 45, 1953, S. 113—123. Dies., Ludwig Tieck, der romantische Weltmann aus Berlin. Dalp-Taschenbuch 318, Bern. 1955.   Dies., Ludwig Tieck, „Der Heilige von Dresden". Aus der Frühzeit der deutschen Novelle. Quellen und Forschungen zur Sprach- und Kulturgeschichte der germanischen Völker 127, N. F. 3, Berlin 1960.

[6] Marianne Thalmann, Ludwig Tieck, der romantische Weltmann aus Ber-lin. Dalp-Taschenbuch Bd. 318, Bern 1955, S. 54 ff.

[7] Zitiert nach: Ludwig Tieck, Phantasus, hrsg. von Karl Georg Wendriner, Berlin 1911, Bd. 1, S. 7.

[8] a. a. O., S. 68.

[9] a. a. O., S. 72.

[10] Vgl. Emil Staiger, Die Zeit als Einbildungskraft des Dichters, Zürich 1963, S. 23 ff. Vgl. auch E. Staiger, Musik und Dichtung, Zürich 1959. Darin vor allem ,Deutsche Romantik in Dichtung und Musik', S. 61—85.

[11] L. Tieck, a. a. O., S. 172.

[12] Vgl. dazu Werner Kohlschmidt, Nihilismus der Romantik, in: W. K., Form und Innerlichkeit. Sammlung Dalp 81, Bern 1955, S. 169.

[13] Wie dem Volksmärchen gerade das psychologische Moment abgeht, hat Max Lüthi gezeigt. Vgl. M. L., Das europäische Volksmärchen, Bern 1947. Vgl. dazu auch die in Anschluß an Lüthis Arbeiten entstandene Dissertation meiner Schülerin Gisela Dippel, Das Novellenmärchen der Romantik, Diss. Frankfurt/M. 1953.

[14] Wie sich das alles in dem ,Lied von der Waldeinsamkeit' verdichtet, kann hier nicht im einzelnen gezeigt werden. Es wäre darauf hinzuweisen, wie sich in Gehalt und Form des Liedes vor allem die Atmosphäre der Monoto-nie mit fast magischer Gewalt ausbreitet.

[15] L. Tieck, a. a. O., S. 123.

[16] a. a. O., S. 124.

[17] a. a. O., S. 133.

[18] a. a. O., S. 133.

[19] Hermann Pongs, Das Bild in der Dichtung II, 2. Aufl. Marburg 1963, S. 140.

Clemens Brentano

Richard ALEWYN, Brentanos ‚Geschichte vom braven Kasperl und dem schönen Annerl‘, in: Gestaltprobleme der Dichtung, Festschrift für Günther Müller, Bonn 1957, S. 143—180, jetzt in: Deutsche Erzählungen von Wieland bis Kafka. Interpretationen 4 (Hg. Jost SCHILLEMEIT), Fischer Bücherei 721, Frankfurt am Main 1966, S. 101—150.   Ernst FEISE, Brentanos ‚Geschichte vom braven Kasperl und dem schönen Annerl‘. Eine Formanalyse, in: Festschrift für S. Singer, Durham 1941, S. 202—211.   Klaus Joachim HEINISCH, ‚Die Geschichte vom braven Kasperl und dem schönen Annerl‘, in: K. J. H., Deutsche Romantik. Wort, Werk, Gestalt 2809, Paderborn 1966, S. 123—133.   Werner Hoffmann, Clemens Brentano. Leben und Werk, Bern u. München 1966.   Herbert LEHNERT, Die Gnade sprach von Liebe. Eine Struktur-Interpretation der ‚Geschichte vom braven Kasperl und dem schönen Annerl‘, in: Geschichte, Deutung, Kritik. Literaturwissenschaftliche Beiträge. Festschrift Werner Kohlschmidt, Bern 1969, S. 199—223. Johannes PFEIFFER, ‚Die Geschichte vom braven Kasperl und dem schönen Annerl‘, in: J. P., Wege zur Erzählkunst, Hamburg 1953, S. 35—38.   Helmut REHDER, Von Ehre, Gnade und Gerechtigkeit. Gedanken zu Brentanos ‚Geschichte vom braven Kasperl und dem schönen Annerl‘, in: Stoffe, Formen, Strukturen. Studien zur deutschen Literatur. Festschrift für H. H. Borcherdt. München 1962, S. 315—330.   Walter SILZ, Brentano, Geschichte vom braven Kasperl und dem schönen Annerl, in: W. S., Realism and Reality, Chapel Hill 1954, S. 17—28. Benno v. WIESE, Brentano, Geschichte vom braven Kasperl und dem schönen Annerl, in: B. v. W., Die deutsche Novelle von Goethe bis Kafka, Interpretationen I, Düsseldorf 1956, S. 64—78.

[20] Benno von Wiese, Die deutsche Novelle von Goethe bis Kafka. Interpretationen I, Düsseldorf 1956, S. 64 ff.

[21] Zitiert nach: Clemens Brentano, Gesammelte Schriften, hrsg. von Christian Brentano, Frankfurt/M. 1852, Bd. IV, S. 183.

[22] Brentano, a. a. O., S. 184.

[23] Brentano, a. a. O., S. 200.

[24] Vgl. dazu Carl Schmitt, Politische Romantik, 2. Aufl. München 1925.

[25] Brentano, a. a. O., S. 172.

[26] Brentano, a. a. O., S. 183.

[27] Brentano, a. a. O., S. 175.

[28] Brentano, a. a. O., S. 200.

III. Die Novellenkunst der Romantik

E. T. A. Hoffmann

Takeo AOYAMA, Über das Dämonische im ‚Majorat‘ von E. T. A. Hoffmann. Tohoku Doitsubungaku Kenkyu 10, 1966, S. 182—204. Fritz BAUMGART, E. T. A. Hoffmanns Künstlernovellen. Gedanken um Kunst und Künstler der Romantik, in: Deutschland-Italien. Festschrift Wilhelm Waetzoldt, Berlin 1941, S. 293—307. Raimund BELGARDT, Der Künstler und die Puppe. Zur Interpretation von Hoffmanns ‚Der Sandmann‘. The German Quarterly 42, 1969, S. 686—700. Werner BERTHOLD, Das Phänomen der Entfremdung bei E. T. A. Hoffmann, Diss. Leipzig 1953. Roger BÉZIAN, Une étude inconnue de Gobineau sur Hoffmann. Revue de littérature comparée 40, 1966, S. 402—415. Thomas CRAMER, Das Groteske bei E. T. A. Hoffmann. Zur Erkenntnis der Dichtung 4, München 1966. John D. CRONIN, Die Gestalt der Geliebten in den poetischen Werken E. T. A. Hoffmanns, Diss. Bonn 1967. Claude DAVID, Sur Hoffmann. Mercure de France 354, Nr. 1219, 1965, S. 113—119. Elli DESALM, Hoffmann und das Groteske, Diss. Bonn 1930. John Martin ELLIS, E. T. A. Hoffmann: ‚Das Fräulein von Scuderi‘. The Modern Language Review 64, 1969, S. 340—350. Hermann FÄHNRICH, E. T. A. Hoffmann und Mozart. Acta Mozartiana. Mitteilungen der deutschen Mozartgesellschaft 10, 1962, S. 61—64. Marianne GRAEVE-FREY, Der Künstler und sein Werk bei W. H. Wackenroder und E. T. A. Hoffmann. Vergleichende Studien zur romantischen Kunstanschauung, Diss. Bern 1969. Arthur GLOOR, E. T. A. Hoffmann. Der Dichter der entwurzelten Geistigkeit, Zürich 1947. Walther GRAHL-MÖGELIN, Die Lieblingsbilder im Stil E. T. A. Hoffmanns, Diss. Greifswald 1914. Gertrude Joyce HALLAMORE, Das Problem des Zwiespalts in den Künstlernovellen E. T. A. Hoffmanns und Thomas Manns. Monatshefte 36, 1944, S. 82—94. Hans HECKEL, Das Don Juan-Problem in der neueren Dichtung. Breslauer Beiträge zur Literaturgeschichte N. F. 47, Stuttgart 1915. Klaus Joachim HEINISCH, E. T. A. Hoffmann: ‚Die Bergwerke zu Falun‘, in: K. J. H., Deutsche Romantik. Wort, Werk, Gestalt 2809, Paderborn 1966, S. 134—153. Hellmuth HIMMEL, Schuld und Sühne der Scuderi. Zu Hoffmanns Novelle. Mitteilungen der E. T. A. Hoffmann-Gesellschaft 7, 1960, S. 1—15. Ernst Fedor HOFFMANN, Zu E. T. A. Hoffmanns ‚Sandmann‘. Monatshefte 54, 1962, S. 244—251. Regine JEBSEN, Kunstanschauung und Wirklichkeitsbezug bei E. T. A. Hoffmann, Diss. Kiel 1952. Simon JEUNE, Une étude inconnue de Musset sur Hoffmann. Revue de littérature comparée 39, 1965, S. 422—427. Walter JOST, Von Ludwig Tieck zu E. T. A. Hoffmann. Studien zur Entwicklungsgeschichte des romantischen Subjektivismus. Deutsche Forschungen 4, Frankfurt a. M. 1921, Reprograph. Nachdruck in der Reihe ‚Libelli‘, Bd. 293, Darmstadt 1969. Klaus KANZOG, E. T. A. Hoffmanns Erzählung ‚Das Fräulein von Scuderi‘ als Kriminalgeschichte. Mitteilungen der E. T. A. Hoffmann-Gesellschaft 11, 1964, S. 1—11. Christa KAROLI, ‚Ritter Gluck‘, Hoffmanns erstes Fantasiestück. Mitteilungen der E. T. A. Hoffmann-Gesellschaft 14, 1968, S. 1—17. Dies., Ideal und Krise enthusiastischen Künstlertums in der deutschen Romantik. Abhandlungen zur Kunst-, Musik-

und Literaturwissenschaft 48, Bonn 1968, S. 100—173 u. S. 214—246. Wolfgang KAYSER, Das Groteske. Seine Gestaltung in Malerei und Dichtung, Oldenburg und Hamburg 1957. Lothar KÖHN, Vieldeutige Welt. Studien zur Struktur der Erzählungen E. T. A. Hoffmanns und zur Entwicklungsgeschichte seines Werkes. Studien zur deutschen Literatur 6, Tübingen 1966. Werner KOHL-SCHMIDT, Nihilismus der Romantik, in: W. K., Form und Innerlichkeit. Beiträge zur Geschichte und Wirkung der deutschen Klassik und Romantik. Sammlung Dalp 81, Bern 1955, S. 157—176. Hermann August KORFF, Geist der Goethezeit. Versuch einer ideellen Entwicklung der klassisch-romantischen Literaturgeschichte, IV. Teil, Hochromantik, Leipzig 1953, 5. Aufl. 1962, S. 543—639. Wilhelmine KRAUSS, Das Doppelgängermotiv in der Romantik. Studien zum romantischen Idealismus. Germanische Studien 99, Berlin 1930. Dietrich KREPLIN, Das Automatenmotiv bei E. T. A. Hoffmann, Diss. Bonn 1957. Margot KUTTNER, Die Gestaltung des Individualitätsproblems bei E. T. A. Hoffmann, Diss. Hamburg 1936. Ursula D. LAWSON, Pathological time in E. T. A. Hoffmann's ,Der Sandmann'. Monatshefte 60, 1968, S. 51—61. Dies., The Temporal Structure of E. T. A. Hoffmann's Fiction, Diss. Vanderbilt University 1966. Wilhelm LECHNER, Gotthilf Heinrich von Schuberts Einfluß auf Kleist, Justinus Kerner und E. T. A. Hoffmann. Beiträge zur deutschen Romantik, Diss. Münster 1911. Karin LINDEMANN, Das verschlossene Ich und seine Gegenwelt. Studien zu Thomas Mann, Sören Kierkegaard und E. T. A. Hoffmann, Diss. Erlangen-Nürnberg 1965. Karl Georg von MAASSEN, E. T. A. Hoffmanns Nachtstück ,Ignaz Denner' und sein Vorbild. Der grundgescheute Antiquarius 1, 1922, S. 179—185, jetzt in: K. G. v. M., Der grundgescheute Antiquarius, Frechen 1966, S. 168—179. Justus MAHR, Die Musik E. T. A. Hoffmanns im Spiegel seiner Novelle vom ,Ritter Gluck'. Neue Zeitschrift für Musik 129, Heft 7/8, 1968, S. 339—346. Gisela Maria MAUCHER, Das Problem der dichterischen Wirklichkeit im Prosawerk von E. T. A. Hoffmann und E. A. Poe, Diss. Washington University 1964. Hans MAYER, Die Wirklichkeit E. T. A. Hoffmanns, in: H. M., Von Lessing bis Thomas Mann. Wandlungen der bürgerlichen Literatur in Deutschland, Pfullingen 1959, S. 198—246, jetzt in: Richard BRINKMANN (Hg.), Begriffsbestimmung des literarischen Realismus. Wege der Forschung 212, Darmstadt 1969, S. 259—300. Herman MEYER, Der Typus des Sonderlings in der deutschen Literatur, Diss. Amsterdam 1943, Neuausgabe: München 1963, bes. S. 100—135. Johannes MITTENZWEI, Die Musik als romantischste aller Künste und ihre Bedeutung in den Dichtungen E. T. A. Hoffmanns, in: J. M., Das Musikalische in der Literatur, Halle 1962, S. 124—143. Dieter MÜLLER, Zeit der Automate. Zum Automatenproblem bei Hoffmann. Mitteilungen der E. T. A. Hoffmann-Gesellschaft 12, 1966, S. 1—10. Helmut MÜLLER, Untersuchungen zum Problem der Formelhaftigkeit bei E. T. A. Hoffmann. Sprache und Dichtung, N. F. 11, Bern 1964. Walter MUSCHG, Hoffmann, der Dichter der Musik, in: W. M., Gestalten und Figuren, Bern u. München 1968, S. 47—86. Kenneth G. NEGUS, The Allusions to Schiller's ,Der Geisterseher' in: E. T. A.

Hoffmann's ‚Das Majorat'. Meaning and Background. The German Quarterly 32, 1959, S. 341—355.   Wolfgang NEHRING, Die Gebärdensprache E. T. A. Hoffmanns. ZfdPh 89, 1970, S. 207—221.   Josefine NETTESHEIM, E. T. A. Hoffmanns Phantasiestück ‚Der Magnetiseur', ein Beitrag zum Problem ‚Wissenschaft' und Dichtung. Jahrbuch des Wiener Goethe-Vereins 71, 1967, S. 113—127. Otto NIPPERDEY, Wahnsinnsfiguren bei E. T. A. Hoffmann, Diss. Köln 1957. Werner OEHLMANN, Don Juan. Zur Geschichte eines Mythos, in: W. OE., Don Juan, Deutung und Dokumentation. Dichtung und Wirklichkeit. Ullstein Buch 5014, Frankfurt am Main u. Berlin 1965, S. 5—45.   Hubert OHL, Der reisende Enthusiast. Studien zur Haltung des Erzählers in den ‚Fantasiestücken' E. T. A. Hoffmanns, Diss. Frankfurt a. M. 1955.   Siegbert Saloman PRAWER, Hoffmann's uncanny guest. A reading of ‚Der Sandmann'. German Life and Letters 18, 1964/65, S. 297—308.   Wolfgang PREISENDANZ, Eines matt geschliffnen Spiegels dunkler Widerschein. E. T. A. Hoffmanns Erzählkunst. Festschrift Jost Trier, Köln/Graz 1964, S. 411—429.   Natalie REBER, Studien zum Motiv des Doppelgängers bei Dostojewskij und E. T. A. Hoffmann. Osteuropa-Studien der Hochschulen des Landes Hessen, Reihe II, Marburger Abhandlungen zur Geschichte und Kultur Osteuropas, Bd. 6, Gießen 1964.   Jean F. A. RICCI, E. T. A. Hoffmann, imitation, plagiat avoué, originalité. Actes du IVe Congrès de l'Association Internationale de Littérature Comparée, Bd. 2, den Haag 1966, S. 882 bis 887.   Martin ROEHL, Die Doppelgängerpersönlichkeit bei E. T. A. Hoffmann, Diss. Rostock 1916.   Theo ROSEBROCK, Erläuterungen zu E. T. A. Hoffmanns ‚Das Fräulein von Scuderi', Hollfeld/Oberfr. 1958.   Alfons ROSENBERG, Don Giovanni. Mozarts Oper und Don Juans Gestalt, München 1968.   Erwin ROTERMUND, Musikalität und dichterische Arabeske bei E. T. A. Hoffmann. Poetica 2, 1968, S. 48—69.   Volkmar SANDER, Realität und Bewußtsein bei E. T. A. Hoffmann, in: Studies in Germanic Languages and Literature. Festschrift Ernst A. G. Rose, New York 1967, S. 115—126.   Carl SCHAEFFER, Die Bedeutung des Musikalischen und Akustischen in E. T. A. Hoffmanns literarischem Schaffen. Beiträge zur deutschen Literaturwissenschaft 14, Marburg 1909, Nachdruck: London 1968.   Otmar SCHISSEL VON FLESCHENBURG, Novellenkomposition in E. T. A. Hoffmanns ‚Elixieren des Teufels'. Ein prinzipieller Versuch, Halle 1910.   Hartmut SCHMERBACH, Stilstudien zu E. T. A. Hoffmann. Germanische Studien 76, Berlin 1929, photomech. Nachdr., Nendeln/Liechtenstein 1967.   Karl Ludwig SCHNEIDER, Künstlerliebe und Philistertum im Werk E. T. A. Hoffmanns, in: H. STEFFEN (Hg.), Die deutsche Romantik. Poetik, Formen und Motive. Kleine Vandenhoeck-Reihe 250 S, Göttingen 1967, S. 200—218. Rainer SCHÖNHAAR, Novelle und Kriminalschema. Ein Strukturmodell deutscher Erzählkunst um 1800, Bad Homburg v. d. H. 1969.   Christel SCHÜTZ, Studien zur Erzählkunst E. T. A. Hoffmanns. E. T. A. Hoffmann als Erzähler. Untersuchungen zu den ‚Nachtstücken', Diss. Göttingen 1955.   Wulf SEGEBRECHT, Autobiographie und Dichtung. Eine Studie zum Werk E. T. A. Hoffmanns. Germanistische Abhandlungen 19, Stuttgart 1967.   Ders., Hoffmanns Todesdarstellungen. Mitteilungen der E. T. A. Hoffmann-Gesellschaft 12, 1966, S. 11—19. Marianne STRADAL, Studien zur Motivgestaltung bei E. T. A. Hoffmann, Diss. Breslau 1928. Roman S. STRUC, Zwei Erzählungen von E. T. A. Hoffmann und Kafka. Ein Vergleich. Revue des langues vivantes 34, Bruxelles 1968, S. 227 bis 238. Victor TERRAS, E. T. A. Hoffmanns polyphone Erzählkunst. The German Quarterly 39, 1966, S. 549—569. Marianne THALMANN, E. T. A. Hoffmanns ,Fräulein von Scuderi'. Monatshefte 41, 1949, S. 107—116. Leo WEINSTEIN, The Metamorphoses of Don Juan, Stanford 1959. Hans-Georg WERNER, E. T. A. Hoffmann. Darstellung und Deutung der Wirklichkeit im dichterischen Werk. Beiträge zur deutschen Klassik 13, Weimar 1962. Benno von WIESE, ,Rat Krespel', in: B. v. W., Die deutsche Novelle von Goethe bis Kafka, Interpretationen II, Düsseldorf 1962, S. 87—103. Jacques WIRZ, Die Gestalt des Künstlers bei E. T. A. Hoffmann, Diss. Basel (1958) 1961. Joachim WOLFF, Der Idealisierungskomplex in den Werken E. T. A. Hoffmanns, Diss. Bern 1966. Elisabeth ZAPF-STURROCK, E. T. A. Hoffmann. Inimical Force and Related Powers, Diss. Ohio State University 1967.

Zu weiteren Arbeiten über E. T. A. Hoffmann vgl. Klaus KANZOG, Grundzüge der E. T. A. Hoffmann-Forschung seit 1945. Mit einer Bibliographie. Mitteilungen der E. T. A. Hoffmann-Gesellschaft 9, 1962, S. 1—30. Ders., E. T. A. Hoffmann-Literatur 1962—1965. Eine Bibliographie. Mitteilungen der E. T. A. Hoffmann-Gesellschaft 12, 1966, S. 33—38. Ders., E. T. A. Hoffmann-Literatur 1966—1969. Eine Bibliographie. Mitteilungen der E. T. A. Hoffmann-Gesellschaft 16, 1970, S. 28—40. Jürgen VOERSTER, 160 Jahre E. T. A. Hoffmann-Forschung, 1805—1965. Eine Bibliographie mit Inhaltserfassung und Erläuterungen. Bibliographien des Antiquariats Fritz Eggert 3, Stuttgart 1967.

[29] Zitiert nach: E. T. A. Hoffmann, Phantasie- und Nachtstücke; nach dem Text des Erstdrucks ... hrsg. von Walter Müller-Seidel, München 1960. S. 75.

[30] a. a. O., S. 76.

[31] a. a. O., S. 71.

[32] a. a. O., S. 71.

[33] a. a. O., S. 78.

[34] Wolfgang Kayser, Das Groteske. Seine Gestaltung in Malerei und Dichtung, Oldenburg und Hamburg 1957. S. 62 ff.

[35] Vgl. dazu die Arbeit meines Schülers Hubert Ohl, Der reisende Enthusiast. Studien zur Haltung des Erzählers in den ,Fantasiestücken' E. T. A. Hoffmanns, Diss. Frankfurt/M. 1955, S. 74 ff.

[36] Hoffmann, a. a. O., S. 67.

[37] H. Ohl, a. a. O., S. 53.

[38] H. Ohl, a. a. O., S. 54.

[39] Hoffmann, a. a. O., S. 67 f.

[40] Vgl. dazu das Gedicht von Rilke „Der Goldschmied". Dieses Gedicht scheint mir einigermaßen genau das wiederzugeben, was mit der Cardillac-

gestalt Hoffmanns gemeint ist. R. M. Rilke, Sämtliche Werke, Bd. II, Wiesbaden 1957, S. 27.

[41] Hoffmann, Die Serapions-Brüder. Nach dem Text der Erstausgabe... hrsg. von Walter Müller-Seidel, München 1960, S. 694.

[42] Hoffmann, a. a. O., S. 696.

[43] Hoffmann, a. a. O., S. 691.

[44] Richard Alewyn, Das Rätsel des Detektivromans, in: Definitionen. Essays zur Literatur (Hg. A. Frisé), Frankfurt/M. 1963, S. 117—136. Vgl. dazu auch die inzwischen publizierte Untersuchung meines Schülers Rainer Schönhaar, Novelle und Kriminalschema. Ein Strukturmodell deutscher Erzählkunst um 1800, Bad Homburg v. d. H. 1969, zu Hoffmann dort S. 121—148, bes. S. 127 bis 133 und S. 19—26. Wie bedeutungsvoll das Kriminalschema für die Novellistik der Romantik, Kleists und des 19. Jahrhunderts in der Tat ist, wird erstmals in dieser Untersuchung deutlich gemacht.

[45] E. Lämmert, a. a. O., S. 108.

[46] Clemens Lugowski, Wirklichkeit und Dichtung, Frankfurt/M. 1936. S. 138.

[47] Hoffmann, a. a. O., S. 696.

[48] Hoffmann, a. a. O., S. 18 ff., das Zitat S. 24.

Achim von Arnim

Claude David, Achim von Arnim: ,Isabella von Ägypten'. Essai sur le sens de la littérature fantastique. Festschrift Richard Alewyn, Köln/Graz 1967, S. 328 bis 345. Ernst Feise, Der tolle Invalide von A. v. Arnim. JEGP 53, 1954, S. 403 bis 409. Heinrich Henel, Arnims ,Majoratsherren', in: Weltbewohner und Weimaraner, Festgabe für E. Beutler, Zürich und Stuttgart 1960, S. 73—104, jetzt in: Deutsche Erzählungen von Wieland bis Kafka. Interpretation 4 (Hg. J. Schillemeit), Fischer Bücherei 721, Frankfurt am Main 1966, S. 151—178. Helmuth Himmel, A. v. Arnims Toller Invalide und die Gestalt der deutschen Novelle. Versuch einer Grundlegung, Graz 1967. H. Guenther Nerjes, Symbolik und Groteske in Achim von Arnims ,Majoratsherren'. Seminar 3, 1967, S. 127—137. Paul Noack, Phantastik und Realismus in den Novellen A. v. Arnims, Diss. Freiburg 1952. Wolfdietrich Rasch, A. v. Arnims Erzählkunst. Der Deutschunterricht 7, 1955, H. 2, S. 38—55. Harald Riebe, Erzählte Welt. Interpretationen zur dichterischen Prosa A. v. Arnims, Diss. Göttingen 1952. Gerhard Rudolph, Studien zur dichterischen Welt Achim von Arnims. Quellen und Forschungen zur Sprach- und Kulturgeschichte der german. Völker NF 1 (125), Berlin 1958. Gerhard Rudolph, Die Epoche als Strukturelement in der dichterischen Welt. Zur Deutung der Sprache Heinrichs von Kleist und Achims von Arnim. GRM 40 (NF 9), 1959, S. 118—139. Walter Silz, ,Der tolle Invalide', in: W. S., Realism and Reality, Chapel Hill 1954, S. 29—35. Hermann Friedrich Weiss, Achim von Arnim, Writer of Transition. Themes and Techniques in his Short Prose Narratives, Diss. Princeton University 1968. Ders., The Use of the Leitmotif in Achim von Arnim's Stories. The German Quarterly

42, 1969, S. 343—351.   Benno von WIESE, A. v. Arnim. Der tolle Invalide auf dem Fort Ratonneau, in: B. v. W., Die deutsche Novelle von Goethe bis Kafka, Interpretationen II, Düsseldorf 1962, S. 71—86.

[49] Heinrich Henel, Arnims ‚Majoratsherren‘, in: Festgabe Beutler, S. 73—104.

[50] Zitiert nach: Walter Migge (Hg.), Achim von Arnim. Sämtliche Romane und Erzählungen, 3 Bde. München 1962—1965, Bd. II, S. 735.

[51] A. v. Arnim, a. a. O., S. 739.

[52] B. v. Wiese, Die deutsche Novelle von Goethe bis Kafka, Interpretationen II, Düsseldorf 1962, S. 75.

[53] A. v. Arnim, a. a. O., S. 738.

[54] A. v. Arnim, a. a. O., S. 752.

[55] A. v. Arnim, hrsg. v. W. Migge, Bd. III, S. 39.

[56] A. v. Arnim, a. a. O., S. 67.

[57] Josef Körner, Bibliographisches Handbuch des deutschen Schrifttums, 3. Aufl. Bern 1949, S. 349, Anm. 1. In Wolfgang Kaysers Buch über das Groteske wird die Novelle als Beispiel für die romantische Vorliebe für das Stilelement des Grotesken herangezogen. Auch Henel bezieht diesen Begriff in seine Analyse der Novelle ein: allerdings so, daß er ihn weiter und allgemeiner faßt, als es Kayser tut. Tatsächlich finden sich in der Novelle zahlreiche Stilzüge des Grotesken, vor allem da, wo die Wirklichkeit ins Dämonische verzerrt ist: In der Erscheinung der Vasthi; in den Visionen des Majoratsherrn; in der Weise, wie er die Realität in ihrer dämonischen Entstellung erlebt (vgl. etwa die Art, wie er den Notar und andere Gestalten schildert!). Angesichts der divergierenden Auffassungen Kaysers und Henels über das Wesen des Grotesken wird man wohl dem letzteren mit seiner vorwiegend negativ entfalteten Deutung des Grotesken Recht geben müssen. Sonst besteht die Gefahr, daß dieser Begriff ins Unverbindliche aufgelöst wird.

[58] A. v. Arnim, a. a. O., S. 44 f.

Joseph von Eichendorff

Richard ALEWYN, Eine Landschaft Eichendorffs. Euphorion 51, 1957, S. 42—60, wieder abgedr. in: Paul STÖCKLEIN (Hg.), Eichendorff heute. Stimmen der Forschung mit einer Bibliographie, München 1960, 2. erg. Aufl. Darmstadt 1966, S. 19—43, und in: Deutsche Erzählungen von Wieland bis Kafka. Interpretationen 4 (Hg. Jost SCHILLEMEIT), Fischer Bücherei 721, Frankfurt am Main 1966, S. 196—217.   E. P. APPELT, Selbsterlebtes in Eichendorffs ‚Aus dem Leben eines Taugenichts‘. The Philological Quarterly 7, 1928, S. 275—282.   Friedrich BAUER, Die Gedichteinlagen in Eichendorffs Novelle ‚Aus dem Leben eines Taugenichts‘, Monatshefte 24, 1933, S. 139—148.   Manfred BELLER, Narziß und Venus. Klassische Mythologie und romantische Allegorie in Eichendorffs Novelle ‚Das Marmorbild‘. Euphorion 62, 1968, S. 117—142.   Ernst FEISE, Eichendorffs ‚Marmorbild‘. Germanic Review 11, 1936, S. 76—86. Wiederabgedruckt in: E. F., Xenion. Themes, Forms, and Ideas in German Literature, Baltimore 1950, S. 111—122.   Ders., Eichendorffs ‚Aus dem Leben eines Taugenichts'. Monatshefte 28, 1936, S. 8—16, wieder abgedr. in: E. F., Xenion, Baltimore 1950, S. 123—134. Herta FIEDLER, Das Verhältnis Eichendorffs zu Tieck in seinen erzählenden Dichtungen, Diss. Prag 1931. Gerald GILLESPIE, Zum Aufbau von Eichendorffs ,Eine Meerfahrt'. Literaturwissenschaftliches Jahrbuch 6, 1965, S. 193—206. Alfons HAYDUK, Der dämonisierte Eros bei Eichendorff und Hauptmann. Von der Novelle ,Das Marmorbild', 1817, zum posthumen Roman ,Winckelmann', 1954. Aurora 15, 1955, S. 25—29. Klaus Joachim HEINISCH, Joseph von Eichendorff: ,Das Marmorbild', in: K. J. H., Deutsche Romantik. Wort, Werk, Gestalt 2809, Paderborn 1966, S. 154—171. Ders., Joseph von Eichendorff: ,Aus dem Leben eines Taugenichts', ebda, S. 76—85. Dietmar KÖHLER, Wiederholung und Variation. Zu einem Grundphänomen der Eichendorffschen Erzählkunst. Aurora 27, 1967, S. 26—43. Helmut KOOPMANN, Eichendorff, Das Schloß Dürande und die Revolution. ZfdPh 89, 1970, S. 180—207. Hermann KUNISCH, ,Das Wiedersehen'. Ein Novellenfragment von Joseph von Eichendorff. Aurora 25, 1965, S. 7—39. Josef KUNZ, Eichendorff. Höhepunkt und Krise der Spätromantik. Ein Beitrag zum Verständnis seiner Novellendichtung, Oberursel 1951, photomech. Nachdruck, Darmstadt 1967. Hans Jürg LÜTHI, Dichtung und Dichter bei Joseph von Eichendorff, Bern u. München 1966. Robert MÜHLHER, Dichterglück. Die poetische Sprache und Motivik in Eichendorffs Erzählung ,Die Glücksritter'. Aurora 19, 1959, S. 27 bis 51. Ders., Die künstlerische Aufgabe und ihre Lösung in Eichendorffs Erzählung ,Aus dem Leben eines Taugenichts'. Ein Beitrag zum Verständnis des Poetischen. Aurora 22, 1962, S. 13—44. Georges PAULINE, ,Eine Meerfahrt' d'Eichendorff. Etudes Germaniques 10, 1955, S. 1—16. Lawrence R. RADNER, Eichendorff's ,Marmorbild': Götterdämmerung and deception. Monatshefte 52, 1960, S. 183—188. Helmut REHDER, Ursprünge dichterischer Emblematik in Eichendorffs Prosawerken. JEGP 56, 1957, S. 528—541. Ewald REINHARD, Eichendorff als Märchenerzähler. Aurora 13, 1953, S. 41—43. Ders., Eichendorffs ,Aus dem Leben eines Taugenichts'. Literar. Handweiser 47, 1909, S. 737—744. Ders., Eichendorffs Novellen ,Aus dem Leben eines Taugenichts' und ,Das Marmorbild'. Literar. Handweiser 47, 1909, S. 697—700. Theo ROSEBROCK, Erläuterungen zu Eichendorffs ,Das Marmorbild' und ,Das Schloß Dürande'. Königs Erläuterungen zu deutschen Klassikern 248, Hollfeld/Oberfr. o. J. [1958]. Egon SCHWARZ, Bemerkungen zu Eichendorffs Erzähltechnik. JEGP 56, 1957, S. 542—549. Egon SCHWARZ, Ein Beitrag zur allegorischen Deutung von Eichendorffs Novelle ,Das Marmorbild'. Monatshefte 48, 1956, S. 215—220. Ders., Der Taugenichts zwischen Heimat und Exil. Etudes Germaniques 12, 1957, S. 18—33. G. SEEKER, Joseph von Eichendorffs ,Schloß Dürande'. Diss. Marburg, Charlottenburg 1927. Oskar SEIDLIN, Versuche über Eichendorff, Göttingen 1965. Bengt Algot SØRENSEN, Zum Problem des Symbolischen und Allegorischen in Eichendorffs epischem Bilderstil. ZfdPh 85, 1966, S. 598—606, und: Aurora 26, 1966, S. 50—56. Richard STECHER, Erläuterungen zu Eichendorffs ,Aus dem Leben eines Taugenichts'. Königs Erläuterungen zu deutschen Klassikern 215, 3. Aufl., Hollfeld/Oberfr. 1955. Friedrich STOCK-

MANN, Die Darstellung der Landschaft in Eichendorffs erzählender Prosa. Aurora 28, 1968, S. 53—65.   Elisabeth STOPP, The Metaphor of Death in Eichendorff. Oxford German Studies 4, 1969, S. 67—89.   Richard TREML, Zu Eichendorffs Novellentechnik, Diss. Wien 1948.   Friedrich WESCHTA, Eichendorffs Novellenmärchen ‚Das Marmorbild'. Prager Studien 25, Prag 1916.   Benno von WIESE, J. v. Eichendorff, Aus dem Leben eines Taugenichts, in: B. v. W., Die deutsche Novelle von Goethe bis Kafka, Interpretationen II, Düsseldorf 1962, S. 79—96.

Zu weiteren Arbeiten über Eichendorff vgl. Wolfgang KRON, Eichendorff-Bibliographie, in: Paul STÖCKLEIN (Hg.), Eichendorff heute. Stimmen der Forschung mit einer Bibliographie, München 1960, 2. erg. Aufl. Darmstadt 1966, S. 280 ff.

[59] Vgl. dazu Romano Guardinis ausgezeichneten Kierkegaardaufsatz ‚Der Ausgangspunkt der Denkbewegung Sören Kierkegaards'. In: R. G., Unterscheidung des Christlichen, Mainz 1935. 2. Aufl. 1963, S. 473—501.

[60] Dazu auch Walter Rehm, Kierkegaard und der Verführer, München 1949. Dazu meine Besprechung im Anz. f. d. A. 66, 1952/53, S. 147—156.

[61] Vgl. dazu mein Eichendorffbuch: Eichendorff. Höhepunkt und Krise der Spätromantik, Oberursel 1951.

[62] Vgl. dazu meine Dissertation: Clemens Brentanos Godwi. Ein Beitrag zur Erkenntnis des Lebensgefühls der Frühromantik, Diss. Frankfurt/M. 1940.

[63] Zitiert nach: Josef Freiherr von Eichendorff, Sämtliche Werke, Bd. 3, Leipzig 1864, S. 108.

[64] Eichendorff, Sämtl. Werke, a. a. O., S. 108.

[65] Eichendorff, Sämtl. Werke, a. a. O., S. 119 f.

[66] Eichendorff, Sämtl. Werke, a. a. O., S. 120.

[67] Eichendorff, Sämtl. Werke, a. a. O., S. 120.

[68] Vgl. dazu die Interpretation der Novelle in meinem Eichendorffbuch S. 145 ff.

[69] Eichendorff, Sämtl. Werke, a. a. O., S. 134.

[70] Eichendorff, Sämtl. Werke, a. a. O., S. 142.

[71] Eichendorff, Sämtl. Werke, a. a. O., S. 143.

[72] Eichendorff, Sämtl. Werke, a. a. O., S. 141.

[73] Eichendorff, Sämtl. Werke, a. a. O., S. 142.

[74] Eichendorff, Sämtl. Werke, a. a. O., S. 151.

[75] Eichendorff, Sämtl. Werke, a. a. O., S. 151.

[76] Vgl. mein Eichendorffbuch, S. 230 ff.

[77] Eichendorff, Sämtl. Werke, a. a. O., S. 110.

[78] Eichendorff, Sämtl. Werke, a. a. O., S. 111.

[79] Eichendorff, Sämtl. Werke, a. a. O., S. 115.

[80] Max Kommerell, Gedanken über Gedichte, Frankfurt/M. 1944, 2. Aufl. 1956, S. 19 ff.

[81] Eichendorff, Sämtl. Werke, a. a. O., S. 117 f.

[82] Zum Erzählstil des Novalis vgl. W. Kayser, Das sprachliche Kunstwerk, a. a. O., S. 305 ff.

IV. Die Novellen Heinrich von Kleists

Kleists Novellen wurden in dieser Folge veröffentlicht: 1807 erschien das „Erdbeben in Chili", 1808 das Fragment des „Michael Kohlhaas", in demselben Jahr „Die Marquise von O.". 1810 wurden die drei Erzählungen in einer Buchausgabe vereinigt, in der sich auch der vollendete „Kohlhaas" findet. 1811 wurde der zweite Band mit den übrigen Novellen veröffentlicht. Dieser enthält „Die Verlobung in St. Domingo", „Die heilige Cäcilie", den „Findling" und den „Zweikampf". Genaueres über die Entstehungszeiten der Novellen auszumachen, ist bisher nicht eindeutig gelungen.

Der Findling

In einer geschichtlichen Darstellung der Entwicklung der Novelle wird man das Kleist-Kapitel am besten mit einer Analyse des „Findlings" beginnen, denn gerade diese Dichtung steht der romantischen Novelle in Thematik und Form relativ am nächsten. So liegt es nahe, diese Tatsache zu benutzen, um Kleist mit der Romantik in Zusammenhang zu bringen, ihn von daher zu deuten und zugleich davon abzuheben. Dokumentarisch läßt sich auch im Falle dieser Novelle das Entstehungsdatum nicht genau festlegen. Vieles spricht dafür, daß es sich um ein Frühwerk des Dichters handelt; jedenfalls um eines, das — wie noch zu zeigen sein wird — wohl vor der „Marquise" entstanden ist.

Es bereitet zunächst einige Schwierigkeiten, den „Findling" motivisch als einheitliches Werk zu deuten. Das Motiv des Findlings und das des Doppelgängertums sind auf den ersten Blick so disparat und unvereinbar, daß man mit Rücksicht darauf geradezu zeitlich verschiedene Ansätze der Arbeit an diesem Werk angenommen hat, um diese Diskrepanz zu erklären[1]. In einer Deutung dieser Novelle in der Festschrift für Ludwig Wolff habe ich versucht, diesem Einwand zu begegnen und zu zeigen, wie es trotzdem möglich ist, die Thematik der Novelle von einem einzigen Ansatzpunkt her zu verstehen, auch wenn sich die Handlung aus zwei so verschiedenen Motiven entwickelt[2]. Es handelt sich um jene aus der Romantik vertraute Thematik, auf die sich auch das dichterische Werk Kleists konzentriert: die der Zweideutigkeit.

In diesem Sinn ist sowohl die besondere Gestaltung des Findlingsmotivs wie die des Doppelgängermotivs zu verstehen. Die Stelle, die für die Zweideutigkeit der Findlingsgestalt aufschlußreich erscheint, ist die Beschreibung Nicolos im Eingang der Novelle, wo Piachi und Nicolo nach dem Tode von Paolo die Heimfahrt antreten. „Auf der Straße, vor den Toren der Stadt, sah sich der Landmäkler den Jungen erst recht an. Er war von einer besondern, etwas starren Schönheit, seine schwarzen Haare hingen ihm, in schlichten Spitzen, von der Stirn herab, ein Gesicht beschattend, das, ernst und klug, seine Mienen niemals veränderte. Der Alte tat mehrere Fragen an ihn, worauf jener aber nur kurz antwortete: ungesprächig und in sich gekehrt saß er, die Hände in die Hosen gesteckt, im Winkel da, und sah sich mit gedankenvoll scheuen Blicken die Gegenstände an, die an dem Wagen vorüberflogen. Von Zeit zu Zeit holte er sich, mit stillen und geräuschlosen Bewegungen, eine Handvoll Nüsse aus der Tasche, die er bei sich trug, und während Piachi sich die Tränen vom Auge wischte, nahm er sie zwischen die Zähne und knackte sie auf.“[3] Wichtig ist darin einmal der Hinweis auf die Schönheit Nicolos und, zugleich damit, der auf die Fragwürdigkeit dieser Schönheit; sich verdeutlichend in Attributen wie „ernst" und „starr", dann vor allem in dem Anzeichen einer elementaren Lieblosigkeit des Findlings, der, ohne eine Regung der Dankbarkeit, teilnahmslos und kalt Nüsse aufknackt, während Piachi in Schmerz um den Tod seines Sohnes versunken ist.

Nimmt man die spätere Handlungsfolge hinzu, dann rundet sich der erste Eindruck ab: Wie die äußere Erscheinung Nicolos von Anfang an auf die Zweideutigkeit seiner Existenz hinweist, so auch die Wirkung, die von ihm ausgeht. Er, der als Findling aus dem Unbekannten auftaucht und so in den Kreis der menschlichen Ordnung tritt, vermag in der Maske und unter dem Schein dieser Ordnung sein Werk der Zersetzung zu vollbringen. Durch den von ihm verursachten Tod Paolos wird der Platz im Hause Piachis für ihn frei. Und Nicolo nutzt mit aller ihm zur Verfügung stehenden Raffinesse diese für ihn günstige Situation aus, um die Welt Piachis zu unterhöhlen.

In diesem Zusammenhang wird dann auch das Doppelgängertum wichtig; und zwar in konsequenter Fortsetzung dessen, was schon in dem ersten Teil der Novelle vorbereitet ist. Mit dem Findlingsmotiv ist das des Doppelgängertums durch die Thematik der Zweideutigkeit insofern verbunden, als in diesem Doppelgängertum noch schärfer in Erscheinung treten wird, was in dem äußeren Bild Nicolos von vornherein angelegt war: das Zwielichtige und Fragwürdige seiner Schönheit. Nur von hier aus ist es zu verstehen, daß Nicolo als der Doppelgänger jenes selbstlosen und edelmütigen Mannes erscheinen kann, der Elvira, die spätere Gattin Piachis, einst aus der Todesnot rettete.

So spitzt sich die Handlung der Novelle in ihrem zweiten Teil zu der unheimlichen Tatsache zu, daß das Edelste und das Verworfenste sich so gleichen können, daß niemand mit Sicherheit das eine vom anderen zu unterscheiden vermag; selbst die Liebende nicht. Besonders an dieser Stelle ist der Zusammenhang Kleists mit der Romantik fast überdeutlich greifbar; denn auch Cardillac ist so geartet, daß in ihm der kunstvolle Meister und der Verbrecher zugleich erscheinen; ein Unterschied besteht allerdings darin, daß dieses Thema bei Cardillac in *einer* Figur gestaltet ist, während das Doppelgängertum in die Kleistsche Novelle in motivischer Ausdrücklichkeit hineinspielt.

Da im „Findling" nicht eine Gestalt in sich aufgespalten ist, vielmehr zwei verschiedene Gestalten gegenwärtig sind, die als identisch auftreten und sich zum Verwechseln ähnlich sehen, wird in dieser Novelle etwas von dem Rätsel einer nicht mehr durchschaubaren Schicksalsmacht spürbar: Von wem rührt ein Trug solchen Ausmaßes her, daß das Höchste und das Niedrigste nicht mehr zu unterscheiden sind? Wie ist es möglich, daß der selbstlose Retter Elviras, für sie ein Wesen von fast transzendenter Herkunft, und ein Mensch von der abgründigen Bosheit Nicolos in derselben Gestalt erscheinen können? Wie ist es möglich, daß sich in unheimlicher Weise selbst ihre Namen Colino-Nicolo in Übereinstimmung befinden? Mit der Bedeutung dieser Fakten kommt Kleist Vorstellungen nahe, die den Ernst und die Güte der Schöpfung in Frage stellen. Elvira aber ist genötigt, beide Gestalten zusammenzunehmen und als identisch zu verstehen: den Ritter, dem sie sich über den Tod hinaus verbunden und verpflichtet weiß, und den anderen, der bis auf die kleinsten Züge jenem gleicht und doch ihr entgegentrat, um sie zu schänden. E. T. A. Hoffmann läßt in dem „Fräulein von Scuderi" das schizophrene Nebeneinander des Heiligen und des Dämonischen bestehen. Daß Kleist dazu nicht bereit war, zeigt das Ende des Werkes. In Piachi bricht ein furchtbarer Haß angesichts dieser tückischen Macht des Bösen auf, und so betreibt er seine Rache, indem ihm dafür jeder Preis recht ist, selbst der Verlust des eigenen Heiles und der eigenen Seligkeit.

Dieser Differenz zwischen der Hoffmannschen und der Kleistschen Novelle entspricht die Verschiedenheit des novellistischen Stils. Um einen entscheidenden Zug innerhalb dieser Verschiedenheit vorwegzunehmen: An die Stelle der emotionalen Erzählhaltung der romantischen Novelle — eines

Ausdrucks der Wehrlosigkeit und des Erschreckens angesichts des ord-
nungslosen Zustandes der Welt — tritt bei Kleist das Bemühen, dieser
Ordnungslosigkeit standzuhalten und in einem Höchstmaß an Objektivität wiederum Kontrolle über das sich Ereignende zu gewinnen. Aus diesem Bemühen ergeben sich die wichtigen formalen Unterschiede zwischen
Hoffmann und Kleist.

Hatte die romantische Novelle die Grundlage epischer Gestaltung, die
Distanz und Spannung zwischen Erzähler und Geschehen, zugunsten der
Unmittelbarkeit einer Darstellung aufgegeben, in der der Erzähler sich
an seine Gestalten verliert, um ihnen in den szenisch-dramatischen Partien selbst das Wort zu geben, so stellt Kleist gegenüber dieser romantischen Hingerissenheit den Vorrang des Erzählers wieder her. Im Gegensatz zu der Neigung Hoffmanns, in der dargelegten Weise die Novelle zu
dramatisieren, ist die erzählerische Struktur des „Findlings" durch das
Übergewicht des Berichts charakterisiert und zwar in einem Maße, daß
sogar die direkte und indirekte Rede, kaum daß sie begonnen, wiederum
in die Objektivität des Berichtes übersetzt wird. Charakteristisch ist dafür
die Stelle, wo Xaviera Tartinis erstaunliche Worte über den auf dem
Bilde dargestellten Retter Elviras nach einem kurzen Ansatz in der
indirekten Rede alsbald in einen Sachbericht übergehen: „sie müsse ihm nur
eröffnen, daß der Gegenstand von Elviras Liebe ein, schon seit zwölf
Jahren, im Grabe schlummernder Toter sei. — Aloysius, Marquis von
Montferrat ... war das Original des Bildes ..."[4] Kleist ist also bestrebt,
die ursprüngliche Form der klassischen Novelle mit ihrer Beschränkung
auf das Ereignishafte und die reine Faktizität zu erneuern, ja sie darin
gelegentlich noch zu überbieten. Daher ist die besondere Form des Kleistschen Berichtes in mancherlei Hinsicht aufschlußreich.

Charakteristisch für diese Art des Berichts ist unter anderem die Vorliebe
für Satzvernietungen, in denen das Überraschend-Schicksalhafte des Geschehens mit besonderer Schärfe betont wird. Das sind einmal die jedem
Kleistleser bekannten Wendungen, in denen zwei Fakten innerhalb eines
Satzgefüges durch ein „eben ... als" verbunden werden: „Eben hatte
sie einen Schrank ... geöffnet ...: als Nicolo die Tür sacht öffnete ..."[5] Das
sind aber auch jene für Kleist ebenso charakteristischen Satzeinleitungen,
die in diesem Zusammenhang von Bedeutung werden: „Es fügte sich, daß
..." „Es traf sich, daß ..." usw. Noch stärker als in diesen Wendungen,
die, wenn auch nur formelhaft knapp, doch noch etwas von einer Deutung
und Charakterisierung des Geschehens enthalten, offenbart sich die nackte
Objektivität des Erzählstiles an Stellen, wo der Erzähler auf alle Ver-

knüpfungsformen modaler Art verzichtet und statt dessen ohne jene Vernietung Satz an Satz reiht: „Er bemerkte ..." „Er unterhandelte ..." Auch diese Aneinanderreihung ist als Versuch zu werten, in der von der klassischen Novelle her vertrauten Form der Aoristreihe das Überraschende und Jähe des Geschehens sprachlich zu bewältigen.

Man könnte gegen eine solche Deutung des Kleistschen Erzählstils einwenden, daß sich auch in der Novelle Kleists jene Epitheta finden, die in besonderer Weise für den Stil der romantischen Novelle offenbarend sind; Epitheta, die alle in irgendeiner Weise die Betroffenheit des Erzählers zum Ausdruck bringen. Wie bei Tieck, Brentano und Hoffmann finden sich im „Findling" Attribute wie: „einen unendlichen Reiz" — „diese sonderbare Entdeckung" — „seine wilden Hoffnungen" usw. Widerspricht eine solche Tatsache nicht der eingangs gegebenen Charakterisierung des Kleistschen Erzählstils? Auf diese Frage hat Kurt Günther in seiner Untersuchung zum „Findling" bereits eine Antwort gegeben[6]. In einer genauen Analyse der infrage kommenden Stellen hat er gezeigt, daß alle diese Attribute nicht, wie bei Hoffmann, die Hingerissenheit des Erzählers zum Ausdruck bringen, sondern vielmehr, in der Form eines „eingefühlten Stils", in der psychischen Verfassung der handelnden Figur begründet sind, so daß auch in ihnen mehr ein Stil der Objektivität als der Subjektivität zum Ausdruck kommt.

Dieser objektivierenden Gestaltung entspricht die erzählerische Perspektive. In entscheidenden Partien herrscht die Außensicht vor. Wie die Darstellung des Geschehens ausschließlich auf das Faktische beschränkt ist, so hält auch der Erzähler — mit Ausnahme des letzten Teiles der Novelle[7] — streng an einer solchen Sicht von außen fest, eine Wahl der Perspektive, die wiederum dem Geist der Novelle angemessen ist. Denn wenn der Zustand der Welt wirklich in dem Maße für die Vernunft und die Einsicht des Menschen undurchdringlich ist wie im „Findling", dann kann einer solchen Welterfahrung nur eine Einstellung des Erzählers entsprechen, die diesem Zustand der Fremdheit und der Unzuverlässigkeit Rechnung trägt und sich davor hütet, mit einer voreiligen psychologischen Analyse die Fremdheit aufzulösen. Man denke noch einmal an die schon zitierte Beschreibung Nicolos am Eingang der Novelle. In ihr wird nur das gesagt, was von außen her erkennbar ist: Nicolos Gebärden und sein Handeln. Mit keinem Wort wird auch nur der Versuch einer Kommentierung unternommen, d. h. der Versuch, den Ausdruckssinn der Gebärde durch ein Eindringen in das Innere der Personen ergänzend zu erhellen[8].

Die Marquise von O.

Heinrich von Kleist hat im Schaffen der folgenden Zeit noch einmal auf die Thematik des „Findlings" zurückgegriffen, um sie — offenbar in einer Entwicklungsphase der größeren Reife — zum zweitenmal in einer Novelle zu gestalten. Auch in der „Marquise von O." steht die Liebende dem verwirrenden Doppelgängertum des Mannes gegenüber; nur daß jetzt dieses Doppelgängertum nicht auf zwei Gestalten verteilt, sondern in das Innere eines Mannes verlegt ist. Diese Wandlung erlaubt es dem Dichter, die Thematik mehr als im „Findling" zu vertiefen und vor allem auf die Existenzspannung und die Existenzkonflikte hin zu gestalten. Da die Deutung dieser Novelle mancherlei Schwierigkeit bereitet, ist es nötig, ausführlicher über sie zu sprechen.

Diese Schwierigkeiten beginnen schon mit der Frage nach der thematischen Einheit der Novelle. Das Motivgefüge des Werkes birgt zwei, wie es scheint, gleichgewichtige Motive in sich, das Liebesmotiv und das der unwissenden Empfängnis und Mutterschaft.

Die Interpretation der Novelle durch Hermann Pongs hat den Vorrang des ersten Motivs betont[9]; die Interpretation Gerhard Frickes beschränkte sich ausschließlich auf das zweite[10]. Wie aber ist das Verhältnis und der innere Zusammenhang beider Motive zu bestimmen? Das ist das schwierigste Problem, das eine Deutung dieser Novelle zu klären hat. Zunächst steht das Verhältnis der Marquise zu dem russischen Grafen im Vordergrund. Er ist es, der sie, die in Ohnmacht gesunken, vor dem Zugriff der Soldateska rettet. Von Anfang an fühlte sich die Marquise zu ihrem Retter ebenso hingezogen wie Elvira zu Colino im „Findling"; auch sie sieht den Retter ins Übermenschlich-Heilige erhöht. „Der Marquise schien er ein Engel des Himmels zu sein". So charakterisiert der Erzähler diese Verehrung[11].

Nun aber verbindet sich mit diesem Liebesmotiv schon im ersten Teil der Novelle jenes andere Motiv, das zahlreiche Novellisten, von Cervantes bis Barbey d'Aurévilly, angezogen hat, das der rätselhaften Empfängnis. So wird, nachdem vom Ende des Krieges die Rede war, von gesundheitlichen Störungen der Marquise erzählt, die, wie sie meint, Ähnlichkeit mit solchen hätten, die sie erlitten, da sie ihr erstes Kind erwartete. Aber fast gleichzeitig damit weiß der Erzähler zu berichten, daß der russische Offizier eines Tages im Kreise ihrer Familie erscheint, um in einer alle überraschenden und befremdenden Eilfertigkeit um die Hand der Marquise zu bitten. So beginnt sich im Gefüge der Handlung schon früh das zweite Motiv mit dem ersten zu verknüpfen.

Das Erstaunliche ist, daß in der Darstellung der Novelle weder hier noch dort auch nur mit einem Wort auf den möglichen Zusammenhang zwischen der überraschenden Werbung und den Zuständen der Marquise hingewiesen wird. An dieser Stelle beginnen die erwähnten Schwierigkeiten der Deutung dieser Dichtung.

Noch einmal muß betont werden, daß ein zureichendes Verständnis nur dann möglich ist, wenn man die Aufmerksamkeit nicht nur auf die Fakten, sondern auch auf die besondere Art der erzählerischen Darbietung richtet, für die auch in dieser Novelle das Äußerste an Zurückhaltung des Erzählers charakteristisch ist. Aus diesen Gründen ist der Interpret gehalten, die Aufmerksamkeit auch hier nicht nur auf die Fakten, sondern noch stärker auf die zeitliche Folge dieser Fakten zu richten. Dies stellt die einzige Möglichkeit für den Leser dar, sich in der Novelle zurechtzufinden, da ihm der Erzähler selbst keinerlei direkte Hilfe gibt, von der aus der innere Zusammenhang zu erschließen wäre. Diese Schwierigkeiten erhöhen sich dadurch, daß der Erzähler sich nicht nur jeden Kommentares enthält, sondern auch für diese Novelle, vor allem in bezug auf die beiden Hauptgestalten, die Perspektive der Außensicht wählt. Allerdings gibt es im zweiten Teil Partien, in denen der Erzähler in bezug auf die Titelgestalt von der Außensicht zur Innensicht wechselt. Man hat vor allem an die Stelle zu denken, die oft als die Schlüsselpartie der Novelle verstanden wurde und in der es von der Marquise heißt: „Durch diese schöne Anstrengung mit sich selbst bekannt gemacht, hob sie sich plötzlich . . . empor.“[12] Aber auch hier gibt es sehr genaue Grenzen für das direkte Verstehen, denn — das bereitet eine neue Schwierigkeit für die Deutung — Stellen dieser Art sind nur dann hinreichend zu erfassen, wenn man darauf achtet, in welchem Maße Kleists Psychologie des Unbewußten in sie hineinspielt; und d. h. in diesem Zusammenhang, daß eine solche Aussage über die inneren Vorgänge in der Marquise nicht als objektiv-authentisch betrachtet, sondern nur in den Grenzen verstanden werden darf, in denen die Heldin sich selbst Rechenschaft über ihre Entscheidung abzulegen vermag; also, psychologisch gesehen, in den Grenzen, in denen ihr Bewußtsein in der Lage ist, den Vorgängen im Unbewußten nahezukommen.

In allem — in der Askese des Erzählers, in der Wahl der Außensicht, in dem Verzicht darauf, mehr zu sagen, als den Gestalten der Dichtung in dem jeweiligen Augenblick selber möglich wäre — in all dem ist also für die Novelle Kleists das Bemühen entscheidend, ein Höchstmaß von Objektivität walten zu lassen. Um ein solches Erzählwerk zu deuten, ist demnach höchste Behutsamkeit nötig. Es empfiehlt sich, die Interpretation mit folgendem Hinweis zu beginnen:

Im Verlauf des Geschehens rückt zunächst die Person des russischen Offiziers in den Brennpunkt der Aufmerksamkeit[13]. Die Klärung seines Verhaltens ist verhältnismäßig einfach. Durch eine reiche Zahl indirekter Hinweise gelingt es dem Erzähler, den Leser darauf vorzubereiten, daß dieser Offizier am Zustand der Marquise schuld ist. Ein Fingerzeig findet sich schon dort, wo davon berichtet wird, daß sich der Russe nach der Rettung der Marquise in auffallender Beflissenheit Aufgaben zuwendet, für die er gar nicht zuständig ist, daß er in einer zunächst nicht erklärbaren Weise gerade dort eingreift, wo höchste Lebensgefahr droht, und daß er es vermeidet, die Marquise und ihre Angehörigen wiederzusehen. All das ist in Außensicht dargestellt; es fällt kein direktes Wort über das, was in seinem Inneren vorgeht. Trotzdem ist das Gebärdenhafte so deutlich herausgearbeitet, daß sich von daher leicht Rückschlüsse auf das Innere ziehen lassen.

Es folgt die Episode, da er seinem Vorgesetzten gegenüber nach allen nur denkbaren Ausflüchten sucht, um die Bestrafung jener Soldaten zu verhindern, die der Marquise nahegetreten waren. Auch dies Zeichen dafür, daß in ihm die Stimme des Gewissens wach geworden ist und wie empfindlich sein Inneres auf diesen Ruf reagiert: Wie darf er als der eigentlich Schuldige es mit ansehen, daß er da straffrei ausgeht, wo andere, weniger Schuldige, mit dem Tode bestraft werden? Und so überrascht es auch nicht, daß er die letzte Gelegenheit verstreichen läßt, noch einmal vor der Marquise zu erscheinen. Auch das zeigt, wie stark die Scham von ihm Besitz ergriffen hat.

Kurze Zeit später empfängt die Familie der Marquise die Nachricht, daß der Offizier in den folgenden Kämpfen gefallen sein soll, und sie erfährt zugleich einiges von den näheren Umständen des Todes, vor allem von den letzten Worten des Russen im Augenblick des Sterbens: „Julietta! Diese Kugel rächt dich!"[14] Julietta aber ist der Name der Marquise. Auch dies ist ein Anzeichen dafür, wie mächtig das Schuldgefühl sein Inneres bewegt.

Im Gang der Erzählung folgt darauf — wiederum nicht ohne Absicht — der erste Hinweis auf die Schwangerschaft der Marquise. Aber das bleibt Episode, und die Aufmerksamkeit wendet sich wieder dem Offizier zu, der, wie man nun erfährt, zwar an jenem Tage eine schwere Wunde erhalten hatte, aber wieder völlig genesen ist. Es schließt sich dann die schon erwähnte Szene an, darin der Russe in einer für alle unerklärlich eiligen

Weise um die Hand der Marquise anhält. Da die Umstände der Werbung vor allem für die innere Verfassung des Russen bedeutsam sind, darf die Szene nicht übergangen werden. Es ist besonders wichtig, daß er in dem Gespräch wiederholt bis hart an den Punkt kommt, wo er sich zu seiner Schuld bekennen müßte, daß er aber immer wieder in letzter Minute diesem Bekenntnis ausweicht, um in der Sphäre der Konvention zu verbleiben. Zitiert seien einige besonders aufschlußreiche Stellen, die das Gesagte deutlich machen. Nur beiläufig berührt er sein eigenes Schicksal, um sich danach immer wieder der Marquise zuzuwenden. Es heißt dort, „daß während dessen die Frau Marquise sein einziger Gedanke gewesen wäre; daß er die Lust und den Schmerz nicht beschreiben könnte, die sich in dieser Vorstellung umarmt hätten"; eine zweite Stelle lautet: „daß er mehrere Male die Feder ergriffen, um in einem Briefe, an den Herrn Obristen und die Frau Marquise, seinem Herzen Luft zu machen."[15]

Durch alle diese Worte klingt unverkennbar eines durch: die Verzweiflung über die begangene Tat und der Wunsch, sie wieder gut zu machen. Aber — darauf kommt alles an — immer nur auf eine Art und Weise, die, in die Konvention einbiegend, eine frontale Begegnung mit der Schuld vermeidet. Mit der formalen Werbung und Eheschließung, so glaubt er, sei sowohl der Marquise Genugtuung getan als auch von seiner Seite der Frevel gesühnt. Zum Bekenntnis der Schuld kommt es jedenfalls nicht. Dieselbe Neigung, sich in einer rein gesetzlich-unpersönlichen Sittlichkeit Rückendeckung zu suchen, verrät sich nicht nur in seinem Tun, sondern auch in seinen Worten, vor allem da, wo er beteuert, „daß er... ein ehrlicher Mann sei und die Versicherung anzunehmen bitte, daß diese Versicherung wahrhaftig sei."[16] Deutlicher kann das existentiell Unzureichende seiner Haltung kaum zum Ausdruck kommen. Auch die Unruhe, die über ihn kommt, als er auf diese Weise sein Ziel nicht erreicht, ist aufschlußreich. Es ist die Angst vor der Nötigung, sich dem Chaos seines Inneren stellen zu müssen, dem er um jeden Preis ausweichen möchte.

In einem zweiten Ansatz hat sich die Analyse der Gestalt der Marquise zuzuwenden. Von eigentümlicher Zurückhaltung ist das Verhalten der Marquise während der Werbung und noch mehr dann, als die Familie wieder unter sich ist. Schon hier stößt man auf die rätselhafte Undurchdringlichkeit dieser verschwiegensten aller Gestalten Kleists; und der Erzähler tut, wie schon gesagt, nichts, um uns auch nur indirekt durch eine Gebärde oder durch ein Wort Einsicht in ihr Inneres zu gewähren. Schon bei der plötzlichen und überraschenden Werbung des Grafen wird von ihr nichts anderes gesagt, als daß sie über und über rot und voller Verlegenheit die Mutter anblickt. Während die anderen beunruhigt beraten, heißt es von ihr, daß sie „mit vieler Emsigkeit, an einem Tisch arbeitete, und das Gespräch zu vermeiden schien"[17]. Kein Wort darüber hinaus. Man sieht, wie radikal hier die Außensicht gestaltet ist.

Wichtig im Gang der Novelle ist die folgende Szene, bei der die Familie mit dem Grafen bei der Abendmahlzeit vereinigt ist. Der Graf erzählt den für das Verständnis der Novelle sehr bedeutsamen Traum, der in jener bildhaften Sprache, wie sie für die Sphäre des Traumes eigentümlich ist, wiederum einem Schuldgeständnis sehr nahekommt. „Hierauf erzählte er mehrere, durch seine Leidenschaft zur Marquise interessanten, Züge: wie sie beständig, während seiner Krankheit, an seinem Bette gesessen hätte; wie er die Vorstellung von ihr ... mit der Vorstellung eines Schwans verwechselt hätte, den er, als Knabe, auf seines Onkels Gütern gesehen; daß ihm besonders eine Erinnerung rührend gewesen wäre, da er diesen Schwan einst mit Kot beworfen, worauf dieser still untergetaucht, und rein aus der Flut wieder emporgekommen sei; daß sie immer auf feurigen Fluten umhergeschwommen wäre, und er Thinka gerufen hätte, welches der Name jenes Schwans gewesen, daß er aber nicht im Stande gewesen wäre, sie an sich zu locken, indem sie ihre Freude gehabt hätte, bloß am Rudern und in-die-Brust-sich-werfen."[18] So banal der Hinweis scheinen mag, auch hier muß in Anbetracht des Folgenden betont werden, daß die Marquise Zeugin dieses Traumberichtes war und ihn später kaum vergessen haben wird, auch wenn sie nach Ausweis des Textes wiederum mit keinem Wort und keiner Gebärde etwas von dem verrät, was in diesem Augenblick in ihr vorgeht.

Auch die folgenden Partien führen in dieser Beziehung nicht viel weiter. Sie zeigen höchstens etwas von dem Zwiespalt, in den die Marquise nach der Werbung geworfen ist. Auf einen solchen weisen z. B. die Worte, mit denen sie die Frage des Bruders, wie der Russe ihr gefalle, beantwortet: „er gefällt und mißfällt mir."[19] Man kann diese Antwort nur so deuten: Bei der ersten Begegnung mit dem Russen scheint er ihr „ein Engel des Himmels" zu sein. Nun mischt sich bei dieser Wiederbegegnung in jenen ersten Eindruck etwas anderes. Sie beginnt — ihr selbst noch nicht voll bewußt — die Zerrissenheit ihres Partners zu spüren, zugleich aber auch die ganze Last und Verantwortung, die ihr als der Liebenden damit aufgebürdet ist. So weit also diese Partie, da der Russe in so überraschender Weise kommt und um die Hand der Marquise bittet. Man muß diese Episode im Gedächtnis behalten.

Es ist höchst überraschend, daß mit dem Beginn des zweiten Teiles der Novelle die Aufmerksamkeit des Erzählers so ausschließlich der Heldin zugewandt ist, daß man den Eindruck gewinnt, der Graf sei völlig aus dem Gesichtskreis und der Erinnerung der Beteiligten verschwunden. Mit keinem Wort mehr wird seiner gedacht, eine Tatsache, die doppelt auffallend ist, wenn man die dramatischen Umstände seiner vorausgegangenen Werbung bedenkt. Wie ist das zu verstehen? Bei der sehr kunstvollen Komposition der Novelle ist anzunehmen, daß hier eine bestimmte Absicht des Erzählers waltet, und der Interpret ist gehalten, seine Aufmerksamkeit darauf zu richten. Der zweite Teil der Novelle beginnt mit dem Hinweis auf die gesundheitlichen Störungen und mit der Konsultation des Arztes, den die Marquise ihrer zunehmenden Kränklichkeit wegen zu sich gebeten hat. Der Arzt setzt sie über ihren Zustand in Kenntnis und verabschiedet sich nach einer erregten Auseinandersetzung von der Patientin. Nun ist die Marquise sich selbst überlassen. „Sie warf sich in der größten Bewegung auf den Diwan nieder. Sie durchlief, gegen sich selbst mißtrauisch, alle Momente des verflossenen Jahres, und hielt sich für verrückt, wenn sie an den letzten dachte.“[20] Es folgt ein längeres Gespräch mit der Mutter und die Untersuchung durch die Hebamme. Das Ganze ist begleitet von der steigenden Erregung der Marquise. Zunächst wehrt sie sich mit allen Kräften gegen die Möglichkeit der Schwangerschaft. Dann aber, in dem Gespräch mit der Mutter, die sie darin um jeden Preis zu stützen sucht, wird ihr das andere doch wieder so zur Gewißheit, daß sie gezwungen ist, gegen alle Einwände der Mutter auf diese Gewißheit zu verweisen. Da sie zugleich damit aber auch ebenso nachdrücklich für die Reinheit ihres Gewissens einsteht, kommt es zu einem tiefen Zerwürfnis mit den Angehörigen.

Es muß noch einmal betont werden: Wenn man den zweiten Teil der Novelle noch so aufmerksam verfolgt, wird man an keiner Stelle auch nur eine oberflächliche Erwähnung des Grafen entdecken. Das Entsetzen, das die Marquise immer weniger losläßt, scheint nach Ausweis des Textes einzig und allein in ihrem Zustand begründet zu sein, nicht so sehr in der Frage, wer dafür verantwortlich ist. Kennt die Marquise wirklich nicht den Vater des Kindes? Nach ihrer Ohnmacht am Tage der Begegnung mit dem russischen Offizier? Nachdem er in dem Augenblick, da sein Leben beendet schien, ihren Namen genannt hatte? Nach seiner jeder Konvention Hohn sprechenden Werbung? Nachdem er sich bei der Werbung deutlich genug zu seiner Schuld bekannt hatte? Die Antwort muß wohl so lauten: Sie weiß es und weiß es nicht. Noch einmal sei daran erinnert, was am

Anfang über die Kleistsche Psychologie des Unbewußten gesagt wurde. Im Unbewußten weiß sie es, aber das Bewußtsein weigert sich, dieses Wissen aufzunehmen und zu vollziehen. Das Bewußtsein verweigert die Gefolgschaft, eben weil die Konsequenzen einer solchen Annahme zu furchtbar sind. Denn was soll aus einer Welt werden, wenn in ihr der Schein des Edlen und des Vollkommenen so trügen kann? Diese Überlegung soll noch einmal zur Orientierung für das Verständnis dieser Partie und der folgenden dienen. Wenden wir uns wieder der Handlung zu.

Nachdem die Verstoßung durch den Vater die Einsamkeit und das Aufsichgestelltsein der Heldin bis aufs Äußerste gesteigert hatte, folgt im dritten Teil der Novelle jene Partie, die man vielfach als eine in sich geschlossene zu deuten versuchte. Es ist jener Teil, in dem davon gesprochen wird, wie die Heldin in der Hingabe an den seelisch und biologisch verläßlicheren Bereich der Mutterschaft Schutz vor dem Grauen und dem Wahnsinn sucht, der ihr Dasein zu zerstören droht; eine Deutung, die wieder nur indirekt dem Text zu entnehmen ist.

Die Auseinandersetzung mit den Angehörigen schließt mit dem Versuch des Vaters, der Marquise vor dem Verlassen des Hauses die Kinder zu entreißen. Bei dieser Gelegenheit tritt sie zum erstenmal aus ihrer bisherigen Passivität heraus. Ohne daß man sie zu hindern wagt, entfernt sie sich, nachdem sie die Kinder in den Wagen getragen hat. Es folgen die schon zitierten Sätze, die im allgemeinen als die zentrale Aussage der Dichtung gelten: „Durch diese schöne Anstrengung mit sich selbst bekannt gemacht, hob sie sich plötzlich, wie an ihrer eigenen Hand, aus der ganzen Tiefe, in welche das Schicksal sie herabgestürzt hatte, empor."[21] Formal überraschend ist dieser Satz deshalb, weil uns der Erzähler zum erstenmal einen gewissen Einblick in das Innere der Heldin gestattet. Die Innensicht scheint die Außensicht abzulösen. Aber so auffallend der Wechsel der Perspektive an dieser Stelle ist, man muß sich hüten, den Satz im Sinne einer Orientierung für das Ganze des Werkes zu verstehen. Zwar erschließt uns der Erzähler für kurze Zeit ihr Inneres, aber doch nur insoweit, als sie sich in diesem Augenblick selbst zu verstehen vermag. Wenn man hier von Innensicht spricht, dann nicht in dem Sinn, daß der Erzähler von sich aus Vorgänge im Inneren seiner Heldin deutet, sondern so, daß er gleichsam aus ihr heraus spricht. Man darf also weniger von Innensicht sprechen als vielmehr auch hier von dem, was man den „eingefühlten Stil" genannt hat.

Was gibt aber dieser Satz für das Verständnis her? Zunächst wird, wie schon gesagt, der Umschwung von der Passivität zur Aktivität betont, vom

Vertrauen auf die Hilfe anderer zum Vertrauen auf sich selbst. Es wird dann berichtet, wie die Marquise sich von diesem Augenblick an ganz dem Kinde zuwendet, dem sie mit besonderer Erwartung entgegensieht. „Ihr Verstand, stark genug, in ihrer sonderbaren Lage nicht zu reißen, gab sich ganz unter der großen, heiligen und unerklärlichen Einrichtung der Welt gefangen.“[22] Als Interpret ist man versucht, zu bemerken: als ob es damit getan wäre; als ob sie damit ihrer Verantwortung für den Geliebten ledig wäre. Es heißt weiter: „Sie beschloß, sich ganz in ihr Innerstes zurückzuziehen, sich, mit ausschließendem Eifer, der Erziehung ihrer beiden Kinder zu widmen, und des Geschenks, das ihr Gott mit dem dritten gemacht hatte, mit voller mütterlicher Liebe zu pflegen.“[23] Wiederum kann man die Frage nicht unterdrücken: Ist das in dieser Situation nicht zu wenig? Ist diese Wendung zur Mutterschaft nicht kurzschlüssig? Es folgt dann der Satz: „Sie machte Anstalten, in wenig Wochen ... ihren schönen ... Landsitz wieder herzustellen; saß in der Gartenlaube, und dachte, während sie kleine Mützen und Strümpfe für kleine Beine strickte, wie sie die Zimmer bequem verteilen würde ...“[24] Wenn man daran denkt, was der Marquise angetan wurde und was ihr zu tun bevorsteht, kann man es nicht anders denn als Flucht in die Idylle verstehen, wenn sie glaubt, ihre Aufgabe sei damit gelöst, daß sie „kleine Mützen und Strümpfe für kleine Beine strickte“. Von allem anderen abgesehen, allein die Häufung und Akzentuierung der Attribute sollte die Ironie in dem Ganzen nicht überhören lassen.

Es sei noch einmal an dieser Stelle in Erinnerung gerufen, was hier als Deutung vorgeschlagen wurde. Hingewiesen wurde oben zunächst auf die Szene, darin der Russe um die Marquise wirbt. Es war die Rede von dem zögernden, undurchsichtigen Verhalten der Marquise. Es folgte der Teil, darin die Marquise erfahren muß, daß sie ein Kind erwartet. Sie kennt den Vater des Kindes nicht. Bei dieser Gelegenheit wurde die Frage gestellt: Kennt sie ihn wirklich nicht? Es schloß sich der Teil an, da sie sich betont, allzu betont, ihrer Mutterschaft zuwendet, ohne daß sie sich nur einmal mit dem Gedanken an den Vater des Kindes befaßt. Noch einmal: Ist der Vater wirklich vergessen? Ist das alles keine Flucht? Ist nicht gerade der Vater des Kindes und die sittliche Verfassung des Vaters das eigentliche Problem für die Marquise?

Es gehört zum knappen Stil der Novelle, daß der Erzähler Gegenstöße, Wendepunkte, Umschläge nicht ausdrücklich herausarbeitet, sondern sie durch die Folge der Ereignisse spürbar werden läßt. Auch dieser reine Berichtcharakter des Ganzen ist natürlich die Folge jener Wahl der Außen-

sicht-Perspektive, von der so oft gesprochen wurde. Denn — wie schon
einmal betont — von allen epischen Grundformen gibt der Bericht dem
Erzähler die größte Chance, sich aus dem Geschehen herauszuhalten. So
ist es wohl kaum ein Zufall, daß in dem Augenblick, da es scheint, als
ob der Graf ganz aus dem Gesichtskreis der Heldin geschwunden sei,
überraschend davon gesprochen wird, daß der Zeitpunkt seiner Rückkehr
aus Neapel herangekommen ist; aber immer noch so, als ob dies völlig ohne
Beziehung zu dem Geschehen stünde. Auch im folgenden ist es für das
Verständnis wichtig, daß man keinen Satz überliest. Im unmittelbaren
Zusammenhang mit dem Hinweis auf die bevorstehende Rückkehr des
Grafen wird — scheinbar nebenbei — gesagt, daß der Türhüter des Land-
hauses die Weisung hatte, keinen Menschen vorzulassen. Im übrigen
führt gerade hier ein neuer Gedanke das Ganze deutlich wieder in die
Richtung, die mit der Erwähnung der baldigen Rückkehr des Grafen
vorbereitet war: Plötzlich und unvorbereitet — so hat man den Eindruck
— richtet sich die Aufmerksamkeit der Marquise wieder auf den unbekannten Vater des Kindes. Nach Ausweis des Textes allein von der Sorge
für das Kind bestimmt, in Wirklichkeit aber bereits zu dem Offizier hin-
gewandt; zumal deutlich genug der mögliche Zwiespalt in der Verfassung
des Mannes anklingt: „Nur der Gedanke war ihr unerträglich, daß dem
jungen Wesen, das sie in der größten Unschuld und Reinheit empfangen
hatte, und dessen Ursprung, eben weil er geheimnisvoller war, auch gött-
licher zu sein schien, als der anderer Menschen, ein Schandfleck in der
bürgerlichen Gesellschaft ankleben sollte.“[25]

Damit ist der Gang des Geschehens so weit, daß die große Rückwendung
des ersten Teiles abgeschlossen ist. Der Erzähler ist zu der Stelle zurück-
gekommen, mit der er die Novelle eingeleitet hatte: Mit dem Aufruf der
Marquise in der Zeitung. Man muß schon mit einiger Naivität den Gang
der Ereignisse verfolgen, um zu verkennen, daß zwischen dem Zeitpunkt,
da der Graf zurückkehrt, und dieser Annonce ein Zusammenhang waltet,
auch wenn der Erzähler, gemäß der von ihm gewählten Perspektive, diesen Zusammenhang nicht ausdrücklich herstellen kann. Im übrigen wird
der Leser eindringlich auf das hingewiesen, was in der Seele der Heldin
vorgeht, ein letztes, leidenschaftliches Sichsträuben; nicht so sehr gegen die
Preisgabe der Scham in diesem Sichhinauswagen in die Öffentlichkeit, sondern bezeichnenderweise ein Zurückschrecken vor dem Gedanken, daß das
anfängliche Idealbild des Retters so täuschen konnte: „Immer noch
sträubte sie sich, mit dem Menschen, der sie so hintergangen hatte, in
irgendein Verhältnis zu treten: indem sie sehr richtig schloß, daß der-

selbe doch, ohne alle Rettung, zum Auswurf seiner Gattung gehören müsse, und, auf welchem Platz der Welt man ihn auch denken wolle, nur aus dem zertretensten und unflätigsten Schlamm derselben hervorgegangen sein könne."[26] Es ist nötig, die Superlative zu bedenken. Was in der Erregtheit der Superlative zum Ausdruck kommt, ist die Reaktion der Heldin auf das ihr Widerfahrene; eine Reaktion, die man so formulieren muß: Es ist doch wohl unmöglich, daß der Offizier mit diesem Menschen identisch ist! Dann aber der Satz, der die entscheidende Wendung einleitet: „Doch da das Gefühl ihrer Selbständigkeit immer lebhafter in ihr ward, und sie bedachte, daß der Stein seinen Wert behält, er mag auch eingefaßt sein, wie man wolle, so griff sie eines Morgens . . . ein Herz, und ließ jene sonderbare Aufforderung in die Intelligenzblätter von M . . . rücken."[27] Zu beachten ist in diesem Satz erstens, daß der Reifeprozeß des Selbst, wie die Marquise deutlich spürt, seinem Ende nahe ist: „Da das Gefühl ihrer Selbständigkeit immer lebhafter in ihr ward . . ." Zweitens die eine Wendung vorbereitende Einsicht, daß in dem Zwiespalt des anderen nicht ein übermächtiges Verhängnis waltet, sondern daß das, was zunächst Verhängnis schien, in Wirklichkeit als Schicksal auf die Freiheit und Verantwortung bezogen ist: „Und sie bedachte, daß der Stein seinen Wert behält, er mag auch eingefaßt sein, wie man wolle . . ."

Nun ist mit den letzten Sätzen genügend vorbereitet, was im folgenden geschieht. Beiläufig hieß es am Anfang dieses Teiles, daß der Graf „inzwischen zum zweitenmal an die Marquise geschrieben, und sie aufgefordert, es möchten fremde Umstände eintreten, welche da wollten, ihrer, ihm gegebenen, stillschweigenden Erklärung getreu zu bleiben".[28] Dieser Satz darf bei dem Verständnis des Ganzen ebenso wenig außer acht gelassen werden wie andere, die diskret deutlich machen, wo das eigentliche Spannungsfeld der Novelle zu suchen ist. Auch hier ist es für den Erzählstil der Novelle charakteristisch, daß vieles nur als Faktum berichtet ist, daß aber mit keinem Wort die Reaktion der Heldin darauf auch nur angedeutet wird.

Nach der Rückkehr des Grafen folgt das Gespräch mit dem Forstmeister, in dem dieser den Angekommenen von dem Vergangenen unterrichtet. Dieser Szene schließt sich der Besuch bei der Marquise an. Während das erste Gespräch kein Interesse verdient, muß der Besuch in dem Landhaus als die offenbarendste Partie des Werkes verstanden werden. Schon die einleitenden Sätze sind höchst bedeutsam. Der Graf hört von dem Türhüter, daß die Marquise für keinen Menschen zu sprechen ist: „Der Graf fragte, ob diese, für Fremde getroffene, Maßregel auch einem Freund des

Hauses gälte; worauf jener antwortete, daß er von keiner Ausnahme wisse und bald darauf, auf eine zweideutige Art hinzusetzte: ob er vielleicht der Graf F. . . . wäre?"[29] Kaum ein anderer Hinweis des Erzählers kann in gleichem Maße die entscheidenden Vorgänge im Inneren der Heldin so deutlich machen, wie es dieser kurze Satz zu tun vermag. Wie sehr es auch den Anschein hatte, als ob die Heldin den Grafen aus der Erinnerung verloren habe, dieser Satz zeigt, daß sie die ganze Zeit hindurch nur auf ihn bezogen war und nur auf ihn — fürchtend und hoffend — gewartet hat. Die anfängliche Hypothese der Interpretation bestätigt sich an dieser Stelle in vollem Umfang. Es folgt der Besuch selbst, und der Interpret der Novelle hat Grund, ihm wieder besondere Aufmerksamkeit zu schenken. Das Gespräch kommt rasch zu seinem Höhepunkt. Nach dem Versuch des Grafen, sich durch ein Geständnis seiner Schuld Verzeihung von der Marquise zu holen, heißt es: „Lassen sie mich augenblicklich! rief die Marquise; ich befehls Ihnen! riß sich gewaltsam aus seinen Armen, und entfloh. Geliebte! Vortreffliche! flüsterte er, . . . Sie hören! rief die Marquise, und wandte sich, und wich ihm aus. Ein einziges, heimliches, geflüstertes —! sagte der Graf, und griff hastig nach ihrem glatten, ihm entschlüpfenden Arm. — Ich *will nichts* wissen, versetzte die Marquise, stieß ihn heftig vor die Brust zurück, eilte auf die Rampe, und verschwand."[30] So der Erzähler. Warum diese heftige Zurückweisung? Man könnte im Einklang mit dem, was an verschiedenen Stellen dieser Interpretation über die besondere Art der Kleistschen Psychologie gesagt wurde, vermuten, daß auch hier noch nicht die Kräfte für eine solche Entscheidung herangereift seien, daß die Marquise in letzter Minute noch einmal vor dem Wagnis einer solchen Begegnung zurückschrecke. Ebenso nahe liegt, vom Ende der Novelle her, eine andere Deutung: die nämlich, daß die Heldin diese sozusagen private Art des Schuldbekenntnisses als unzureichend empfindet, daß für sie die Geste des Kavaliers, mit der der Graf sich von der Schuld befreien will, in keinem Verhältnis zur Größe des Frevels steht, so wenig, wie die konventionelle Haltung am Anfang der Novelle in Proportion zu diesem Frevel stand. Aber für welche Deutung man sich auch entscheidet — im Grunde spielt wohl beides in ihr Verhalten hinein —, auch diese kurze Auseinandersetzung macht deutlich, in welchem Maße das Liebesproblem thematisch im Mittelpunkt der Novelle steht. Nicht um die Behauptung des Selbst angesichts des unerklärlichen Zustandes der Mutterschaft geht es in diesem Werk, sondern primär um das Wagnis der Liebe, die sich nur dann erfüllen kann, wenn der eine bereit ist, sich vorbehaltlos in das Chaos des anderen einzulassen.

Und nun zum Letzten: Wenn der Graf „in genau demselben Kriegsrock, mit Orden und Waffen, wie er sie bei der Eroberung des Forts getragen hatte, zu ihr eintrat"[31], dann ist damit nicht etwas Entbehrliches gesagt, sondern genau der Unterschied benannt, der dieses zweite Erscheinen von dem ersten abhebt: Das Bekenntnis der Schuld geschieht nicht mehr als ein Akt privat beiläufiger Art, sondern im Einstehen der ganzen Existenz für das Geschehene. Dazu gehört auch das Eingeständnis, daß er als Offizier die Tat begangen hat, um deretwillen seine Untergebenen die Todesstrafe erleiden mußten. Daß die Öffentlichkeit des Bekenntnisses zugleich die Voraussetzung für die innere Umkehr des Frevlers selbst ist, bedarf keiner Begründung.

Überraschend scheint zunächst das jähe Erschrecken nicht nur der Mutter, sondern auch der Marquise, als die Ankunft des Grafen gemeldet wird. Diese Reaktion könnte der bisherigen Deutung widersprechen: „Die Marquise glaubte vor Verwirrung in die Erde zu sinken; ... und wollte eben in ein Seitenzimmer entfliehn; ... [Die Mutter] heftete die Augen fest auf den Grafen und wiederholte: ich bitte dich, Julietta! ... wen erwarten wir denn —? Die Marquise rief, indem sie sich plötzlich wandte: nun? doch ihn nicht —? und schlug mit einem Blick funkelnd, wie ein Wetterstrahl, auf ihn ein ..."[32] Widerlegt aber die Art und Weise, wie die Marquise auf die Ankunft des Grafen unvorbereitet scheint, wirklich das bisher Gesagte? Nur dann, wenn man außer acht ließe, wie ihr Verhalten bis zuletzt von dem Zugleich von Wissen und Nichtwissen bestimmt ist; von Anfang an kennt sie den Urheber des Frevels; und doch sperrt sich ihre Seele gegen dieses Wissen, begreiflicherweise in der Stunde am stärksten, als sie ihm verzeihen soll. Denn zu verzeihen, das ist für sie dasselbe, wie ihr Leben in Verantwortung mit ihm teilen zu müssen. Daher bei dieser Gelegenheit die Flucht vom Wissen ins Nichtwissen, von der Erwartung in die scheinbare Überraschung.

Aufschlußreich für den ausgesprochen tragischen Charakter dessen, was der Marquise an Schmerz aufgebürdet ist, erscheint das Ende dieser Begegnung. Daß sie dem Grafen in dieser Stunde nicht zu verzeihen vermag, begründet sie der Mutter gegenüber mit den Worten: „auf einen Lasterhaften war ich gefaßt, aber auf keinen - - - Teufel![33] Um diese Stelle in ihrer Tragweite zu verstehen, muß man sich daran erinnern, daß es am Anfang der Novelle hieß, daß der Retter der Marquise „wie ein Engel des Himmels" erschienen sei; d. h. was die Marquise an dem Russen anzog, war der Schein ins Absolute weisender Vollkommenheit. Und nun muß sie sich mit dem Gedanken vertraut machen, daß gerade

dieser Schein der Vollkommenheit getrogen hat: Nicht irgendein beliebi-
ger Mensch hat versagt, sondern einer von solchem Rang. Wenn aber das
geschieht, dann überschreitet dieser Tatbestand die Sphäre des nur Ethischen und weist ins Metaphysische hinüber. Nicht um ein moralisches
Versagen geht es, sondern um die satanische Verkehrung und Verwirrung
dessen, was man die Ernsthaftigkeit der Schöpfung zu nennen befugt ist.
Darum das Wort der Marquise: „Auf einen Lasterhaften war ich gefaßt,
aber auf keinen - - - Teufel." Daher auch die rituell-sakramentale Geste, mit
der die Marquise nicht nur ihre Abweisung bekräftigt, sondern auch die
Angehörigen vor dem Unsegen einer solchen Gegenwart zu schützen versucht: „Diesem Mann, Vater, sprach sie, als jene noch unter dem Eingang waren, kann ich mich nicht vermählen! griff in ein Gefäß mit Weih-
wasser, ... besprengte, in einem großen Wurf, Vater und Mutter und
Bruder damit, und verschwand."[34] In diesem Augenblick erreicht in der
Spannung zwischen Tragik und der Bescheidung ins Bedingte das Moment der Tragik die äußerste Zuspitzung:

Das Geschehen wird so radikal von dem Maßstab des Absoluten her
beurteilt, daß die Differenz zwischen dem Absoluten und Bedingten un-
aufhebbar erscheint.

Dieser Deutung scheint das Ende der Novelle zu widersprechen. Nachdem
von einer späteren Vermählung die Rede war, heißt es: „Eine ganze Reihe
von jungen Russen folgte jetzt noch dem ersten; und da der Graf, in
einer glücklichen Stunde, seine Frau einst fragte, warum sie, ... da sie
auf jeden Lasterhaften gefaßt schien, vor ihm, gleich einem Teufel, geflo-
hen wäre, antwortete sie, indem sie ihm um den Hals fiel: er würde ihr
damals nicht wie ein Teufel erschienen sein, wenn er ihr nicht, bei seiner
ersten Erscheinung, wie ein Engel vorgekommen wäre."[35] Zugespitzt
könnte man fast sagen, hier löse die Idylle die Tragödie ab. Ein leichter
Humor klingt sogar in den Worten des Erzählers an. Und doch würde
man die Intention des Dichters gründlich mißverstehen, wenn man in
diesem Ende einen Stilbruch sähe. Allein die Tatsache, daß in dem letzten
Satz noch einmal ausdrücklich das entscheidende Wort des Anfangs
wiederaufgenommen wird, sollte davor warnen. Der Anspruch des Absoluten ist nicht vergessen. Aber die tragische Welterfahrung schließt, ohne
sich im letzten etwas von ihrer Strenge und Unbedingtheit abmarkten zu
lassen, im Werke Kleists den Verzicht nicht aus. Es fällt, wie oft bei Kleist,
das Wort von „der gebrechlichen Einrichtung der Welt"[35a]. Die Geltung
des Absoluten bleibt unangefochten. Ein anderes aber ist der faktische Zustand der Wirklichkeit und der Zeit, die ebenso dem Absoluten entfrem-

det sind, wie sie trotz aller Entfremdung Chancen der Umkehr in sich enthalten.

Damit ist das Ende der Interpretation erreicht. In der dargestellten Weise entfaltet sich das Liebesproblem in dieser Novelle; alles ist tatsächlich darauf zentriert. Der Versuch, sich in die Mutterschaft zurückzuziehen, war nur eine Flucht vor dem Wagnis, das die Liebe dem Menschen auferlegt. Es ist — wenn man das in bezug auf den geistesgeschichtlichen Zusammenhang sagen darf — ein Wagnis, das die vergangene Dichtung des Idealismus in dieser Weise nicht kennt. Denn der Idealismus vermochte noch das Gute und das Böse, das Heilige und das Dämonische sauber zu trennen. Die Erfahrung aber, daß das eine in das andere hineinreicht und damit alles unsicher wird, führt über den Idealismus hinaus und weist zu Jean Paul, zu dem alten Goethe, zur Spätromantik und vor allem zu dem Werke Kleists. Daher die Bedeutung des Motivs vom Doppelgängertum in dieser ganzen Zeit, bei E. T. A. Hoffmann, bei Jean Paul und vor allem im Werke Kleists, also jenes Motiv, in dem sich diese Wirrnis besonders erschreckend verdichtet. In diesen geschichtlichen Zusammenhang führt auch unsere Novelle. Die verwirrende Erfahrung des Doppelgängertums ist im Grunde auch hier das Entscheidende; sie bedingt das wahrhaft metaphysische Erschrecken der Heldin und macht es vor allem verständlich, daß sie sich bis zuletzt weigert, in diese Wirrnis hineinzugehen. Von hier aus läßt sich dann auch die Eigenart der epischen Form verstehen, auf die noch einmal zurückzukommen ist.

Am Schluß der Interpretation angekommen, ist es notwendig, auf den anfangs betonten Unterschied zwischen der „Marquise" und dem „Findling" nochmals genauer einzugehen. Wenn man mit dem „Findling" zum Vergleich auch hier noch einmal Hoffmanns „Scuderi"-Novelle heranzieht, dann bietet sich die gleiche Thematik der Zweideutigkeit und des Doppelgängertums in allen drei Novellen zu einem Vergleich an. Über die Gemeinsamkeit — die der gesellschaftlichen und der geschichtlichen Situation — hinaus ist es auch möglich, in der Entfaltung der Thematik sowie in der formalen Gestaltung das Unterscheidende zu erkennen. Von dem Verhältnis des „Findlings" zu der Hoffmannschen Novelle war schon die Rede. Gemeinsam war den beiden der Umstand, daß sich die Erfahrung der Zweideutigkeit in einem metaphysisch-gnostischen Dualismus verfängt, der es nicht erlaubt, über das bloße Enthüllen einer solchen Spaltung hinauszukommen. Der Fortschritt des „Findlings" über Hoffmann hinaus lag, abgesehen vom Ende, mehr in der Form als im Gehalt; d. h. in jenem Kleistschen Erzählstil, der in seiner strengen Objektivität die Hingerissenheit und Haltlosigkeit der romantischen Novellistik zu überwinden sich anschickt.

Die „Marquise von O." bringt in dieser Entwicklung, mehr noch als der „Findling", die entscheidende Wendung zu einem neuen Novellenstil, einem Stil, der Elemente der ursprünglichen, klassischen Novellenform mit Elementen moderner Herkunft in einer denkbar geglückten Weise vereinigt. Wiederum gilt dies ebenso für den Gehalt wie für die Form. Was sich als neu im Gehalt darbietet, hat die Analyse der Novelle herauszuarbeiten gesucht. Man kann es so zusammenfassen: Für den Dichter der „Marquise" ist das bezugslose Nebeneinander von Gut und Böse kein Faktum mehr, das er passiv entgegenzunehmen hat, sondern Anlaß, alle Kräfte zu entbinden, um diese unheilvolle Spaltung in einer lebendigen Einheit zu überwinden und eine neue Form des Einbegreifens zu ermöglichen. Diese Überwindung geschieht zunächst in der Weise, daß vor dem unbeirrbaren Blick dieses Dichters die gegensätzlichen Größen ihre Fixiertheit und den Charakter von eindeutig konturierten Mächten verlieren, und zwar nicht nur das Böse, sondern auch das Gute. Was sich so oft bei E. T. A. Hoffmann in der Qualität schlechthinniger Reinheit und Güte anbietet, wird aus dieser gesicherten Umhegung in den Raum der Bewährung hineingestoßen und muß gewärtig sein, daß diese Qualität ethischer Unversehrtheit ein Trug ist und das Maß des Menschen übersteigt. Anderseits verliert aber auch das Böse den Charakter einer unpersönlich übermächtigen Gewalt und gewinnt dafür die Möglichkeit der Wandlung und der Läuterung zum Guten. Indem der Schritt aus dem Spielraum der Mächte hinüber in den der Bewährung getan wird, ist das verhängnisvolle Nebeneinander dämonischer Gewalten überwunden, der Mensch wird zum Richter über die Mächte und hört auf, als willenloser Spielball bald dahin, bald dorthin geschleudert zu werden.

Mit dieser inneren Wandlung ist zugleich das Problem der ihr angemessenen Form gestellt. Manches davon wurde im Verlauf der Analyse der Novelle bereits berührt. Das in diesem Zusammenhang Gesagte genügt aber noch nicht, um die Eigenart dieser Form der Novelle zu charakterisieren. Daß „Die Marquise von O." und „Der Findling" im Streben nach äußerster Objektivität verbunden sind, wurde angedeutet. Ergänzend dazu ist zu sagen, daß Kleist, seiner antiromantischen Position entsprechend, bemüht ist, im Einklang mit der erzählerischen Perspektive auch in der „Marquise von O." wieder die epische Grundform des Berichtes in ihr altes Recht einzusetzen. Das geschieht in solcher Konsequenz, daß er — soweit wie irgend möglich — zwar nicht die direkte und indirekte Rede wie im „Findling" in den Bericht umsetzt, dafür aber doch die direkte Rede, um auch in diesen Fällen den Vorrang des Berichtes zu gewährleisten, folgerichtig in die indirekte überträgt. Gerade diese weit gespannten Partien in der indirekten Rede sind charakteristisch für den Stil der Novelle. „Der Graf... sagte..., daß er sein Äußerstes getan hätte... daß die Schritte... die entscheidendsten gewesen wären..."[36].

Soweit ist Kleist auch in der „Marquise von O." bestrebt, wieder die Objektivität und Sachlichkeit der vorromantischen Novellenform zu er neuern. Zwei Formzüge gibt es allerdings, die dann einen entscheidenden Unterschied zwischen dem Kleistschen Novellentypus und der klassischen Novelle begründen: erstens der erzählerische Einsatz und zweitens das Gewicht und die Ausdehnung der szenischen Partien in der „Marquise von O.". Um diese Eigenart zu erfassen, muß hier noch einmal angesetzt werden.

Für den Einsatz, den Kleist für „Die Marquise von O." wählt, gibt es selbst in der gesamten Novellistik der Romantik nichts Vergleichbares. Wie schon angedeutet, wird der Leser völlig unvorbereitet in eine, wie es scheint, unaufhellbare Lage hineingerissen. Es ist dies eine Wahl des Einsatzes, die für den Dichter höchst charakteristisch ist. Nicht umsonst geschieht es, daß man dabei an einen Satz aus Kleists Beschreibung eines Bildes von Caspar David Friedrich: „Der Mönch am Meer" denkt, eine Beschreibung, in der es heißt, daß, wenn man diesen Mönch in seiner ausweglosen Tragik vor sich sehe, es einem sei, „als ob einem die Augenlider weggeschnitten wären".[37] Wie der Betrachter des Bildes, jedenfalls nach der Deutung des Dichters, ohne jede Milderung und Schonung mit der verzweifelten Lage des Mönchs konfrontiert wird, so widerfährt es dem Leser der Novelle, sobald er die Lektüre beginnt: Eine Frau, die sich aus der schützenden Konvention, ja aus einer bergenden Scham in eine Öffentlichkeit hinauswagt, bei der sie niemals für einen solchen Schritt Verständnis finden kann — welch ein unerhörtes Wagnis! Warum bevorzugt Kleist diesen Einsatz? Offenbar um von Anfang an rücksichtslos die Aufmerksamkeit des Lesers auf diese Situation seiner Heldin zu lenken und auch ihn zu zwingen, sich der Schutzlosigkeit dieser Lage zu stellen. Gerade darin aber kommt zum Ausdruck, daß es auch bei diesem Dichter nicht mehr so sehr auf das Ereignishafte als solches ankommt, sondern vielmehr auf die Reaktion des zum Handeln aufgerufenen Menschen diesem Ereignis gegenüber; nicht mehr das Faktum als solches interessiert, sondern die charakterlich-existentielle Bewährung.

Noch einmal bietet sich ein Vergleich mit der klassischen Novelle an. Für diese war die Unterordnung des Menschen unter das Ereignis entscheidend. Auch die vorromantische Novelle kannte, wie wiederholt gezeigt wurde, die Möglichkeit, menschliche Regungen offenbar zu machen; aber eine solche Möglichkeit war begrenzt. Wichtiger blieb das Ereignishafte. Anders dagegen in der nachklassischen Novelle. Hier war von Anfang an das Engagement der handelnden Gestalt innerhalb des Geschehens, damit aber auch indirekt das Engagement des Erzählers ungleich stärker. Von dieser Voraussetzung her sind, wie oft in dieser Darstellung betont werden mußte, auch die Wandlungen in formaler Beziehung zu begreifen. In diesem Engagement war das subjektiv-emotionale Klima der romantischen Novelle begründet, in ihr war die gesteigert-dramatische Form der Gestaltung, die schwindende Distanz zwischen Erzähler und Erzähltem, die Neigung, die Grenze zwischen Rahmen- und Innenhandlung immer wieder in Frage zu stellen, schon angelegt. Kleist hatte zwar eine solche romantische Auflösung ins Subjektiv-Emotionale wiederum zu objektivieren vermocht, aber doch mit der Einschränkung, daß bei aller Objektivität wenigstens indirekt die existentielle Beteiligung und Ergriffenheit der Gestalten wie des Erzählers zu spüren sind. Eine der entscheidenden formalen Konsequenzen einer solchen Beteiligung ist die rücksichtslose Unmittelbarkeit des erzählerischen Einsatzes.

Eine zweite Konsequenz ist dann der Ausbau und die besondere Gestaltung der szenischen Partien. Diese Gestaltung erlaubt es dem Dichter, noch stärker und direkter das Moment der existentiellen Partizipation in die Darstellung einzubeziehen. An sich knüpft Kleist damit, wie betont, an die Formtradition der klassischen Novelle an. Für die Ausgestaltung der szenischen Partien entnimmt er ihr zumindest zwei Gesetze. Erstens: Er hält streng an der Unterordnung der Szene unter den Bericht fest. Zweitens: Wenn er dialogische Formen in das Ganze der Novelle hineinnimmt, dann nur unter der Bedingung, daß dafür, im Gegensatz zur willkürlichen Gestaltung Hoffmanns, eine innere Notwendigkeit vorliegt.

Die Eigenart von Kleists Novellenstil aber kommt an der Stelle zum Ausdruck, wo er die Redeform der Szene in Umfang und Intensität so ins Dramatische ausweitet, wie es für die vorromantische Novelle schwerlich möglich gewesen wäre. Darauf ist zunächst die Aufmerksamkeit zu richten.

Wenn man in dieser Novelle überprüft, an welchen Punkten größere
szenische Partien eingefügt sind, dann ergibt sich, daß es sich immer um
Situationen handelt, in denen der dramatisch-tragische Gegensatz beherrschend wird und in denen das Geschehen auf eine Entscheidung zugeht,
auch wenn diese zunächst noch nicht gefällt wird. Szenische Partien dieser
Art sind folgende: 1. Der Teil der Novelle, wo offenbar wird, daß die
Heldin ein Kind erwartet und sich am Ende gegen alle inneren Wider-
stände und die Empörung ihrer Umgebung dieser Tatsache stellen muß.
2. Die Handlungsphase, da der Russe auf dem Landgut der Marquise
erscheint, um zum erstenmal seine Schuld zu bekennen; ein Versuch,
der, wie dargelegt, an der heftigen Ablehnung der Heldin scheitern
mußte; wiederum eine wesentlich dramatische Situation in ihrem Widerspiel von Konventionalität und unbedingter Forderung. 3. Wenn man
einige kleinere Szenen ausläßt, bleibt schließlich die große Erzählphase
zu bedenken, darin der Russe auf die Aufforderung in der Zeitung hin
erscheint, um in Gegenwart der Familie zu seinem Frevel zu stehen; auch
dies eine Situation von wahrhaft tragischer Spannung: auf der einen
Seite der, den die Heldin zuvor als einen Menschen höchsten Ranges verehrt hatte, auf der anderen Seite die zwar längst gefürchtete, aber doch
nie eingestandene Tatsache, daß gerade dieser Mensch einer so unehren-
haften Tat fähig war. — Alles in allem handelt es sich also um Phasen in
dem Handlungsverlauf, in denen die Wahl der Szene innerlich begründet
ist. Jedenfalls sind es immer Situationen von höchster dramatischer
Spannung und Gegensätzlichkeit. Szenische Partien in der klassischen
Novelle neigen mehr dem Monolog als dem dramatischen Dialog zu. Sie
öffnen für einen Augenblick das Innere der handelnden Personen.
Kleists Gestaltung der epischen Szene aber geht, entsprechend seinem Bemühen, die Existenzkonflikte eines Menschen herauszuarbeiten, auf den
Dialog und auf eine Auseinandersetzung im dramatischen Sinne aus.

Wenn man die typologische Unterscheidung epischer Gestaltung im Sinne
Stanzels heranzieht, dann stellt, wie schon erwähnt, die klassische Novelle vorzüglich den Typus der neutralen Erzählsituation dar. Die
Kleistsche Novelle greift auf die Objektivität dieser Erzählsituation zurück, setzt aber an Stelle des neutralen den eindeutig personalen Typus,
um auf diese Weise die Möglichkeit zu gewinnen, mit der Objektivität
des Ereignishaften zugleich auch den subjektiv-existentiellen Pol in die
Gestaltung einbeziehen zu können. Insofern kann auch die Novelle Kleists
nur von den Voraussetzungen der nachklassischen Geisteslage her ver-

standen werden. In der Entwicklung der deutschen Novelle schafft sie, wie schon angedeutet, eine denkbar geglückte Synthese klassischer und romantischer Stilelemente.

Man kann die Eigenart der „Marquise von O." noch schärfer fassen, wenn man sie mit jener Dichtung des Cervantes vergleicht, die Kleist offenbar als Vorlage gedient hat: „Die Macht des Blutes." Es sei deshalb am Ende noch einiges zu dem Verhältnis beider Novellen gesagt.

Hermann Schneider war der erste, der auf die C e r v a n t e s - N o v e l l e „M a c h t d e s B l u t e s" als mögliches Vorbild der Kleist-Novelle hingewiesen hat[38]. Pongs hat diese Anregung aufgegriffen und in seiner Analyse der Novelle sowohl Entsprechungen wie auch Unterscheidendes herausgearbeitet. Daß Kleist das Novellenwerk des Cervantes gekannt hat, ist, von allem anderen abgesehen, allein dadurch erwiesen, daß er ursprünglich die Absicht hatte, nach dem Vorbild des spanischen Dichters seine eigenen Novellen unter dem Titel „Moralische Erzählungen" herauszugeben. Hermann Schneider hat in seiner Studie „Kleist und Cervantes" darüber auch mancherlei formale Einflüsse geltend machen können. Angeregt durch die motivische Übereinstimmung, hat Hermann Schneider sein besonderes Interesse einem Vergleich zwischen der „Marquise von O." und der Cervantes-Novelle „Die Macht des Blutes" gewidmet. Ob Kleist auch andere Gestaltungen des Motivs kannte — es lag nahe, an die Anekdote Montaignes in dem „Essay über die Trunkenheit" zu erinnern —, ist nicht mit Bestimmtheit nachzuweisen. Nicht abzuweisen ist jedenfalls die von Schneider angenommene Beeinflussung durch Cervantes.

Bei seinem Vergleich geht H. Schneider von vereinzelten Stilbeobachtungen aus und begnügt sich damit. Weiter führen die Beobachtungen von Hermann Pongs, da er bei seiner Analyse der Cervantes-Novelle in stärkerem Maße die Ganzheit des Werkes im Auge behält. Für Pongs wird Leokadia zum eigentlichen Mittelpunkt der Novelle, indem sie durch ihre Klugheit und Charakterstärke die Wendung in das Geschehen bringe, wobei Pongs diese Charakterstärke vor allem als Ausdruck einer Geistesverfassung deutet, die hauptsächlich aus der Renaissance zu verstehen sei[39]. Diese Deutung ist so lange gerechtfertigt, als man ausschließlich im Umkreis der spanischen Novelle selbst bleibt. Tritt man dagegen von einem so verschiedenen Werk wie der „Marquise von O." an die Novelle des Cervantes heran, dann werden sich die Akzente der Deutung verlagern: von der Bewährung und dem Charakter zu dem Moment der Teilnahme, von der Betonung der Renaissanceelemente zu dem, was noch ausgesprochen mittelalterlich ist.

Eines ist vor allem zu betonen: Von Kleist herkommend, befinden wir uns in der Novelle des Cervantes in einer weithin noch gebundenen Welt. So sehr auch der Einzelne schon aus der Getragenheit zum Selbstbewußtsein hinüberzutreten beginnt, dieses Selbst ist doch noch viel stärker Teil eines größeren Ganzen, als daß es den Anfang des Geschehens zu setzen vermöchte. Das läßt sich sowohl von dem objektiven Lauf des Geschehens zeigen als auch von dem Verhalten des Menschen.

Objektiv gesehen liegt die Initiative des Geschehens eindeutig bei Mächten, die die Vollmacht des Einzelnen übergreifen: bei der Vorsehung und der Lenkung Gottes ebenso wie bei dem, was in den übergreifenden gesellschaftlichen Ordnungen an geheimnisvollen Möglichkeiten der Planung und Führung verborgen ist; die erste verdichtet sich in dem Symbol des Kreuzes, die zweite in dem, was in dem Titel der Novelle angedeutet ist: in der Macht des Blutes; wobei es überflüssig ist, beides in allzu betonter Weise zu unterscheiden, indem in einer so gebundenen Welt, wie sie die Novelle des Cervantes voraussetzt, die religiöse und gesellschaftliche Ordnung in fast austauschbarer Weise verstanden werden dürfen: Gott ist im Grunde identisch mit der Ordnung des Feudalismus. Wenn in der Novelle an vielen Stellen die Klugheit der Heldin betont wird, dann aber immer nur in dem Sinn des Einverständnisses mit diesen objektiven Mächten. Besonders deutlich da, wo Leokadia, nachdem die Macht des Blutes die Menschen des gleichen Hauses zusammengeführt hat, das ihre tut, um diese Zusammengehörigkeit offenbar zu machen. Und noch mehr hat das Geschehen bei den anderen Gestalten den Charakter des Geführtwerdens als den des bewußten Sichentscheidens und Handelns. So bei dem Großvater, als er den Enkel am Boden liegen sieht: „Als er nämlich das verunglückte Kind habe am Boden liegen sehen, sei es ihm vorgekommen, als erblickte er das Angesicht seines eigenen zärtlich geliebten Sohnes, und durch dieses Gefühl sei er veranlaßt worden, den Knaben aufzuheben und in sein Haus zu tragen."[40] Dieser objektiven Gebundenheit entspricht auch das Lebensgefühl und das Verhalten der Menschen. Entscheidend ist für sie einzig und allein der Gesichtspunkt ihres Rufes und die Ehre der Familie. Zahlreiche Stellen weisen darauf hin. Die Sorge Leokadias, nachdem ihr die Schmach angetan worden ist, gilt in erster Linie dem Ruf ihrer Familie: „Besser ist immer noch die Schande, von der kein Mensch etwas weiß, als die Ehre, die allen verdächtig wurde."[41] „Denn was soll mir das Leben ohne

Ehre?"[42] „Ich will dir den Schimpf vergeben, den du mir antatest, wenn du mir mit einem heiligen Eid versprichst, ihn so mit deinem Schweigen zu bedecken, wie du ihn mit dem Dunkel der Nacht bedeckt hast, und niemals einem Menschen etwas davon zu sagen."[43] Ebenso das Denken der Eltern: „Merke dir eins, mein Kind: ein Lot öffentlicher Schande drückt schwerer als ein Scheffel geheimer Ehrlosigkeit."[44]

Diese Stellen, so befremdend, ja schockierend sie auch für die Ohren des modernen Menschen klingen mögen, fügen sich aber konsequent dem ein, was über die Gebundenheit dieser Welt gesagt wurde. Nicht auf das Urteil und das Gericht des Gewissens kommt es an, sondern auf das Bestätigt- und Angenommensein durch die Gesellschaft als der Macht, der in einer so gebundenen Epoche allein die Formung des Lebens obliegt. Entscheidend für die Novelle des Cervantes sind deshalb die Vorzüge, die dieser Bestätigung durch die Gesellschaft Ausdruck geben: Ruf und Ehre. Nur an einer Stelle wird einmal die mögliche Unterscheidung von äußerer und innerer Ehre, von Gesellschaft und Gewissen gemacht. Diese Stelle ist zwar aufschlußreich für den Übergangscharakter des die Novelle bestimmenden Lebensgefühls, ist aber nicht tragfähig genug, um an dem etwas zu ändern, was bisher als typologische und geschichtliche Zugehörigkeit des Werkes herausgearbeitet wurde.

Diese Deutung wird vor allem bestätigt durch das Ende des Werkes. Da gerade hier der Unterschied zwischen Cervantes und Kleist besonders deutlich ist, sei noch einmal zum Abschluß darauf eingegangen. Das Entscheidende spricht Leokadia Rodolfo gegenüber aus: „Als ich einst aus einer anderen Ohnmacht erwachte", erwiderte Leokadia, „fand ich mich in Euren Armen, mein Herr, und meine Ehre war dahin. Heute aber brauche ich ihr nicht nachzutrauern; denn als ich beim Erwachen aus der Ohnmacht, die mich vorhin anwandelte, die Augen aufschlug, fand ich mich wiederum in Euren Armen, und siehe da, meine Ehre war wieder hergestellt."[45] Auch hier ist es nicht erlaubt, ein Bekenntnis solcher Art aus dem geschichtlichen-typologischen Zusammenhang zu lösen, innerhalb dessen es allein möglich ist. Danach ist es denkbar, daß selbst ein Frevel von der Schwere, wie ihn Leokadia erleiden mußte, durch eine im Grunde rein gesellschaftlich-konventionelle Handlung ausgetilgt wird. Mit diesem Objektivismus hängt es auch zusammen, daß sittliche Probleme, wie Reue, Umkehr, Entscheidung, Wandlung in der Novelle nicht einmal am Rande auftauchen. Wenn Leokadia ohne Zögern in die Verbindung mit Rodolfo einwilligt, dann deshalb, weil sie darauf vertrauen darf, daß die Macht des Blutes, die stark genug war, die Getrennten zusammenzuführen, nicht verfehlen wird, auch den zu erziehen, der die Verpflichtungen des Standes und des Geschlechtes in jugendlicher Unbesonnenheit — so stellt sich im Grunde in der spanischen Novelle das Verbrechen des Mannes dar — verletzt hat.

Es bedarf keines besonderen Hinweises mehr, um zu erkennen, daß, trotz der motivischen Übereinstimmung zwischen beiden Novellen, Cervantes und Kleist von so verschiedenen Voraussetzungen an die Gestaltung herantreten, daß man diese Verschiedenheit fast in Form von Antithesen auszudrücken geneigt ist. Cervantes — das wurde schon oben hervorgehoben, und darin liefen auch die verschiedenen Linien der Interpretation zusammen — betont in der menschlichen Existenz das Moment der Teilnahme. Bei Kleist dagegen ist angenommen, daß alle Formen der Gebundenheit unzuverlässig sind und daß die Wendung zum Guten nur aus dem Schöpfertum des Selbst möglich ist.

Von da aus muß auch die verschiedene Gestaltung des Handlungszusammenhangs in beiden Novellen begriffen werden. Daß für Kleist der Frevel des russischen Grafen in das Problem des Doppelgängertums einmündet, ist nur aus einer geschichtlichen Situation heraus zu verstehen, in der die ständische Zugehörigkeit und die menschliche Verfassung, das Äußere und das Innere, Bestimmung und Wirklichkeit, auf das äußerste entfremdet sind. Unter dieser Voraussetzung kann sich die Marquise von O., anders als Leokadia, nicht mehr auf die Formkraft des Standes verlassen, sondern ihr als der Liebenden ist die ganze Last der Verantwortung aufgebürdet.

Auch andere Partien der Kleist-Novelle werden von der verschiedenen geschichtlichen Situation her begreifbar: Die Heldin des Cervantes kann nach dem ihr Widerfahrenen auf den vollen Schutz der Familie rechnen. Das Unglück, das über sie gekommen ist, vertieft die Zusammengehörigkeit und Bindung. Worauf es Kleist in der Gestaltung seiner Novelle ankommt, weist in die gegensätzliche Richtung: im Unterschied zu Cervantes kommt es ihm darauf an, die Entfremdung zwischen der Marquise und ihren Angehörigen über das Pragmatisch-Notwendige hinaus so gründlich herauszuarbeiten — man denke etwa an eine so extrem gestaltete Szene, da der Vater in seinem Haß die Pistole von der Wand herabreißt —, daß seiner Heldin im entscheidenden Augenblick jede Hilfe und jeder tragende Zusammenhang fehlt. So verstanden, weist das Werk des Cervantes in eine Zeit zurück, für die das Moment der Gebundenheit Lebensgestaltung wie Lebensgefühl bestimmt. Kleists Novelle dagegen nimmt eine geschichtliche Möglichkeit vorweg, in der die Verantwortung des Einzelnen tragfähig sein muß für das Ganze.

Von diesen verschiedenen geschichtlichen Prämissen läßt sich auch der Unterschied in der Gestaltung der erzählerischen Perspektive hier und dort verstehen. Während der Erzähler der Kleist-Novelle, wie in der Interpretation dargelegt werden konnte, vor allem in Hinsicht auf die Titelgestalt das Äußerste an Zurückhaltung leistet und auch dann, wenn er eine Deutung zu geben sucht, mit dem in Fühlung bleibt, was die jeweilige Situation an Wissen und Überschaubarkeit hergibt, stößt man in dem Werk des Cervantes auf eine ganz andere Erzählperspektive. Hier ist im Gegensatz zu Kleist viel stärker die Perspektive der „epischen Allwissenheit" und einer unbegrenzten Gesamtschau. Hier gibt es weder die für Kleists Novelle so charakteristische Abstufung des Wissens in Hinsicht auf die einzelnen Gestalten noch die Beschränkung in den Grenzen der vereinzelten Situation.

In dreifacher Weise hat Cervantes die seinem Werk eigentümliche Erzählhaltung gestaltet. Erstens in der Annahme einer unbegrenzten Innensicht; zweitens in der wiederum an keine Grenze gebundenen Vorausdeutung auf kommendes Geschehen hin; drittens in einer Fülle von direkten Aussagen, die alle einen überlegenen Standort des Erzählers voraussetzen, überlegen sowohl in bezug auf die Möglichkeit der Wandlung als auch auf die Tiefe und den Reichtum der Erfahrung. Dazu einige Belege.

Zu 1. Von der Familie Leokadias wird gesagt: „Mit jener ruhigen Sicherheit, zu der die wohlgeordnete Polizeiverwaltung jener Stadt und die redliche Gesinnung ihrer Einwohner berechtigt, kam unser guter Edelmann mit seiner ehrsamen Familie daher und dachte nicht im entferntesten daran, daß ihm irgendein Unheil widerfahren könne."[46] Von Rodolfo einige Zeilen später: „Jetzt aber kam es Rodolfo zum Bewußtsein, daß er soeben ein Antlitz von ungewöhnlicher Schönheit geschaut hatte, das Antlitz Leokadias nämlich... Ihr Bild hatte sich ihm so tief eingeprägt, daß sein ganzes Innere aufgerührt wurde und der Wunsch in ihm erwachte, das Mädchen, koste es, was es wolle, in seinen Armen zu halten."[47] Von Rodolfos Mutter: „Die vornehme Frau, bei der Mitleid und Erbarmen so natürliche Regungen waren wie bei manchen Männern der Hang zu Härte und Grausamkeit..."[48].

Zu 2. Besonders charakteristisch für die Technik der Vorausdeutung ist eine Stelle zu Anfang der Novelle: „Doch wie denn ein Unglück zumeist dann eintritt, wenn man am wenigsten darauf gefaßt ist, so sollte auch diesen Menschen gegen alle Erwartung etwas zustoßen, was ihnen alle Freude raubte und ihnen lange Jahre hindurch Anlaß zu bitteren Tränen gab."[49]

Zu 3. Es ist davon die Rede, daß Rodolfo unkontrolliert und ohne elterliche Aufsicht in dem einen Flügel des Palastes wohnt; dazu der Erzähler: „Es ist dies eine große Nachlässigkeit der Eltern, wenn sie wünschen, daß ihre Söhne in ehrbarer Sitte und Zucht leben!"[50]; weiter: das Kind Leokadias und Rodolfos soll nach dem Plan der Großeltern zu einem gebildeten Menschen erzogen werden, da sie ihm keine Reichtümer mitgeben können. Zusatz des Erzählers: „Als ob Wissen und Tüchtigkeit nicht die einzigen Reichtümer wären, über welche die Diebe und die launische Fortuna keine Gewalt haben."[51] In dieser Weise ist der Text durchsetzt mit Wendungen, in denen der Erzähler die Ereignisse, so ungewöhnlich und überraschend sie scheinen, von der Warte eines höheren Wissens her in den Lauf der Welt einordnet und ihnen das Überraschungsmoment nimmt. Rodolfos Plan findet ein allzu williges Gehör bei den Kameraden, „denn ein Reicher, der sich freigebig zeigt, findet stets Menschen, die seine Untaten gutheißen und seinen bösen Gelüsten Vorschub leisten."[52] So zögert der Erzähler auch nicht, den Bericht des Geschehens immer wieder von moralischen Wertungen begleiten zu lassen. „Dieser junge Edelmann nun, ... kam an jenem Abend mit vieren seiner Freunde, die ebenso jung, leichtsinnig und verwegen waren wie er selbst. ..."[53]

Wenn schon die Personen der Novelle mitten in dem, was über sie hereinbricht, an einer glücklichen Wendung nicht zweifeln — siehe die Rede Leokadias an die Eltern —, so verfügt der Erzähler in noch höherem Maße über eine solche Zuversicht. Alles liegt im Grunde offen vor ihm. Er lebt in einer durch eine lange und reife Tradition geformten Welt, in der Weg und Ziel vorgezeichnet sind. Unter dieser Voraussetzung bekommt die Wahl seiner erzählerischen Perspektive ihr inneres Recht. Die Gestaltung des Geschehens und diese Wahl bedingen sich gegenseitig und stehen ebenso im Verhältnis der Notwendigkeit, wie Novellenhandlung und Erzähltechnik bei Kleist durch den Vorzug einer solchen Notwendigkeit ausgezeichnet sind.

Das Erdbeben in Chili

Die beiden bisher interpretierten Novellen Kleists ließen sich von der Thematik der Zweideutigkeit her fassen. Ist auch das „Erdbeben in Chili" von daher begreifbar? Eine solche Deutung ist möglich, wenn man davon ausgeht, daß in dieser Novelle nicht wie bisher die Unzuverlässigkeit eines einzelnen Menschen im Mittelpunkt steht, sondern die Zwielichtigkeit und Zweideutigkeit eines ganzen Volkes[54]. Immer wieder weist der Dichter auf die thematische Bedeutung des Volkes hin: Zunächst wird es im Zustand einer strengen hierarchischen Geschiedenheit in religiöser und gesellschaftlicher Beziehung dargestellt; dann nach der Naturkatastrophe des Erdbebens in einer Allverbundenheit paradiesischer Art, so daß es scheint, als ob die Geschiedenheit von Adel und Bürgertum, von religiöser und profaner Ordnung in der Euphorie der Stunde nach dem Erdbeben aufgehoben wäre. Schließlich wird dasselbe Volk in der Kirche während des Dankgottesdienstes gezeigt, wo sich der vorige Zustand paradiesischer Güte als furchtbarer Trug erweist.

Der Kern der Novelle ist jedenfalls der trügerische Schein dieser Güte, und die Liebenden sind es, die sich von ihm verführen lassen und an ihm zugrunde gehen, wie überhaupt immer ihr Schicksal streng mit der Thematik des Volkes verflochten ist. So werden sie verurteilt, weil sie gegen die Tabus der Gesellschaft verstoßen haben, indem die Liebe des bürgerlichen Jeronimo zu Josephe, der Tochter aus reichem, adeligem Haus, als Verstoß gegen die gesellschaftliche Hierarchie empfunden wird. In gleicher Weise bedeutet die Verbindung der beiden, nachdem Josephe von ihren Angehörigen ins Kloster gebracht wurde, einen nicht zu verzeihenden Verstoß gegen die Heiligkeit der religiösen Ordnung. Daß das Volk aus diesen Gründen mit der Verurteilung nicht nur einverstanden ist, sondern sie mit Nachdruck fordert, wird vom Erzähler bestätigt.

„Man sprach in der Stadt mit einer so großen Erbitterung von diesem Skandal, und die Zeugen fielen so scharf über das ganze Kloster her ..., daß weder die Fürbitte der Familie Asteron, noch auch sogar der Wunsch der Äbtissin selbst ... die Strenge ... mildern konnte. Alles, was geschehen konnte, war, daß der Feuertod, zu dem sie verurteilt wurde, zur großen Entrüstung der Matronen und Jungfrauen von St. Jago, durch einen Machtspruch des Vizekönigs, in eine Enthauptung verwandelt ward.

Man vermietete in den Straßen, durch welche der Hinrichtungszug gehen sollte, die Fenster, man trug die Dächer der Häuser ab, und die frommen Töchter der Stadt luden ihre Freundinnen ein, um dem Schauspiele, das der göttlichen Rache gegeben wurde, an ihrer schwesterlichen Seite beizuwohnen."[55]

So das Geschehen vor dem Erdbeben. Auch was nach der Katastrophe folgt, ist bis in alle Einzelheiten wiederum konsequent mit der Problematik des Volkes verbunden: Der Tod der Äbtissin, der Tod des Erzbischofs, der für die Bestrafung verantwortlich ist, die Zerstörung des Palastes des Vizekönigs, der brennende Gerichtshof, in dem über Josephe das Urteil gesprochen, der Umstand, daß ihr elterliches Haus durch die Stöße des Erdbebens zerstört wurde, all das muß von dieser Problematik des Volkes her verstanden werden. So ist es zunächst, als ob der Himmel selbst, indem er die Schuldigen bestraft, die Liebe Josephens und Jeronimos gerechtfertigt hätte. Vor allem aber scheint die Verwandlung des Volkes, so wie es sich nach dem Erdbeben darbietet, diesen Eindruck zu bestätigen. Es ist, als ob nun alle Trennung ihre Gültigkeit verloren hätte. „Und in der Tat schien, mitten in diesen gräßlichen Augenblicken, in welchen alle irdischen Güter der Menschen zugrunde gingen, und die ganze Natur verschüttet zu werden drohte, der menschliche Geist selbst, wie eine schöne Blume, aufzugehn. Auf den Feldern, so weit das Auge reichte, sah man Menschen von allen Ständen durcheinanderliegen, Fürsten und Bettler, Matronen und Bäuerinnen, Staatsbeamte und Tagelöhner, Klosterherren und Klosterfrauen: einander bemitleiden, sich wechselseitig Hilfe reichen, von dem, was sie zur Erhaltung ihres Lebens gerettet haben mochten, freudig mitteilen, als ob das allgemeine Unglück alles, was ihm entronnen war, zu *einer* Familie gemacht hätte.“[56] Es kommt noch hinzu, daß die Liebenden durch das Vertrauen Don Fernandos und durch die Aufnahme in den Kreis seiner Angehörigen die Meinung gewinnen müssen, daß die Verurteilung, durch die sie aus dem Kreis des Volkes ausgestoßen wurden, in der Stunde der allgemeinen Versöhnung aufgehoben sei. Sie werden von allen mit Zärtlichkeit und Liebe empfangen, was wiederum ein Umstand ist, der zu dem Glauben verleiten muß, das Volk habe eine elementare Wandlung zum Guten durchgemacht. So ist die Bemerkung des Erzählers durchaus verständlich, der von den Liebenden sagt: „In Jeronimos und Josephens Brust regten sich Gedanken von seltsamer Art. Wenn sie sich mit so vieler Vertraulichkeit und Güte behandelt sahen, so wußten sie nicht, was sie von der Vergangenheit denken sollten, vom Richtplatze, von dem Gefängnisse, und der Glocke; und ob sie bloß davon geträumt hätten? Es war, als ob die Gemüter, seit dem fürchterlichen Schlage, der sie durchdröhnt hatte, alle versöhnt wären.“[57]

Was trotzdem beunruhigend hinter all diesen Geschehnissen steht, ist die Frage nach der eigentlichen Verfassung dieses Volkes. Welches ist diese Verfassung? Ist es die strenge hierarchische Geschiedenheit oder die Wandlung zur utopischen Allverbundenheit? Das erbarmungslose Festhalten an den Tabus der Trennung oder die Güte und Liebe, die nach dem Erdbeben das Verhalten des Volkes bestimmt, bzw. zu bestimmen scheint?

Die oben zitierten Sätze weisen darauf hin, wie die Liebenden diese Frage zu beantworten geneigt sind. Daß ihre Antwort ein abgründiges Mißverständnis in sich begreift, zeigt der dritte Teil der Novelle, in dem sich zwar nicht Fernando und seine Angehörigen, wohl aber das Volk im Ganzen nicht nur als unverwandelt erweist, sondern sich gegen die Liebenden noch erbarmungsloser und grausamer verhält als zu Anfang des Geschehens. War im „Findling" die Schönheit Nicolos trügerisch, hatte in der „Marquise" der Schein engelhafter Vollkommenheit in der Existenz des russischen Offiziers getrogen, so erweist sich nun der utopische Schein der Güte in der Existenz des Volkes als zweideutig.

Bis jetzt war es möglich, die dritte Novelle von dem gleichen Erfahrungsansatz her zu verstehen wie die ersten beiden. An einer bestimmten Stelle aber gelingt es nicht mehr, diesen Vergleich fortzusetzen. Das wird besonders deutlich, wenn man das „Erdbeben" mit der „Marquise von O." zusammenbringt. Auch in der „Marquise" spielt, vor allen Dingen in den Partien des Schwanentraumes, der Bereich des Unbewußten eine entscheidende Rolle, aber mit der Einschränkung, daß es dort prinzipiell möglich ist, das Dunkel und den Widerstand des Unbewußten vom Bewußtsein her zu erhellen. Anders verhält es sich damit im „Erdbeben". In diese Novelle hat Kleist, wie oft in seiner dramatischen Dichtung, die antike Erfahrung der „Ate" übernommen. Während die Marquise im Nichtwissen zugleich wissend bleibt, gleiten die Liebenden im „Erdbeben" unwissend in ihr Schicksal hinein. Daß die Verwandlung des Volkes nach der Katastrophe trügerisch sein könne, dieser Tatsache gegenüber bleiben sie vom Anfang bis zum Ende blind. Daß sich die sehr erheblichen Differenzen in der formalen Gestaltung beider Novellen von diesen verschiedenen Voraussetzungen her begreifen lassen, ist am Ende zu zeigen. Zunächst ist aber noch anzudeuten, wie die Novelle auch in ihrem dritten Teil von dem bisher entwickelten Ansatz interpretiert werden muß.

In diesem dritten Teil wird noch einmal eine Gruppe von Figuren wichtig, von denen bisher nur beiläufig die Rede war: Don Fernando und seine Angehörigen, unter denen vor allem Donna Elisabeth, eine Schwägerin Fernandos, eine wichtige Rolle spielt. Welche Bedeutung ihnen im Ganzen des Werkes zukommt, kann wiederum nur von der Thematik des Volkes her gezeigt werden, denn alle diese Gestalten sind streng darauf bezogen, und vor allem die Bedeutung, die ihnen am Ende zukommt, ist nur aus diesem Zusammenhang begreifbar. Die Liebenden gehen zugrunde. Sie büßen mit ihrem Tod dafür, daß sie in tragischer Verblendung vergessen haben, daß im Hier und Jetzt — gemäß dem Wort vom Schluß der „Marquise von O." — die Einrichtung dieser Welt „gebrechlich" ist; und d. h. nichts anderes, als was bisher mit dem Attribut der Zweideutigkeit begriffen wurde: gut und böse, liebend und grausam zugleich. Anders dagegen verhält sich Fernando. Wo es den Liebenden versagt ist, von der Blindheit zum Erkennen durchzustoßen, da leistet er für sie diese Erkenntnis. Auch er ist zunächst tragisch blind, nicht anders als die Liebenden. Als Donna Elisabeth, die in der entscheidenden Stunde einzig Wissende, ihn wiederholt vor dem verhängnisvollen Gang in die Kirche warnt, weist er sie in unbegreiflicher Härte ab. Dann aber in der Kirche und noch mehr am Ende vollzieht er mit Donna Elvira jene Erkenntnis, die die Liebenden nicht mehr leisten konnten.

In diesem Sinn ist vor allem der letzte Satz der Novelle zu verstehen, in dem es von Fernando und seiner Frau heißt, daß sie das Kind Jeronimos und Josephes für ihr eigenes, in der Kirche ermordetes Kind an Sohnes statt anzunehmen bereit sind. „... und wenn Don Fernando Philippen mit Juan verglich, und wie er beide erworben hatte, so war es ihm fast, als müßt er sich freuen."[58] Diese Worte sind vor allem deshalb wichtig, weil sie deutlich machen, daß auch diese Novelle nicht mit der bloßen Enthüllung des Zwiespaltes und der Gebrechlichkeit schließt, sondern auf eine Daseinsstufe verweist, in der sich verwirklichen darf, was in dem Anspruch und der Erwartung der Liebenden berechtigt war. In ihrem sie überlebenden Kind ist die Anwartschaft auf eine so erfüllte Zukunft gegeben. Fernando, der mit den Liebenden die Schuld geteilt, der aber, anders als sie, auch die Einsicht in Unrecht und Recht des tragischen Geschehens gewonnen hat, nimmt ihre Freude und Hoffnung auf, aber in jener Nüchternheit und Verhaltenheit, die ihnen gefehlt hat. Das Wörtchen „fast" hat vor allem die Aufgabe, auf diese Verhaltenheit und Nüchternheit hinzuweisen[59].

Es wurde schon angedeutet, daß der besondere Gehalt der Novelle — sich verdichtend vor allem in der tragischen Blindheit — auch Konsequenzen für die novellistische Form hat. Daß es über alle Differenzen in der Gestaltung der einzelnen Novellen hinaus so etwas gibt wie eine Grundform der Kleistschen Novelle, bedarf nun keiner Begründung mehr.

Was für diese Grundform wesentlich ist, darauf ist oft hingewiesen worden, und zwar vor allem dort, wo herausgearbeitet wurde, was die Novelle Kleists von der Novellistik der Romantik unterscheidet: ein Höchstmaß der Askese in bezug auf die Erzählhaltung, ein Maximum an pointierter Sachlichkeit in der Darstellung des Geschehens, die Ausscheidung der emotionalen Sprachelemente, der Verzicht auf Vorausdeutungen umfassender Art; in bezug auf die epischen Grundformen: der Primat des Berichtes, verbunden mit der Bedeutung szenischer Partien; diese aber in strenger Unterordnung unter den Bericht; ferner: Subordination des Zuständlichen unter die Satz- und Stilelemente, die vor allem die Handlung in ihrem Widerspiel von Überraschung und menschlicher Initiative sprachlich bewältigen[60]; das alles sich verdichtend in jenen weit gespannten Satzperioden, die für Kleist so charakteristisch sind; nicht zu vergessen: das Bestreben, die Handlungsfolge streng final zu führen, eingeschlossen das Vermögen, auch die Vergangenheit in Form von Rückwendungen konsequent in diese finale Bewegung einzuordnen. Noch einmal: Dieses formale Grundschema der Kleistschen Novelle ist für den „Findling" ebenso gültig wie für die „Marquise von O.". Es ist gültig für das „Erdbeben" wie für die „Verlobung in St. Domingo"[61].

Wenn die Geschichte der Novelle von der Romantik über Eichendorff zu Kleist hin darzustellen ist, muß immer wieder auf diese besondere Gestaltung der Kleistschen Novellen hingewiesen werden. Allerdings darf eine solche Darstellung nicht versäumen, auch herauszuarbeiten, was dann wiederum die eine Novelle von der anderen unterscheidet. Und diese Unterschiede sind nicht unerheblich. Die Formstruktur der „Marquise" hebt sich, wie zuvor gezeigt wurde, an einer bestimmten Stelle sehr deutlich von der des „Findling" ab. „Das Erdbeben" unterscheidet sich wieder in anderer Weise von der „Marquise". Wo liegen hier die Unterschiede?

Man hat des öfteren bemerkt, daß der Sprachstil im „Erdbeben" insofern überraschend wirke, als er sich von anderen Novellen Kleists gelegentlich durch den Einschlag des Subjektiv-Emotionalen unterscheide. Das gilt vor allem für die Partie der Novelle, die von der euphorischen Stimmung nach dem Erdbeben erzählt. Da finden sich Sätze wie die folgenden: „Und weil die Armen immer noch jammerten; dieser, daß er sein Haus, jener, daß er Weib und Kind, und der dritte, daß er alles verloren habe: so schlichen Jeronimo und Josephe in ein dichteres Gebüsch, um durch das heimliche Gejauchz ihrer Seelen niemand zu betrüben. Sie fanden einen prachtvollen Granatapfelbaum, der seine Zweige, voll duftender Früchte, weit ausbreitete; und die Nachtigall flötete im Wipfel ihr wollüstiges Lied."[62] „Und in der Tat schien, mitten in diesen gräßlichen Augenblicken, in welchen alle irdischen Güter der Menschen zugrunde gingen, und die ganze Natur verschüttet zu werden drohte, der menschliche Geist selbst, wie eine schöne Blume aufzugehen."[63]

Widerspricht der ekstatische Stil dieser Sätze nicht dem, was über das Typische des Kleistschen Novellenstils gesagt wurde? Greift der Dichter hier nicht doch wiederum auf die Emotionalität des romantischen Erzählstils zurück? Eine solche Frage wird man nur beantworten können, wenn man den Textzusammenhang beachtet. Tatsächlich finden sich im „Erdbeben" Stilzüge dieser Prägung nur dort, wo von der euphorischen Stimmung der Liebenden und des Volkes gesprochen wird. Und nur in diesem Zusammenhang haben sie ihre Berechtigung. Es ist deshalb abwegig, in bezug auf diese Partie von einem „glatten Stilbruch des Dichters" zu sprechen[64]. Die Hingerissenheit und Selbstvergessenheit der Sprache korrespondiert genau mit der ekstatischen Selbstvergessenheit der Menschen. Auch für diese Sätze gilt, was man von dem Stil der Kleistschen Prosa gesagt hat: daß der Erzähler dieser Novellen immer in der Reichweite seiner Gestalten bleibt und jeweils unter dem Eindruck der gerade gegebenen Situation zu stehen scheint. So gesehen sind also auch Stellen dieser Art im Sinne des „eingefühlten Stils" und nicht von der romantischen Subjektivität her zu fassen.

Dieser Geist strenger Objektivität und Sachlichkeit kommt darüber hinaus in einem andern Stilzug zum Ausdruck; auch hier im Gegensatz zur „Marquise von O.". Dort war zu zeigen, wie die epische Grundform der Szene und des Dialogs dem Erzähler die Möglichkeit bietet, die strenge Außensicht zu lockern und dem Leser einen Blick ins Innere der handelnden Gestalten zu gewähren. Gerade hier unterscheidet sich das „Erdbeben" von der „Marquise von O." und auch von der „Verlobung". Es gibt wenige Novellen in unserer Sprache, die so radikal auf Szene und Dialog verzichten wie das „Erdbeben". Auch das ist nicht zufällig. Die großen szenischen Partien in der „Marquise" und in der „Verlobung" haben ihre Berechtigung, weil es in diesen Novellen darauf ankommt, daß die Gestalten im Gespräch und in der Auseinandersetzung sich nicht nur selbst Rechenschaft über ihr Tun geben, sondern noch mehr den Partner zu einer solchen Rechenschaftsablage zwingen, soweit das Bewußtsein eine solche freigibt. Daß das vor allem im Umkreis der Liebenden im „Erdbeben" nicht möglich ist, hat die Interpretation der Novelle zu zeigen versucht. Es ist darum konsequent, daß sich in dieser

Novelle nur am Ende szenische Partien finden; da also, wo die Blindheit ins Erkennen umzuschlagen beginnt, vor allem in der Erzählphase, wo Donna Elisabeth den Gang in die Kirche zu verhindern sucht und in der Kirchenszene selbst. In dieser Weise ist das Besondere der Form dieser Novelle zu verstehen. Bei einem solchen Vergleich wird ferner deutlich, daß bei aller typologischen Gemeinsamkeit auch Unterschiede in der Gestaltung der „Marquise" und des „Erdbebens" vorhanden sind; Unterschiede, die man bei einer Deutung nicht übergehen darf. Auf eine Formel gebracht: Das „Erdbeben" bevorzugt die indirekte Darstellung seelischer Vorgänge, während dagegen die „Marquise" in den szenischen Partien die indirekte Darstellung durch die direkte ergänzt.

In einem Überblick über die Geschichte der deutschen Novelle ist es nicht möglich, allen Novellendichtungen Kleists die gleiche Aufmerksamkeit zu widmen. Um darzulegen, wo Kleists Novellistik in Gehalt und Form mit der Romantik verbunden ist und an welcher Stelle sie sich von ihr unterscheidet, dafür genügt die Interpretation dieser drei Dichtungen. Da aber auch die anderen Novellen — vor allem die „Verlobung", der „Zweikampf", der „Michael Kohlhaas" — den genannten Werken im Rang ebenbürtig sind, möge das Kleistkapitel wenigstens mit einem kurzen Hinweis darauf beschlossen werden, wie auch die anderen Novellen von den genannten Voraussetzungen her zu deuten sind.

Der „Michael Kohlhaas" kann insofern davon ausgenommen werden, als er — vor allem in seinem Mittelteil, der großen Erzählpartie, die von den gesellschaftlichen Zuständen des kurfürstlichen Sachsen handelt — die Grenze von der Novelle zum Roman hin deutlich überschritten hat. Um so mehr ist die Aufmerksamkeit auf die beiden anderen Novellen zu richten. Bisher ließ sich zeigen, wie auch für die „Verlobung" und den „Zweikampf" jene Problematik entscheidend ist, von der aus in dieser Darstellung die Novellistik Kleists erschlossen wurde, die der Zweideutigkeit: in der ersten Novelle die Zweideutigkeit des Charakters, im „Zweikampf" die der theokratischen Verfassung der Gesellschaft, sich verdichtend in der Fragwürdigkeit der rituellen Institution des als Gottesgericht verstandenen Zweikampfs. So ist auch in diesen beiden Novellen die Frage lebendig, die die nachklassische Epoche so tief beunruhigt hat: ob trotz der Entfremdung vom Guten die schöpferische Macht des Guten noch gegenwärtig sei; ob trotz der Ungreifbarkeit des Göttlichen dennoch die Mächtigkeit des Göttlichen wirke.

In der „Marquise von O." hatte die Heldin — wie zuvor im „Findling" Elvira — zu fragen, ob unter der ins Vollkommene weisenden Existenz ihres Retters das Böse in letzter Ruchlosigkeit verborgen sein könne. In der „Verlobung" hat Gustav — gleichsam in Umkehrung dieser Frage — Klarheit darüber zu gewinnen, ob in der Angehörigen eines von erbarmungsloser Mordgier besessenen Volkes sich wirklich die Liebe zu dem verhaßten und verfolgten Feind regen könne.

In all diesen Novellen geraten die Helden so in irgendeiner Weise an die tragische Zweideutigkeit des Lebendigen. Für die Marquise gerät das Gute ins Zwielicht, Gustav soll dagegen verstehen, daß das Tückische und Böse in der Gestalt Tonis trügt und sich unter dem Schein des Bösen das Gute verbirgt. Beide aber sollen begreifen, daß das Lebendige sich nicht nur in der Zweideutigkeit darbietet. Sie sollen vielmehr verstehen, daß eine solche Zweideutigkeit keine Determination — im Sinne des romantischen Schicksalsglaubens — ist; daß sich also menschliche Begegnungen nicht nur im Erschrecken angesichts eines solchen Chaos erschöpfen, sondern sich nur dann in ihrem Sinn erfüllen, wenn die, die dazu aufgerufen sind, an die schöpferische Macht des Guten im anderen glauben und ihm helfen, des Chaotischen und Zweideutigen Herr zu werden. In diesem Sinn zwingt die Marquise den Russen, sich zu seiner Schuld zu bekennen; und umgekehrt müßte Gustav in der Stunde der Krise auf Tonis Treue vertrauen, was immer auch dem äußeren Scheine nach einem solchen Vertrauen widerspräche. So ist in beiden Novellen die romantische Schizophrenie prinzipiell überwunden. Jedenfalls geht Kleist davon aus, daß das Leben bei aller Widersprüchlichkeit auf die Überwindung des Widerspruches bezogen ist und darauf als auf sein Ziel ausgeht, auch wenn dieses in der „Verlobung" wegen der Schwäche und dem Versagen Gustavs faktisch nicht erreicht wird. Darum steht die synthetische Struktur der Kleistschen Novelle im Gegensatz zur analytischen der romantischen Schicksalsnovelle. Darum steht die Progressivität und Finalität in der Handlungsführung der Kleistschen Novelle im Gegensatz zur romantischen Erzählkunst, die darauf ausgeht zu enthüllen, was unabänderlich ist.

Literaturangaben
Allgemeines

Hans Günther ADLER, Heinrich von Kleists Prosastil. Muttersprache 76, 1966, S. 161—164. Roger AYRAULT, Heinrich von Kleist, Paris 1966. Friedrich BEISSNER, Unvorgreifliche Gedanken über den Sprachrhythmus. Festschrift Paul Kluckhohn und Hermann Schneider, Tübingen 1948, S. 427—444. Günter BLÖCKER, Heinrich von Kleist oder das absolute Ich, Berlin 1960, 2. Aufl. 1962.

Friedrich BRAIG, Heinrich von Kleist, München 1925.   Karl Otto CONRADY, Das Moralische in Kleists Erzählungen. Ein Kapitel vom Dichter ohne Gesellschaft, in: Literatur und Gesellschaft vom 19. ins 20. Jahrhundert. Festschrift Benno von Wiese, Bonn 1963, S. 56—82; jetzt in: Heinrich von Kleist. Aufsätze und Essays (Hg. W. MÜLLER-SEIDEL). Wege der Forschung 147, Darmstadt 1967, S. 707—735.   Ders., Die Erzählweise Heinrichs von Kleist. Untersuchungen und Interpretationen, Diss. Münster 1953.   Gerhard FRICKE, Gefühl und Schicksal bei Heinrich von Kleist. Studien über den inneren Vorgang im Leben und Schaffen des Dichters. Neue Forschung. Arbeiten zur Geistesgeschichte der Germanischen und Romanischen Völker 3, Berlin 1929, 2. Aufl. Darmstadt 1963. Albert FRIES, Stilistische und vergleichende Forschungen zu Heinrich von Kleist, mit Proben angewandter Ästhetik. Berliner Beiträge zur Germanischen und Romanischen Philologie 30, Germanische Abteilung 17, Berlin 1906.   Kurt GASSEN, Die Chronologie der Novellen Heinrich von Kleists. Forschungen zur neueren Literaturgeschichte 55, Weimar 1920.   John GEARY, Heinrich von Kleist. A study in tragedy and anxiety, Philadelphia 1968.   Kurt GÜNTHER, Die Entwicklung der novellistischen Kompositionstechnik Kleists bis zur Meisterschaft (Der Findling, Die Verlobung in St. Domingo, Das Erdbeben in Chili, Die Marquise von O. . ., unter Ausschluß des Kohlhaas-Fragments), Diss. Leipzig 1910.   Hans-Peter HERRMANN, Zufall und Ich. Zum Begriff der Situation in den Novellen Heinrich von Kleists. GRM 42 (NF 11) 1961, S. 69—99; jetzt in: Heinrich von Kleist. Aufsätze und Essays (Hg. W. MÜLLER-SEIDEL). Wege der Forschung 147, Darmstadt 1967, S. 367—411.   Elisabeth VON HIPPEL, Die Zeitgestaltung in den Novellen von Heinrich von Kleist, Diss. Bonn 1948.   Elmar HOFFMEISTER, Täuschung und Wirklichkeit bei Heinrich von Kleist, Bonn 1968. Wolfgang KAYSER, Kleist als Erzähler. German Life and Letters, NS 8, 1954/55, S. 19—29, wiederabgedruckt in: W. K., Die Vortragsreise. Studien zur Literatur, Bern 1958, S. 169—183; jetzt in: Heinrich von Kleist, Aufsätze und Essays (Hg. W. MÜLLER-SEIDEL). Wege der Forschung 147, Darmstadt 1967, S. 230—243. Friedrich KOCH, Heinrich von Kleist. Bewußtsein und Wirklichkeit, Stuttgart 1958.   Max KOMMERELL, Die Sprache und das Unaussprechliche. Eine Betrachtung über Heinrich von Kleist, in: M. K., Geist und Buchstabe der Dichtung. Goethe, Schiller, Kleist, Hölderlin, Frankfurt am Main 1937, 5. Aufl. 1962, S. 243—317.   Helmut KOOPMANN, Das ‚rätselhafte Faktum‘ und seine Vorgeschichte. Zum analytischen Charakter der Novellen Heinrich von Kleists. ZfdPh 84, 1965, S. 508—550.   Hermann August KORFF, Geist der Goethezeit IV, 5. Aufl., Leipzig 1962, S. 82—90.   Hans Joachim KREUTZER, Die literarische Entwicklung Heinrichs von Kleist. Philologische Studien und Quellen 41, Berlin 1968.   Josef KUNZ, Gedanken über den epischen Stil Heinrich von Kleists. Mitteilungen — Universitätsbund Marburg 1960, Heft 1, S. 26—36.   Ders., Das Phänomen der tragischen Blindheit im Werke Kleists. GRM 44 (NF 13), 1963, S. 180—193.   Ders., Die Thematik der Daseinsstufen in Kleists dichterischem Werk. Jahrbuch — Universitätsbund Marburg 1963, S. 283—302; jetzt in: Hein-

rich von Kleist. Aufsätze und Essays (Hg. W. MÜLLER-SEIDEL). Wege der Forschung 147, Darmstadt 1967, S. 672—706.   Clemens LUGOWSKI, Wirklichkeit
und Dichtung. Untersuchungen zur Wirklichkeitsauffassung Heinrich von Kleists,
Frankfurt am Main 1936.   Hans MAYER, Heinrich von Kleist. Der geschichtliche Augenblick, Pfullingen 1962.   Walter MÜLLER-SEIDEL, Versehen und Erkennen. Eine Studie über Heinrich von Kleist, Köln/Graz 1961.   Ders., (Hg.),
Heinrich von Kleist. Aufsätze und Essays. Wege der Forschung 147, Darmstadt
1967.   Dietmar NEDDE, Untersuchungen zur Struktur von Dichtung an Novel-
len Heinrich von Kleists, Diss. Göttingen 1954.   Ovidiu PAPADIMA, Heinrich
von Kleist, Bukarest 1967.   Hermann PONGS, Das Bild in der Dichtung II,
Voruntersuchungen zum Symbol, Marburg 1939, 3. Aufl. 1967.   Hermann
RESKE, Traum und Wirklichkeit im Werk Heinrich von Kleists, Stuttgart 1969.
Ernst VON REUSNER, Satz — Gestalt — Schicksal. Untersuchungen über die
Struktur in der Dichtung Kleists. Quellen und Forschungen zur Sprach- und
Kulturgeschichte der germanischen Völker 130 (NF 6), Berlin 1961.   Hermann
SCHNEIDER, Studien zu Heinrich von Kleist, Berlin 1915.   Ludwig SCHNEIDER,
Heinrich von Kleist. Über ein Ausdrucksprinzip seines Stils, in: Libris et litteris,
Festschrift Hermann Tiemann, Hamburg 1959, S. 258—271; wiederabgedruckt
in: Heinrich von Kleist. Vier Reden zu seinem Gedächtnis (Hg. Walter MÜLLER-
SEIDEL), Jahresgabe der Heinrich von Kleist-Gesellschaft, Berlin 1962, S. 27
bis 43.   Rainer SCHÖNHAAR, Novelle und Kriminalschema. Ein Strukturmodell
deutscher Erzählkunst um 1800, Bad Homburg v. d. H., S. 148—168.   Helmut
SEMBDNER (Hg.), Heinrich von Kleists Lebensspuren. Dokumente und Berichte
der Zeitgenossen, Bremen, 1957, überarb. und erweiterte Auflage München 1969.
Walter SILZ, Heinrich von Kleist. Studies in His Works and Literary Character,
Philadelphia 1961.   Dietmar SKROTZKI, Die Gebärde des Errötens im Werk
Heinrich von Kleist. Marburger Beiträge zur Germanistik 37, Marburg
1971.   Hans UNGAR, Der Aufbaustil in den Novellen Heinrich von Kleists,
Diss. Jena 1939.   Hans Matthias WOLFF, Heinrich von Kleist. Die Geschichte
seines Schaffens, Bern 1954.

Der Findling

Kurt GÜNTHER, ‚Der Findling‘ — Die früheste der Kleistschen Erzählungen.
Euphorion 8, Ergänzungsheft, 1909, S. 119—155.   Albert HEUBI, Heinrich von
Kleists Novelle ‚Der Findling‘. Motivuntersuchungen und Erklärung im Rahmen
des Gesamtwerks, Diss. Zürich 1948.   Werner HOFFMEISTER, Heinrich von Kleist
‚Findling‘. Monatshefte 58, 1966, S. 49—63.   Josef KUNZ, Heinrich von Kleist
Novelle ‚Der Findling‘. Eine Interpretation. Festschrift Ludwig Wolff, Neu-
münster 1962, S. 337—355.

Die Marquise von O.

Siegfried BOKELMANN, Betrachtungen zur Satzgestaltung in Kleists Novelle ‚Die
Marquise von O...‘. Wirkendes Wort 8, 1957/58, S. 84—89.   A. HORODISCH,
Eine unbekannte Quelle zu Kleists ‚Die Marquise von O...‘. Philobiblon NF 7,

1963, S. 136—139.   Akira KAMINISHIKAWARA, Über ‚Die Marquise von O.‘. Doitsu Bungaku 29, 1962, S. 15—23.   Josef KUNZ, Kleists Novelle: ‚Die Marquise von O.‘. Essai d'Interprétation. Annales de l'Université de Lyon en 1958 et 1959, Fascicule Spécial II, Lyon 1960, S. 1—15.   Walter MÜLLER-SEIDEL, Die Struktur des Widerspruchs in Kleists ‚Marquise von O.‘. DVjs 28, 1954, S. 497—515; jetzt in: Aufsätze und Essays (Hg. W. MÜLLER-SEIDEL). Wege der Forschung 147, Darmstadt 1967, S. 244—268.   Michael OSSAR, Kleist's ‚Das Erdbeben von Chili‘ and ‚Die Marquise von O.‘. Revue des langues vivantes 34, 1968, S. 151—169.   Walter H. SOKEL, Kleist's ‚Marquise of O.‘, Kierkegaard's ‚Abraham‘, and Musil's ‚Tonka‘. Wisconsin studies in contemporary literature 8, 1967, S. 505—516; auch in: Festschrift Bernhard Blume, 1967, S. 323—332.

Das Erdbeben in Chili

Alfred Owen ALDRIDGE, The background of Kleist's ‚Das Erdbeben in Chili‘. Arcadia 3, 1968, S. 173—180.   Karl Otto CONRADY, Kleists ‚Erdbeben in Chili‘. Ein Interpretationsversuch. GRM 35 (NF 4), 1954, S. 185—195.   Walter GAUSEWITZ, Kleists ‚Erdbeben‘. Monatshefte 55, 1963, S. 188—194.   Johannes KLEIN, Kleists ‚Erdbeben in Chili‘. Der Deutschunterricht 8, 1956, Heft 3, S. 5 bis 11.   Josef KUNZ, Die Gestaltung des tragischen Geschehens in Kleists ‚Erdbeben in Chili‘, in: Gratulatio, Festschrift Christian Wegner, Hamburg 1963, S. 145 bis 170.   R. S. LUCAS, Studies in Kleist II. ‚Das Erdbeben in Chili‘. DVjS 44, 1970, S. 145—170.   Michael OSSAR, Kleist's ‚Das Erdbeben in Chili‘ and ‚Die Marquise von O.‘. Revue des langues vivantes 34, 1968, S. 151—169.   Benno VON WIESE, Heinrich von Kleist: ‚Das Erdbeben in Chili‘. Jahrb. der deutschen Schiller-Gesellschaft 5, 1961, S. 102—117, wiederabgedruckt in: B. v. W., Die deutsche Novelle von Goethe bis Kafka, Interpretationen II, Düsseldorf 1962, S. 53—70.   Wolfgang WITTKOWSKI, Skepsis, Noblesse, Ironie-Formen des Als-ob in Kleists ‚Erdbeben‘. Euphorion 63, 1969, S. 83.

Michael Kohlhaas

Jean-Jaques ANSTETT, A propos de ‚Michael Kohlhaas‘. Etudes Germaniques 14, 1959, S. 150—156.   Clifford A. BERND, The ‚Abdeckerszene‘ in Kleist's ‚Michael Kohlhaas‘. Studia neophilologica 39, 1967, S. 270—280.   Ders., Der Lutherbrief in Kleists ‚Michael Kohlhaas‘. ZdPh 86, 1967, S. 627—633.   Otto F. BEST, Schuld und Vergeltung. Zur Rolle von Wahrsagerin und Amulett in Kleists ‚Michael Kohlhaas‘. GRM 51 (NF 20), 1970, S. 180—189.   Ludwig BÜTTNER, ‚Michael Kohlhaas‘, eine paranoische oder heroische Gestalt? Seminar 4, 1968, S. 26—41.   John R. CARY, A reading of Kleist's ‚Michael Kohlhaas‘. PMLA 85, 1970, S. 212—218.   Hans Wilhelm DECKERT, „Indem er ans Fenster trat...“. Zur Funktion einer Gebärde in Kleists ‚Michael Kohlhaas‘. Euphorion 62, 1968, S. 77—84.   D. G. DYER, Junker Wenzel von Tronka. German Life and Letters 18, 1964/65, S. 252—257.   Gerhard FRICKE, Kleists ‚Michael Kohlhaas‘. Der Deutschunterricht 5, 1953, Heft 1, S. 17—39, wiederabgedruckt in: G. F., Studien und Interpretationen. Ausgewählte Schriften zur deutschen Dichtung, Frankfurt am Main 1956, S. 214—238. Jutta GOHEEN, Der lange Satz als Kennzeichen der Erzählweise im ‚Michael Kohlhaas'. Studia neophilologica 39, 1967, S. 261 bis 269. Fritz HEBER, ‚Michael Kohlhaas'. Versuch einer neuen Textinterpretation. Wirkendes Wort 1, 1950/51, S. 98—102. Gunter H. HERTLING, Kleists ‚Michael Kohlhaas' und Fontanes ‚Grete Minde'. Freiheit und Fügung. The German Quarterly 40, 1967, S. 24—40. Peter HORWATH, Auf den Spuren Teniers, Vouets und Raphaels in Kleists ‚Michael Kohlhaas'. Seminar 5, 1969, S. 102—113. Henrik LANGE, Säkularisierte Bibelreminiszenzen in Kleists ‚Michael Kohlhaas'. Kopenhagener germanistische Studien 1, S. 213—226. R. S. LUCAS, Studies in Kleist I. Problems in ‚Michael Kohlhaas'. DVjs 44, 1970, S. 120—145. Eric MARSON, Justice and obsessed character in ‚Michael Kohlhaas', ‚Der Prozeß', and ‚L'Etranger'. Seminar 2, 1966, S. 21—33. Philip B. MILLER, Time, Place and Syntax in Kleist's ‚Michael Kohlhaas'. Diss. Yale University 1965. Richard Matthias MÜLLER, Kleists ‚Michael Kohlhaas'. DVjS 44, 1970, S. 101—119. Roy PASCAL, ‚Michael Kohlhaas'. Proceedings of the Australian Goethe Society, 1966/67, S. 78—89. Charles Edward PASSAGE, ‚Michael Kohlhaas'. Form Analysis. The Germanic Review 30, 1955, S. 181—197. Karl SCHULTZE-JAHDE, Kohlhaas und die Zigeunerin. Schriften der Kleistgesellschaft 17, 1933—1937, Berlin 1937, S. 108—135. Benno VON WIESE, Bildsymbole in der deutschen Novelle. Publications of the English Goethe Society, NS 24, 1955, S. 131—158, wiederabgedruckt als: Heinrich von Kleist. ‚Michael Kohlhaas', in: B. v. W., Die deutsche Novelle von Goethe bis Kafka, Interpretationen I, Düsseldorf 1956, S. 47—63.

Der Zweikampf

Karl Otto CONRADY, ‚Der Zweikampf'. Zur Aussageweise Heinrichs von Kleist. Der Deutschunterricht 3, 1951, Heft 6, S. 85—96. Donald H. CROSBY, Heinrich von Kleists ‚Der Zweikampf'. Monatshefte 56, 1964, S. 192—201. Heinrich MEYER, Kleists Novelle ‚Der Zweikampf'. Schriften der Kleistgesellschaft 17, 1933—1937, Berlin 1937, S. 136—169. Joachim MÜLLER, Literarische Analogien in Heinrich von Kleists Novelle ‚Der Zweikampf'. Mit einem rechtsgeschichtlichen Diskussionsbeitrag von Gerhard BUCHDA, Berlin 1969. Horst OPPEL, Kleists Novelle ‚Der Zweikampf'. DVjs 22, 1944, S. 92—105.

Die Verlobung in St. Domingo

Kurt GÜNTHER, Die Konzeption von Kleists ‚Verlobung in St. Domingo'. Eine literarische Analyse. Euphorion 17, 1910, S. 68—95 und S. 313—331. Josef KUNZ, Kleist — ‚Die Verlobung in St. Domingo'. Mitteilungen — Universitätsbund Marburg 1960, Heft 1, S. 18—26. Johannes PFEIFFER, Heinrich von Kleist. ‚Die Verlobung in St. Domingo', in: J. P., Wege zur Erzählkunst. Über den Umgang mit dichterischer Prosa, Hamburg 1953, S. 13—20.

Die heilige Cäcilie oder Die Gewalt der Musik

Jakob BAXA, Die Taufe der Cäcilie Müller. Euphorion 53, 1959, S. 92—102.
Edmund EDEL, Heinrich von Kleist. ,Die heilige Cäcilie oder Die Gewalt der
Musik. Eine Legende'. Wirkendes Wort 19, 1969, S. 105—115. Günter GRAF,
Der dramatische Aufbaustil der Legende Heinrich von Kleists ,Die heilige Cäcilie
oder Die Gewalt der Musik'. Etudes Germaniques 24, 1969, S. 346—359.
Werner HOFFMEISTER, Die Doppeldeutigkeit der Erzählweise in Heinrich von
Kleists ,Die heilige Cäcilie oder Die Gewalt der Musik', in: Fides. Festschrift Wer-
ner Neuse, Berlin 1967, S. 44—56. Robert MÜHLHER, Heinrich von Kleist und
seine Legende ,Die heilige Cäcilie oder Die Gewalt der Musik'. Jahrbuch des
Wiener Goethe-Vereins 66, 1962, S. 149—156. Michael SCHERER, Die beiden
Fassungen von Heinrich von Kleists Erzählung ,Die heilige Cäcilie oder Die
Gewalt der Musik'. Monatshefte 56, 1964, S. 97—102.

Das Bettelweib von Locarno

Jürgen SCHRÖDER, ,Das Bettelweib von Locarno'. Zum Gespenstischen in den
Novellen Heinrich von Kleists. GRM 48, NF 17, 1967, S. 193—207. Emil
STAIGER, ,Das Bettelweib von Locarno'. Zum Problem des dramatischen Stils.
DVjS 20, 1942, S. 1—16; dann in: E. S., Meisterwerke deutscher Sprache aus
dem 19. Jahrhundert, Zürich 1948, 4. Aufl. 1961, S. 100—117; jetzt in: Heinrich
von Kleist. Aufsätze und Essays (Hg. W. MÜLLER-SEIDEL). Wege der Forschung
147, Darmstadt 1967, S. 113—121. Egon WERLICH, Kleists ,Bettelweib von
Locarno'. Versuch einer Aufwertung des Gehalts. Wirkendes Wort 15, 1965,
S. 239—257.

Bibliographien

Georg MINDE-POUET, Schriften der Kleistgesellschaft, Bde: 1 (1922), S. 89 bis
169; 2 (1923), S. 112—163; 3/4 (1925), S. 181—230; 11/12 (1931), S. 60—193, und
17 (1937), S. 186—263. Paul KLUCKHOHN, Kleist-Forschung 1926—1943. DVjS
21, 1943, Referatenheft, S. 43—87. Eva ROTHE, Kleist-Bibliographie 1945 bis
1960. Jahrb. der deutschen Schiller-Gesellschaft 5, 1961, S. 414—547. Helmut
KREUZER, Kleist-Literatur 1955—1960. Der Deutschunterricht 13, 1961, Heft 2,
S. 116—135.

Anmerkungen

Der Findling

[1] Vgl. dazu Hans M. Wolff, H. v. Kleist. Die Geschichte seines Schaffens, Bern
1954. S. 53 ff.

[2] Vgl. meinen Aufsatz: H. v. Kleists Novelle ,Der Findling', in: Festschrift
für L. Wolff, Neumünster 1962, S. 337—355.

[3] Zitiert nach: Heinrich v. Kleist, Sämtliche Werke und Briefe, hrsg. von
H. Sembdner, 2. Aufl. München 1961, Bd. II, S. 200.

[4] Kleist, a. a. O., S. 211.

[5] Kleist, a. a. O., S. 204.

[6] Kurt Günter, Die früheste der Kleistschen Erzählungen. Euphorion 8. Ergänzungsheft, 1909, S. 119—155.

[7] Vgl. dazu meine Interpretation der Novelle in der Festschrift für L. Wolff, a. a. O., S. 353 ff.

[8] Als Ergänzung der hier entwickelten Formbetrachtung vgl. die auf sehr viel breiterer Basis angelegte Analyse der Form in meinem Aufsatz in der Festschrift für L. Wolff, a. a. O., S. 347 ff.

Die Marquise von O.

[9] Hermann Pongs, a. a. O., S. 154 ff.

[10] Gerhard Fricke, Gefühl und Schicksal bei Heinrich von Kleist. Berlin 1929, S. 136 ff.

[11] Kleist, a. a. O., S. 105.

[12] Kleist, a. a. O., S. 126.

[13] Die folgende Interpretation der Novelle stellt die überarbeitete Fassung eines Vortrages dar, den ich auf Einladung der Universität Lyon gehalten habe. Abgedruckt in: Annales de L'Université de Lyon. Fascicule Spécial II, 1958/59 (erschienen Lyon 1960).

[14] Kleist, a. a. O., S. 108.

[15] Kleist, a. a. O., S. 110 f.

[16] Kleist, a. a. O., S. 112.

[17] Kleist, a. a. O., S. 115.

[18] Kleist, a. a. O., S. 116.

[19] Kleist, a. a. O., S. 117.

[20] Kleist, a. a. O., S. 120.

[21] Kleist, a. a. O., S. 126.

[22] Kleist, a. a. O., S. 126.

[23] Kleist, a. a. O., S. 126.

[24] Kleist, a. a. O., S. 126.

[25] Kleist, a. a. O., S. 126 f.

[26] Kleist, a. a. O., S. 127.

[27] Kleist, a. a. O., S. 127.

[28] Kleist, a. a. O., S. 127.

[29] Kleist, a. a. O., S. 128.

[30] Kleist, a. a. O., S. 129.

[31] Kleist, a. a. O., S. 140.

[32] Kleist, a. a. O., S. 140.

[33] Kleist, a. a. O., S. 141.

[34] Kleist, a. a. O., S. 141.

[35] Kleist, a. a. O., S. 143.

[35a] Kleist, a. a. O., S. 143.

[36] Kleist, a. a. O., S. 112 f.

[37] Kleist, a. a. O., S. 327.

[38] Hermann Schneider, Studien zu Heinrich von Kleist, Berlin 1915, S. 98 bis 116.

[39] Hermann Pongs, a. a. O., S. 155.

[40] Zitiert nach: Miguel de Cervantes Saavedra, Die beispielhaften Novellen. Deutsch von Gerda von Uslar, Bd. I, Wiesbaden 1948, S. 398 f.

[41] Cervantes, a. a. O., S. 385.

[42] Cervantes, a. a. O., S. 386.

[43] Cervantes, a. a. O., S. 386.

[44] Cervantes, a. a. O., S. 393.

[45] Cervantes, a. a. O., S. 413.

[46] Cervantes, a. a. O., S. 381.

[47] Cervantes, a. a. O., S. 382.

[48] Cervantes, a. a. O., S. 402.

[49] Cervantes, a. a. O., S. 381.

[50] Cervantes, a. a. O., S. 384.

[51] Cervantes, a. a. O., S. 397.

[52] Cervantes, a. a. O., S. 382.

[53] Cervantes, a. a. O., S. 382.

Das Erdbeben in Chili

[54] Vgl. dazu meine Analyse der Novelle in der Festschrift für Christian Wegner, Hamburg 1963, S. 145—170.

[55] Kleist, a. a. O., S. 144 f.

[56] Kleist, a. a. O., S. 152.

[57] Kleist, a. a. O., S. 151.

[58] Kleist, a. a. O., S. 159.

[59] Vgl. meinen Aufsatz über „Die Thematik der Daseinsstufen in Kleists dichterischem Werk". Jahrbuch — Universitätsbund Marburg 1963, S. 283—302.

[60] Vgl. hier besonders W. Kaysers Aufsatz ‚Kleist als Erzähler'. In: W. K., Die Vortragsreise, Bern 1958, S. 169 ff.

[61] Zum Typus der Kleistschen Novelle vgl. meinen Aufsatz: Gedanken über den epischen Stil Heinrich von Kleists, in: Mitteilungen Universitätsbund Marburg 1960, Heft 1, S. 26—36.

[62] Kleist, a. a. O., S. 149 f.

[63] Kleist, a. a. O., S. 152.

[64] Wolfgang Kayser, a. a. O., S. 173.

Register
der Autoren und der interpretierten und zitierten Novellen